思想史的考察
寛容とは何か

福島清紀

工作舎

編者はしがき*001

寛容とは何か。本書は、多様な他者とともに生きる私たちにとって死活的とも言いうるこの重要な問いに、思想史研究の方法をもって挑む。

素直に考えれば、誰かの何かについて寛容であることはよいことのように思われるし、反対に、不寛容であることは悪いことのように思われる。それゆえ、誰もがお互いに対して寛容であることは望ましい状態だ、ということに異論を唱える者はいないだろう。しかし、向き合った相手の側が不寛容であったとしたら、どうだろうか。寛容がその核心に抱え込む難題について、本書の著者、福島清紀は次のように述べる。

いかなる寛容理論も、不寛容なるものに寛容であるべきかどうかという問題に答えなければならないであろう。なぜなら、寛容という観念そのものが一つのディレンマを抱えているからである。一方で、もしある者が不寛容な人びとに不寛容であれば、その者は完全に寛容だということにはならない。他方で、もしある者が不寛容な人びとに寛容であり、そのことが彼らの計画の実行を手助けするならば、その者の寛容はいやおうなしに不寛容に貢献したことになる。寛容は、ある意味で、つねに不寛容を生み出しうるのであり、したがって、徹頭徹尾寛容であ

ることは概念的にも実践的にも不可能なのである。（福島清紀遺稿より）

このことを敷衍すれば、本書が応答しようとする「寛容とは何か」という問いの二つの側面が見えてくる。つまり、この問いは、「寛容なる概念の内実はいかなるものか」という問いであるとともに、不寛容の現実を前に漏れ出る「いったい寛容が何だというのか」という反語でもある。厄介なことに、「寛容とは何か」という問いを発するとき、この二つの側面は常に同時に立ち現れ、どちらか一方のみを解消させることはできない。それゆえ、この問いに誠実に取り組むためには、二つの側面を丸ごと引き受ける以外に道はない。しかし、概念の内実を真摯に問いながら、同時にその概念的・実践的不可能性をあらかじめ認めることなどできるのだろうか。仮にできたとしても、そこから何が得られるというのだろうか。この困難な課題に対して本書は、おそらく考えうる最適のアプローチを提示している。

福島は、本書のアプローチについて、次のように語っている。「カッシーラーの言葉を援用して敷衍するならば、過去への溯源と「われわれの現代」の「自己点検」との同時遂行こそが、過去から現在へと手渡された思想的遺産の継承、即ち未解決問題の自覚と、新たな問題局面の対象化を可能にするのではないか。」（本書補章三四〇-三四一頁）

ここで言われている「過去への溯源」とは、私たちに連なる寛容の概念史をたどる遡行というよりむしろ、私たちに求められている「不寛容の現実との対決・格闘」、その強度の反復である。この課題に対し本書では、具体的な歴史状況のなかで、実際の不寛容の事態に直面し、寛容の意義や実現可能性を思索した人物たちの生こそが論究の対象となり、そうした個々の生を立体的に浮かび上がらせるために、往復書簡などの資料が活用されている。それは、歴史的事実の再構成を目指した歴史学的な思想史研究の作業にとどまらず、まさに現代を生きる私たちが、自らに突きつけられた「不寛容の現実との対決・格闘」のただなかで、強かな思考を鍛え上げることを目指した哲学的な思想史研究の作業でもあると言えるだろう。

本書がとるこうした研究の構えは、当該主題を語る際に一貫して何かに仮託して論ずる福島の論述スタイルに看取できる。福島は、たとえば、ボシュエを鏡にしてライプニッツを捉え、さらには、そのようにして浮かび上がったライプニッツを鏡にして自らを捉える。それはあたかも、ピエール・ベールが採った「偽書」という手法を高度に方法論的に援用しているようにも思える。そうしたスタイルの論述を通じて福島は、論究対象となっている人物以上にその人物を生きるのである。

そして、それら一つ一つの生は固有のものであるがゆえに、本書における章立てはおそらく、少なくとも方法論的には、古いところから新しいところへと流れる寛容概念の歴史的展開を第一義的に意図したものではない。本書において最も重視されているのは、寛容をめぐる問題状況の「重層性」である。その折重なりは、必ずしも時系列に即してはいない。

概念の内実を真摯に問いながら、同時にその概念的・実践的不可能性をあらかじめ認めることを要請する。寛容という厄介な課題に取り組むにあたって福島が見出した方法論は、このように一筋縄では行かない精妙なものであり、幾重にも張り巡らされた罠のように、読者の思考の強度をも試すことになろう。

別の言い方で本書のアプローチの内実を今一度反復しておこう。寛容概念の思想史的探究の重要性は、その概念を生み出す歴史的・社会的文脈(寛容という概念を生み出すゆるやかなプロセス)を照らし出すことにこそある。寛容概念の内実は、観念のつらなり(概念史)のみを見ていても何ら明らかにならない。寛容概念は、特定の時代においてそこに生きる人々が自ら直面する争いと軋轢のなかで、共存への希望のもとに交わし合う思考の実践のなかにのみ、その内実を垣間見せる、そうした「浮標的な概念」に他ならないのである。

福島が自らのライフワークとして三〇年にわたり取り組んできた寛容思想研究は、まさに、寛容概念のこうした特質を漏らさず掴み取る仕方で進められてきた。福島は、ジョン・ロック、ピエール・ベール、ライプニッツ、ヴォルテール、レッシングといった西欧寛容思想の代表的な論者たちを研究対象としているが、そうした豪華な顔ぶれを揃えた福島の意図は、当然ながら、哲学史の画廊を開くことにはまったくない。福島は、それぞれの思想家たちが自らの生きた時代の要請する実存的な課題と思想的に格闘し、何とかヴィジョンをみいだそうともがくその思想的な生き様に、自身も特定の時代の特定の状況のなかで思考する一人の思想家として向き合い、そうすることで、それぞれの思想的実践に垣間見える「浮標的な概念」としての寛容概念を掘り起こそうとしている。したがって、福島の論考における思考の矛先は、常に他ならぬ彼自身に対しても鋭く向けられている。福島の寛容思想研究はまさに、二〇世紀後半から二一世紀前半の世界において日本という国に生きる一人の人間として彼自身が示す思考の実践なのである。そして、その実践そのものが、現代における寛容概念のありうべき内実を垣間見せることになる。

寛容との思想的対峙のもつこうした緊張感は、福島の次の言に濃縮されている。

様々な次元での亀裂を抱えた現代世界において「共存」の原理を構築することは可能なのか、「差異の固有性」を否定し去ることなく「普遍性の次元」「人類という概念」を救済することは可能なのか、可能であるとすればいかにして可能か。これまでの歴史が多様な時代的地域的諸条件に規定されつつ蓄積してきた問題の重層性に思いを致すならば、「寛容」という概念に「賭けられているもの」はまことに重い。(本書補章三四一頁)

寛容とは何か。私たちもまた、本書を通じて、福島清紀とともに、ジョン・ロックの時代より連綿と続く寛容という概念をめぐる「賭け」に身を投じることになる。「いったい寛容が何だというのか」という反語的含意のなかで、私たちは今ここで、そしてこれからも、かの問いを手放してはならない。本書は、そうしたマニフェストを傍に編まれた「精神の冒険」の書である。

＊001──本書は福島清紀による寛容についての研究書である。本書編集途上での著者の逝去により、編集作業を引き継いだ編者が「はしがき」を書くこととなった。詳しい経緯については、「編者あとがき」を参照されたい。

寛容とは何か——思想史的考察　目次

第二章

相互的寛容への隘路［ピエール・ベール論覚書］

第三章

一七世紀西欧における教会合同の試み［ライプニッツとボシュエとの往復書簡に関する一考察］

第四章

凡例

一、——引用内の文言が引用元の文言と異なっている場合には、引用元の文言に合わせた。
ただし、欧文からの翻訳については、一部を筆者自身が改訳していることもあるため、その限りではない。

一、——年月日の表記については、一定の基準に基づいて統一を行った。

一、——注および文献参照の表記については、一定の基準に基づいて統一を行った。

一、——本文中の算用数字は原則として漢数字に変えた。

一、——段落全体が鉤括弧による引用で構成されている場合は原則としてブロック引用に改めた。
また、段落の大半が鉤括弧による引用で占められている場合も適宜ブロック引用に改めた。

一、——引用文中の著者による補足や解説、中略については、〔 〕を用いる方向で統一した。

一、——鉤括弧内の二重鉤括弧は、書名に用いられる場合を除き、すべて鉤括弧に改めた。

一、——論文名は鉤括弧、書名・雑誌名は二重鉤括弧を用いる方向で統一した。

一、——引用文について、著者の強調は黒ゴマの傍点を、引用元の強調は黒丸の傍点を用いる方向で改めた。

一、——その他、表記法上、読者にとってより見やすくなるように、適宜表記法を改めた。
ただし、表現に関わる部分については著者の意図を尊重し改変していない。

近代西欧における寛容思想の展開

第一部

第一章　政教分離の思想的基礎づけ——ジョン・ロックの『寛容についての書簡』を中心に——

本章は、ジョン・ロック（John Locke, 1632–1704）の『寛容についての書簡』（*Epistola de Tolerantia*, 1689. 以下、『書簡』と略記）を主な分析対象として取り上げ、ロックの寛容思想の思想史的特質を考察し、その考察を通じて今日的な未解決問題の一端を明らかにする試みである。

ヴォルテール（Voltaire, 1694–1778）の『哲学書簡』（*Lettres philosophiques*, 1734）の中に、「イギリス人は自由人として、自分の気に入った道を通って天国へ行く」（「第五信」）という一節がある。[*001]『哲学書簡』は、『イギリス便り』とも言われるように、イギリスの思想・文化の紹介に精力を傾注した述作であるが、実はそこには、カトリック教会が精神上の絶対的権威として君臨するフランス社会への痛烈な文明批評が点綴されている。フランスでは前世紀以来、政治権力と癒着したカトリック教会が天国への通路を占有し、新教徒を迫害し続けていた。これに対して一八世紀中葉のイギリスでは、国教徒でなければ公職に就くことができないという制約がなお現存していたにせよ、天国への通路のどれを選択するかは個々人の自由な判断に委ねられるべきだという考え方が、社会の共有観念となりつつあったのである。今引用した一節にも、ヴォルテールが「自由」の問題をめぐって意識せざるをえなかった彼我の落差が窺われよう。

しかしながら、「イギリス人」が「自分の気に入った道を通って天国へ行く」自由を獲得するまでには、政治と宗教が複雑に絡み合った困難な問題状況をくぐりぬけなければならなかった。ロックの思想的営為は、そうした道程の真只中に位置している。

1．『書簡』執筆の背景

ロックの『書簡』を分析するに先立って、『書簡』執筆の歴史的・社会的背景を多少なりとも明らかにしておきたい。その手がかりを、まずロック自身の叙述に求めてみることにする。

ロックは「国政の問題」と「宗教の問題」、「国家の安泰」への関心と「魂の救い」への関心との間に正しい境界線を設定することが急務であるゆえんを、『書簡』で次のように述べている。

> ある人が、迫害や非キリスト教的残酷さを憂国や法の遵守の口実としませんように。また他方、ほかの人々が、宗教の名によって自らの道徳上の放縦さや罪過の無処罰を求めませんように。言うなれば、誰かが、君主の忠実な臣民として、あるいは神の誠実な崇拝者として、自分自身やほかの人々に、苦しみを課することがありませんように。なによりも、国政の問題と宗教の問題は区別されるべきであり、教会と国家の間には境界が正しくおかれるべきだ、と私は思います。もしこのことがなされなければ、魂の救いや国家の安泰が真に関心事である人々の間の、あるいは関心事だと思われる人々の間の論争には、いかなる決着もつけられないのです。[*002]

宗教は民衆に対する政治的支配のイデオロギーになりうる。また、政治は公共の福祉という美名のもとに、魂の救済に関わる宗教上の問いを強権的に踏みにじることがある。ロックはそうした状況と対峙しなければならなかった。

ロックは聖職者を次のように批判する。「キリスト教世界で宗教のために生じた紛争や戦争の大部分は、避けられがたい意見の相違に起因したのではなく、意見を異にする人々に対して、当然許されてしかるべきであった寛容が拒否されたことに起因したのです。そのとき、貪欲と支配欲とに駆られた教会の指導者たちは、野心のためにしばしば自制心を失った為政者と、盲信のせいで常にあさはかな民衆とを、あらゆる手段を用いて挑発し扇動して異端に向かわせたのです。そして福音書の法と慈愛の戒めに背いて、分派や異端は略奪され駆逐されるべきだと説いたのです。かくて彼らは、教会と国家という、全く異なる二つのものを混同してしまったのです。[*003]」聖職者は「福音書の僕であるよりも国家権力の僕」として振舞っているのが当時の現状であり、彼らは国王や権力者の野心に媚びつつ、国家における「専制」と同時に教会内の「専制」を助長すべく努め、そうすることによって人々に対する抑圧装置を形作ってきたのである。それは文字通り、「教会と国家との〔間に見られた〕一致」が招来した事態であった。だからこそロックは、「もし両者が自らの限界内に止まって、一方は国家の現世的な福祉だけに、他方は魂の救いだけに努めていたならば、両者の間にはいかなる不和も生じえなかったでしょう」と言わざるをえなかったのである。[*004]

ロックが『書簡』で叙述している事態を、特に王政復古（1660）以降のイギリス社会の動きを視野に入れて少し具体的に捉え直してみよう。[*005]

ロックは、王政復古が成って間もない時期に、世俗権力が礼拝の時間・場所・様式等の宗教的「非本質的事物」を統制することの是非をめぐって論文を二篇――第一論文は英語で、第二論文はラテン語で――書いた。前者に付された序文（「読者への序文（*The Preface to the Reader*）」）で、ロックは次のように述べている。「私は社会的なもののごころのついた瞬間から、自分が嵐の中におかれていることに気づいた。この嵐は殆んど今に至るまでも続いていたわけで、したがって私は、凪が近づいてくるのを最高の喜びと満足をもって迎え入れざるをえないのである。[*006]」王党派と議会派との対立が惹き起こした内乱（1642–46, 48）、チャールズ一世の処刑（1649）を経てクロムウェル統治下の共和制に至るイギリス社会の激しい変化を「嵐」と感じていたロックにとって、国王の復帰は誠に歓迎すべき「凪」の到来であった。

しかしながら、王政復古の翌年、国教徒が多数を占める議会勢力を背景にして、「クラレンドン法典（Clarendon Code）」と呼ばれる一連の反動的な法令が成立し始める。一六六一年の「自治体法（Municipal Corporation Act）」（イギリス国教会の儀式に則った秘蹟を受けることを自治体職員に強制する条項を含む）、一六六二年の「統一礼拝法（Act of Uniformity）」（「国教会共同祈禱書・秘蹟執行・その他諸典礼儀式の書（The Book of Common Prayer）」に法的効力を与えたもので、「クラレンドン法典」の核を成す）、一六六四年の「集会法（Conventicle Act）」（非国教徒（Nonconformist）が礼拝のために五人以上集まることを、厳罰を以って禁止）、一六六五年の「五マイル法（Five Mile Act）」（以上の諸法を一層厳格に運用するため、国教会儀式に違反する礼拝会を企てた聖職者に、議会に議員を送っている自治都市から五マイル以内の地に近寄ることを禁じたもの）[*007]、これらはいずれも、宗教的権威と世俗的統治機構との結合による価値支配を志向していた点で、軌を一にする法令であった。

この時期にロックが書いた論考としては、『寛容についての試論』（*An Essay concerning Toleration*, 1667. 以下、『試論』と略記）がある。すでにこの『試論』で、国家と教会とを分離すべきこと、教会は自由意志によって構成される社会であること、迫害などの強制力によって人々の信仰を変えさせることはできないこと等々、ロックの寛容思想の骨格を成す主張が打ち出されており、その意味で『試論』は重要な位置を占めているが、この点については次章でふれる。

ところで、非国教徒を抑圧する不寛容な諸法令が施行されて間もない一六六九年頃、ロックは一六六六年の夏以来、公私の生活を共にしていたアシュリ（のちのシャフツベリ伯一世）とのつながりで、北米カロライナ植民地のための「カロライナ基本憲法（The Fundamental Constitution of Carolina）」の起草作業に参加した。ロックの書いた条文のなかには、例えば次のようなものがある。

第九七条：ある宗教を信仰することに意見の一致をみた若干の人々は、教会を組織し、信仰告白をすることができ、またその教会を他の教会と区別するために、何か別の名称を付してさしつかえない。

第一〇九条：いかなる人も他人を宗教上の思弁的意見や礼拝の方法の故に侵害し、妨害し、迫害すべきでない。*008

ロックが起草したこれらの条文には、自国では未だ実現されていない「信教の自由」へのロック自身の願望がこめられていると言えるかもしれない。いずれにせよ、当時のイギリスにおいて、「賢者ロックがその立法者であるカロライナを見てみたまえ。法律が認可する公の宗教を設立するには、一家の父親七人の請願があればよいのである。こうした自由が認められているからといって、混乱は何ら起りはしなかった」*009とヴォルテールが羨望の眼差しで見た「自由」は、未だ物質的な力を形成してはいなかったのである。チャールズ二世が一六七二年三月に発布した「信仰寛容宣言」も所詮、見せかけだけのものにすぎなかった。というのも、王は一六七〇年五月、フランスと「ドーヴァーの密約」を結び、イギリスをカトリックの国にする旨を約束していたからである。

ロックは『書簡』で《抵抗権》を是認する議論を展開しているが、その背景には、このような権力支配が跳梁する生々しい現実があった。ロックは、「一般には、反乱の温床とか陰謀の巣窟と呼ばれているために、寛容に関する学説の中では、最も有力な反対論を招くものと考えられている集会」[*010]について論及し、権力支配の生み出す「抑圧」に対して人々が「集会」を作って「抵抗」することの正当性を認めている。ロックによれば、この「集会」は、「抑圧され不安定にされた自由の悲劇から生じた」[*011]。「人々がなにか党派的な陰謀を企てるとしても、宗教が集まっている人々に対してそれを勧めるからではなく、苦難が抑圧されている人々にそれを勧めるから」であり、「不正と専制によって抑圧された人々が常に反逆した」のである。[*012] ロックは、「人々を反乱に結集させる唯一のものは抑圧にほかなりません」と言う。[*013] このように人々が宗教的迫害に抗して引き起こす「反乱」は、「ある種の教会ないしは宗教結社の特別な性格なのではなくて、不当な重圧のもとで呻吟している全人類、しかも自分たちの首にますます重く食い込んでくる軛を振り払おうとする全人類に共通な性向」にほかならない。[*014]

ロック自身は専制的な教会権力を容認せず、教会権力及び世俗権力の実定的なありようを《自然権》の地平において相対化する方向で人々の《抵抗権》を擁護する。この視方向は『書簡』の次の一節に示されている。

> いざとなると、人間は、自分の正直な努力によって得た富を奪われ、人間的ならびに神的ないっさいの権利に反して、他人の暴力と略奪の餌食とされることにしんぼう強く耐えることはとてもできません。特に、彼らが他になんら非のうちどころがない場合、またそこで扱われている問題が、市民権とはなんら関係がなく、神に対してのみその顚末が告げられるべき各人の良心と魂の救いとだけに関係する場合には、なおさらのことです。もしそうだとしたら、これらの人々が、自分たちを苦しめている害悪にいや気がさして、ついには力には力でもって対抗することが合法的だと考えたり、また宗教上の理由によるのではなく背徳によっての

み取り上げられることが可能な、神と自然とによって彼らに認められたあの諸権利を、できるだけ武力によって守ることが合法的だと考えるようになる以外に、どんなことが期待されうるでしょうか。[*015]

オランダに亡命していたロックが「寛容」についての考えを私信の形にまとめ、それを友人リンボルク（Philip van Limborch）へ送ったのは一六八五年の冬であった。この同じ年、大陸のフランスではルイ一四世が「フォンテーヌブローの勅令」によって「ナントの勅令」（1598）を破棄し、新教徒弾圧の方針を前面に押し出すに至っている。フランスにおけるこうした弾圧から逃れてオランダに亡命した人物の一人にピエール・ベール（Pierre Bayle, 1647–1706）がいた。ベールは、一六八六年に公刊された『「強いて入らしめよ」というイエス・キリストの言葉に関する哲学的註解』（*Commentaire philosophique sur ces paroles de Jésus Christ, "Contrains-les d'entrer"*）のなかで、「強いて入らしめよ」という条りを字義通りに解釈して信仰を強制することがいかに誤謬に満ちているかを、さまざまな角度から論証し、「迷える良心の権利（le droit de la conscience érrante）」を主張した。そこに貫かれているのは、宗教的真実への関わり方に相対性を認めようとする知のあり方である。その意味で、これら二人の思想家が相前後して、いずれも「寛容」の何たるかを論じたことは、単なる偶然事として片付けることはできまい。両者の思想内容は確かに異なっているけれども、西ヨーロッパ全体の歴史的状況を視野に入れるかぎり、ロックが直面していた問題はベールの場合のそれとまさに同根であった。信仰の「強制」によって個々人の内面までも管理しようとする不寛容な権力支配にいかに立ち向かうか。これは、当代西ヨーロッパにおいて共通の、しかも最も緊迫した問題にほかならなかった。

2・「国家」と「教会」との位相差

❶「国家」の特質及び「為政者」の義務・権限

ロックの『寛容についての書簡』の要諦は、「国家」と「教会」との位相差の確定、そしてそれによる政教分離の思想的基礎づけにある。本章では、この確定作業の基本構図と両者の位相差の内実を、一六六七年の『試論』の論旨とのつながりも視野に入れて解明してみよう。

『書簡』においてロックは、「国家」の特質及び「為政者」の義務・権限を次のように規定している。

ロックによれば、「国家（res publica）」とは「市民の財産を保持し促進するためにのみつくられた人間の集まり」[*016]である。この場合、「市民の財産」とは「生命、自由、からだの健康と苦痛からの解放、土地とか貨幣とか家具その他のような、外的な事物の所有」[*017]であって、「この生命にかかわりを持っている、これらの事物の正当な所有を、一般には、すべての人民のために、また、個々には、臣民一人一人のために、すべての人々に公正に制定された法によって、整え保護する」ことが、「為政者の義務」なのである。[*018]

ロックはすでに『試論』において、「統治（government）」の起源・目的、政治的組織の第一義的条件に関する自己の見解を簡潔に表明していた。ロックは『試論』の冒頭で、「近年、我々の間で喧しく取り沙汰されている良心の自由の問題において、とりわけ問題を紛糾させ、論争を長引かせ、反目を助長してきたのは、私の考えでは次のことである。すなわち、双方が同等の熱意と誤りを以って自分たちの主張をあまりにも押し広げ、良心に関わる問題において一方の側は絶対的服従（absolute obedience）を説き、他方の側は普遍的自由（universal liberty）を要求しながら、自由への権利をもつ事柄が何であるかを割り当てることもなければ、賦課や服従の境界を示すこともしないということである」[*019]と前置きして、議論の筋道を整えるために次のように主張している。

「為政者に委ねられた信託(trust)、力、権威のいっさいは、彼がその上位に位置づけられている社会において、人間の利益、保護及び平和を目的として行使される以外、どんな目的のためにも彼に帰属しない。したがってまた、このことのみが、為政者が法を整えて平衡を保ち、政府を形作り編制する際に依拠すべき規準及び尺度であり、またそうであるべきである。というのは、もし人間が、何らかの法のもとに結集したり国家へと発展することなしに共に平和かつ静穏に生きることができるならば、為政者や政治はまったく必要なくなるだろうからである。為政者や政治は、この世で人間を相互の詐欺とか暴力から保護するためにのみつくられたものである。[*020]」したがって「為政者は世俗の平和と彼の臣民の所有物を保護するため以外に何事にも関わったり干渉したりすべきではない」のである。[*021]

ロックの考える政治権力が、《自然》的な所与として存在する何かではなくて、どこまでも《人為》の所産であること、つまり、人間が自己の世俗的な所有物の保全を目的として、しかもそれを目的としてのみ、社会の上に人為的に位置づけた信託権力であることが、ここには明瞭に看取される。

ただ、この場合留意すべきは、ロックの構想する「為政者」―「臣民」という枠組みの性格についてである。日本語で「臣民」と言うと、かつて世俗的権力と超世俗的権威とを一元的に占有していた《超国家主義》的国家体制のなかで、制限つきの自由をもっていたにすぎない「臣民」像を思い浮べる向きもあるかもしれない。しかしながら、ロックの論理構成に照らしてみるかぎりでは、「臣民」は、決してそういう価値支配への一方的な従属を強いられる存在ではなく、むしろ「為政者」を信託権力たらしめる委託行為の主体である。言い換えれば、人間は自分たちの所有物を保全するために、相互の同意に基づいて結合し、その結合態の上に「為政者」ないし「統治者」を置き、そこへと権利を委ねる。その限りにおいて、個々の人間は「臣民」―「為政者」という相互規定的な関係概念の場面に身を置いて、信託権力に従わなければならない。国家主権とそれを支える個々の成員との関係をめぐっては、ある意味でこれと同じ構図がホッブズ、スピノザ、ルソーらの社会契約思想にも見られるのである。[*022]

さて、ロックは『書簡』において、「為政者」の権限が世俗の社会的な事柄以上には及ばず、政治的な権力や権利や支配がこれらの事柄の保持・増進のための配慮だけに限定され制約されていて、決して「魂の救い」にまでは手を伸ばしえない、また伸ばすべきではない、ということを繰り返し明言する。その立言の根拠は次の三点である。

第一に、「魂についての配慮が為政者にゆだねられていないのは、他の人々にゆだねられていないのと同様だから」[*023]という、「魂についての配慮」の個別的自存性である。この場面では、「臣民」―「為政者」という枠組みは取り払われているので、たとえ「為政者」であっても、「魂についての配慮」の個別の相へ容喙する権限をもたない。ロックによれば、「神が、人々のうえに立つ人々に、自分の宗教を無理やり他人にいだかせうるような〔中略〕権威を与えなかったことは、明らか」であり、そのような権力が人々によって「為政者」に与えられることもありえない。「どのようなことを口で信仰告白しようとも、どのようなことを形式的な礼拝で行なおうとも、もしこのことが、真実であり、神を喜ばせている、とあなたの心の中で十分に確信されているのでなければ、救いにはけっして有益ではなく、反対に妨げになる」のである。[*024]

第二に、「為政者」の「職権はすべて強制にある」がゆえに、「魂についての配慮」は「為政者」に属するものではありえないということである。ロックは言っている、「真のそして救いをもたらす宗教は、心の内的な確信のうちにあって、それなしには、神の前では何ものも価値を持たないのです。いかなる外的な力によっても強制されえないようなものこそ、人間の知性の本質なのです。財産が没収され、牢獄の禁固や拷問の刑罰によって、肉体が苦しめられてごらんなさい。もしこれらの刑罰によって、物事についての心の判断を変えようとしても、無益でしょう」[*025]と。

これは言わば、「内」と「外」との截然たる区別に基づく、魂の「内」的自立性に照準した主張である。

第三に、もし「各人が、自分の理性と良心の命令を無視して、盲目的な心で自分の君主の教義をいだかねばならず、また、祖国の法によって定められているように、神をあがめねばならない、という条件が人々に与えられている」のであれば、人々は「幸福な住まい」(「天国」)への道を歩むことはできなくなるだろうということである。*026 要するに、「自分の理性と良心」の孤塁を守ることが、「魂の救い」への不可欠な指標を成す。

ロックが列挙する三つの論拠は、思うに、いずれも『試論』における《私》的契機擁護の議論を発展させたものであろう。『試論』によれば、「寛容への絶対的かつ普遍的権利(an absolute and universal right to toleration)」をもつ事柄が二つだけある。

一つは、「三位一体、煉獄、化体、対蹠地、キリストによる人格的な地上支配等々についての信条」のごとき「純粋に思念上の意見(purely speculative opinions)」。*027

いま一つは、「私の神(my God)を礼拝する場所、時間及び様式」(傍点、引用者)である。これがなぜ上述の権利をもつのか。ロックによれば、それは「もっぱら神と私との間の事柄(a thing wholly between God and me)」であり、政治や統治の及ぶ範囲を超えた永遠の重要性をもつ事柄だからである。政治や統治は「この世における私の幸福」のためのものにすぎない。「為政者」は「人間と人間との間の裁定者(umpire between man and man)」にすぎず、「私の隣人(my neighbour)から私を救うことはできるけれども、私の神(my God)に対して私を守ることはできない」。それに、「為政者」が権威をもつ「この世の事柄」においてさえも、「為政者」は決して、その権威が関わる「公衆の利益(the good of the public)」以上のどんなことも行なわないし、人々に「彼らの私的な世俗的利害関係への配慮」を命じもせず、「彼ら自身の私的な利益への従事」を強いることもしない。ただ彼らが他人に侵害されることのないように彼らを保護するだけでである。これが「完全な寛容（a perfect toleration）」というものである。[*028] ロックは、大要、このように述べている。

つまり、ロックは『試論』において、まず宗教と政治とを分離し、宗教の局面での超越者と人間との関わりの場を「私の神」という全き私的事柄として確保する。そうしてさらに、政治という現世的な利害関係の場面において、「為政者」の権限を「公衆」の利益という《公》的契機への配慮に限定することによって、人々の《私》的権益への配慮を「為政者」の恣意的強制力から解放したのである。ロックが『書簡』で遂行している、世俗権力の権限を確定する作業は、分析的にみれば、基本的にこうした二段構えの立論に支えられたものであったと言えよう。[*029]

それならば、『書簡』において「教会」はどのように把握されているのであろうか。

❷「自由で自発的な結社」としての「教会」

ロックによれば、「教会（ecclesia）」とは、「魂の救いのために神に受け入れられるだろう、と信じるやり方で、神をおおやけに礼拝するため、人々が自発的に結びついている自由な集まり」であり、「自由で自発的な結社」である。[*030] このようにロックは「教会」形成における「自由」と「自発」性の契機を強調する。人は生来、いかなる教会にもいかなる教派にも拘束されていないのであって、「人は、真の宗教と神を喜ばす礼拝を、そこに見いだしたと信じるその結社に、進んで参加する」のである。[*031] したがって、もし人が「教義に誤ったところや礼拝に不適当なところを見いだすならば」、入ってきたときと同じように「自由に」そこを離脱することができる。[*032] ここには、《自然》状態への論理的遡源を介して、「社会」とか「国家」を《人為》の所産として措定し直すのと同じ知的志向が働いていると言ってよい。当時のイギリス国教会に具現されているような実定的な教会制度を、ロックは能うかぎり相対化し、「教会」を新たな公共性の場へと転換させようと試みるのである。

ロックはそうした思考実験を遂行する方向で、教会相互の平等性を是認する思想をも打ち出す。ロックによれば、「自由で自発的な結社」としての「教会」は、「宗教のことで、お互いに意見を異にする私人たち相互の寛容」[*033]が認められなければならないのと同じく、相互に平等であって、いかなる教会も他の教会に対してなんら支配権をもたない。「為政者」がどれかの教会の一員であるときでさえそうなのである。なぜなら、「国家は教会に何ら新しい権利を与えうるものではなく、逆に教会が国家に新しい権利を与えるということもありえない」からである。[*034]要するに、「国教会と、それとは意見を異にする爾余の教会との間に、なんらの差別もない」[*035]ということなのである。このような主張が、当代イギリスの「国家と教会との一致」にいかに鋭い楔を打ち込むものであったかは、改めて言うまでもあるまい。

ロックは「教会」を「国家」の越権行為から解き放ち、そうして「教会」相互の平等性を是認するのであるが、それだけならば「国家」と「教会」との位相差を十全に規定したことにはならない。「教会」の越権行為もありうるからだ。そこでロックは、権限の及ぶ範囲を「国家」についてだけでなく「教会」についても定める。

「教会」という「宗教的結社」の権限は次のような内実をもつ。「宗教的結社の目的は〔中略〕神の公的な礼拝であり、またそれによる永遠の生命の獲得です。それゆえ、すべての規律はこのことに目標を合わせるべきであり、すべての教会法は、この目的によって限定されるべきなのです。この結社のなかで、社会的つまり現世的財産の所有については何も取り扱われていませんし、また取り扱われることはできません。[*036]」つまり、「外的な財産の所有と使用とは、為政者の支配下にある」のであって、「教会」はそういった世俗的な事柄に関しては強制力や支配権をまったくもたないのである。ロックによれば、仮にこの「宗教的結社」の成員にその義務を守らせるための「武器」ともいうべきものがあるとしたら、それは「訓戒、勧告、および忠告」である。[*037]

したがって、「破門」の決定とそれの実行に際しても、破門された人間の「からだや財産」に何の危害も加えられぬよう注意が払われなければならないわけである。「教会」でどんな職務に就いている人間でも、宗教上の差異を理由にして、自分と教会や信仰を異にする人の自由あるいは現世的財産の一部を奪い、「人間としての、また市民としてのすべての権利」を損うようなことがあってはならない。[*038] ロックは次のように断言する。「彼ら〔聖職者――引用者注〕の権威がどこに由来していようと、それは教会のものである以上、あくまでも教会の範囲内に限定されるべきであり、けっして世俗の事柄にまで拡大されえない、ということです。なぜなら、教会はそれ自体、国家からも世俗の事柄からも全く区別され、切り離されているからです。両者の境界線は、確固として不動のものなのです。その起源においても、目的においても、本質においても、全く異なっているこれら二つの社会を混同するような人は、天と地のように最も遠くかけ離れているものを、ごちゃまぜにしているのです。それゆえ人は、どんな教会の職務で権威づけられていても、宗教〔上の差異〕を理由に、自分と教会や信仰を異にする誰か他人から、その生命や自由や、あるいはその世俗的財産の何か一部を、懲罰のために奪い取ることはできません。[*039]」世俗的な所有物に「教会」が関与することは、魂の救いの問題に「国家」が関与することと全く同様に、越権行為以外の何ものでもなかった。

このようにロックは、「教会」と「国家」双方の権限の内実を確定し、それら相互の越権行為に楔を打ち込む。その場合、行論の前提をなしているのは、これまでの分析から明らかなように、人は魂の救いへの関心をもつと同時に現世的な生活を営むという、いわば人間の二重性についての認識である。ロックは宗教的《超越》と世俗的《内在》との媒介項として「道徳的行為」を設定し、そうした二重性を端的に語っている。「宗教と真摯な信仰心の重要な一部をなしている態度の誠実さは、市民生活にも関係があって、魂の救いと国家の無事安全とは、ともにそれに基づくものなのです。したがって、道徳的行為は、外的な法廷と内的な法廷のいずれ〔の管轄〕にも属するわけですし、また、社会的指導者と個人的な指導者との、つまり為政者と良心との、そのいずれもの指図に従うことになります。ですからここで、いずれか一方が他方の権利を侵害したり、平和の護持者と魂の保護者の間に争いが生じたりしないように、配慮が払われねばなりません。[*040]」ここに言う「道徳的行為」は、おそらく、世俗社会の「公共の福祉」と個体的人間の「魂の救い」、この両者への視方向をもった行為を指すのであろうが、ロック自身は必ずしもその内実を明確に説明しているわけではない。しかしいずれにせよ、ここで大切なのは次の点である。

すなわち、「魂の救い」の問題においては、「各人は、自らの救いについて、それぞれ最高にして窮極的な判断力を有して」いるのであるから、「何人も、この問題においては、彼自身にとってよいと思われた以上に、他人の勧告や権威に従うよう強いられてはならない[*041]」。これは、先に指摘した、魂への配慮の個別的自存性と内的自立性への信頼、及び孤塁たるべき自己の「理性」と「良心」への信頼が集約的に表明される局面である。「各人の魂と天上のことについての配慮は、国家にかかわることでも、国家に従属せしめうることでもなく、各個人に保持されゆだねられているもの」にほかならない[*042]。

しかしまた他方、ロックによれば、「人間の不正直さは、彼らの大多数が、自ら努力して入手するよりもむしろ、他人の努力による成果を進んで享受しようとするありさま[*043]」であるから、この世での生活を支えるための取り決めが必要になってくる。そこで、「現世の財産を守るため、相互援助の契約に基づいて、人々は結集し国家を造った[*044]」。こうして、世俗生活に関係するすべてのものへの配慮とそれを行使する権力とが、「社会によって為政者にゆだねられる[*045]」。ロックが展開する発生論的考察の文脈に沿って言えば、この場面で初めて「国家」という枠組みが登場する。「国家」の任務は人々の生命と現世の生活に属する事物を守ることであって、それ以上でもなければそれ以下でもない。その限り、諸個人は「国家」における「最高の権力」たる「立法権」に服することになるのである。

3．「寛容」とは何か——「寛容」の原理の適用対象から除外されるものとその論拠

前節では、ロックによる「国家」と「教会」との位相差の確定の構図を粗略ながら分析した。その分析をふまえて言えば、ロックにおいて「寛容」とは、「国家」と「教会」との癒着の分断、すなわち、「教会」への「国家」権力の介入を排除すると同時に「国家」から宗教性を剥奪し「国家」を中性化すること、そしてさらにそのことを根本前提としつつ、魂の救済という問題局面における「私人」相互間及び「教会」相互間の自立的平等性を是認すること、を意味する。

とはいえ、この寛容思想に関しては、いま少し言及しなければならない問題が残されている。なぜなら、ロックが「寛容」の原理の適用対象から除外しているものが幾つかあるからである。まずはできるかぎりロック自身の論述に即して、除外の対象とその除外の論拠を検討してみよう。除外の対象は大きく分けて四つある。

第一に、「人間の社会と相容れない教義や、あるいは市民社会の維持に必要なすぐれた道徳に反する教義」[*046]。しかしこれに関してロックは、「このような例は、どの教会にもほとんどありません」と述べるのみで、それ以上、議論を展開していない。ロックにとっては自明であったかもしれないが、現代の我々には、「市民社会の維持に必要なすぐれた道徳」が、あるいはまたこの「道徳」に「反する教義」がどのような内実をもっているか、必ずしも明確ではない。ただ、こうした「教義」が「明らかに社会の根底を掘りくずすような」、したがって「全人類の裁きによって断罪されるような」事柄であることを示唆してはいる[*047]。

第二に、「自分たち自身および自分たちの教派の人々に、外観を取り繕うのに好適なもっともらしい言葉で装われているある特別な特権を、市民権に反して独占している人々により生み出されるもの」[*048]。ここに言う「ある特別

な特権を、市民権に反して独占している人々」とは、少し具体的に見ていくと、「世俗的な事柄において、他の人間以上に、ある特権や権力を、信仰のあつい宗教的で正統な人々に、つまりは自分たち自身に与える人々」であり、また「宗教を口実にして、彼らの教会の組織には属していない者や、どんなしかたでかそれと袂を分かった者に対して、なんらかの支配権を要求するような人々」である。[*049] ロックはこうした「特権」の占有を、第一に挙げた「教義」よりも「もっと隠れた、しかし国家にとってもっと危険な害悪」と捉えている。ロックによれば、「信義は守られずともよいとか、君主はいかなる教派によってもその王座から追放されうるとか、すべてのものの所有は自分たちだけと関係があるとかいうこと」[*050]を公然と教える教派は見あたらないけれども、それと同じ事を違う言葉で主張している連中はいる。すなわち、「異端者との信義は守られずともよいと教える人々」[*051]は、「信義を破る特権」が自分たちにあると宣言していることになるし、また、「破門された国王はその王国を失う」と主張する人々は、「破門の権利を自分たち僧職者階級だけに要求している」ことになる。[*052] それに、「支配権は恩寵に基礎づけられている」という主張も、「すべてのものの所有を、こうした意見の主張者に帰するもの」にほかならない。[*053] 要するに、ここでロックが描いているのは、「国家と教会との間の一致」を自明視することによって、現世的利害に関する事柄と魂の救済に関する事柄とを混同し、他者に対し独断的な自己聖別を行なう者であると言えよう。

第三に、「その教会に加わる人はみな、そのこと自体によって、よその君主の保護下に入り、それに服従することとなる［ということをたてまえとしている］ような教会」[*054]。この場合、「こんなやり方をすれば、為政者は、自分の領土や都市の中に、外国の支配権の及ぶ場所を提供することになるでしょうし、また、自国の国民の中から、彼の統治する国家にそむいて兵士が登録されるのを容認することになるでしょう」[*055]というのが、除外の論拠である。ロックは、「誰かある人が、自分は宗教においてのみマホメット教徒であって、それ以外ではキリスト教の為政者の忠実な臣民であると称するのは、ばかげたことです。もし彼がコンスタンチノープルの回教僧に盲目的な服従を強いられていることを認め、しかもこの回教僧自身は、オットマンの皇帝に服従していて、その意のままに捏造された彼の宗教の託宣なるものを出している限り、そう言えます[056]」と述べており、イスラーム教徒を俎上に載せていることは明白であるが、それに加えてカトリック教徒をも念頭に置いていると考えられる[057]。

最後に、「神が存在することを否定する人々」すなわち「無神論者」。ロックは「人間社会の絆」を維持すべきであるとの立場から「無神論者」を批判する。「人間社会の絆である約束とか、契約とか、誓約とかは、無神論者にとって確固不動で犯しがたいものではありえないからです。たとえ意見のなかだけのことにしても、神が否定されれば、これらいっさいのものは崩れ去ってしまいます。その上、無神論によってあらゆる宗教を根底から破壊する者は、宗教の名において、いかなる寛容の特権をも自分自身のために要求することはできません[058]。」ロックがなぜ、「寛容」を要求する権利を「無神論者」に認めなかったかについては、おそらく『書簡』における次のような「神」の位置づけ方がその論拠を説明している。

ロックは世俗社会で生起しうる「為政者」と「臣民」との対立の究極的な「裁定者」として、超越者たる「神」の存在を前提している[059]。ロックによれば、「立法権」が向けられるべき対象は「この世の、つまり世俗的な公共財産」であり、「これこそ〔人々が〕社会に加わる唯一の理由」であるとともに、「国家が形成される唯一の目的」でもある。したがって、もし「為政者」の権限内にない事柄、例えば人々のうちの誰かが、自分の信奉しているのとは別の教会の礼拝や儀式への参加を強制されるといったことについて法が定められるならば、人々は「自らの良心」に背いてまでその法に束縛される必要はない[060]。しかし、ここに一つの問題が発生しうる。すなわち、もし「為政者」がそういう法――人々に、彼らが信奉しているのとは別の教会の礼拝・儀式への参加を強制する法――を制定する権利をもっているると信じ、しかもそれが「公共の福祉」のためになるのだと「為政者」が信じていて、「臣民」がそうではないと信じていたら、どうなるか。ロックは次のように述べている。

誰が両者の間の裁定者となるのだろうか、とお尋ねがあるとします。ひとり神のみです、と私は答えます。なぜならば、立法者と国民との間には、地上ではいかなる裁定者もいないからです。言うなれば、神のみがこの場合の裁定者にほかなりません。そして神は、最後の審判の日に、各人の功罪に従って、すなわち各人が、誠実に、かつまた公正と天意に従って、公共の福祉と平和と信仰とを促進するのに意を用いた度合いに応じて、報いを与えられるでありましょう。それまでの間はどうしたらよいだろうか、とあなたは言われるかもしれません。私はこう答えます。第一の配慮は、〔自らの〕魂についてなされるべきであり、次にできるだけ平和について努力が払われるべきである、と。*061

ロックがここで想定しているのは、理念的には信託権力であるはずの「為政者」が、「公共の福祉」という美名の下に強権を発動し、信託行為の主体たる「臣民」の価値支配を企てるといった局面である。こうした想定の背後に、支配階層が数々の越権行為を行なってきた歴史的現実があることは、縷言を要しないであろう。「第一の配慮」が「まず〔自らの〕魂」についてなされるべきだという言明が示すように、「公共の福祉」は、あくまで個人の《私》的主体性を基底とする《公》的共同性でなければならなかった。「臣民」と「為政者」との対立に際して、「神」という超地上的な裁定者に訴えることは、ロックにおいて、そのような公的共同性の場を世俗社会で確立していくための不可欠な手続きを構成している観さえある。少なくとも『書簡』の論理構成に徴するかぎりでは、世俗的内在の局面において新たな公的共同性を確立しようとする志向は、超越的な「裁定者」としての神の存在への確信によって裏打ちされているのである。したがって、この「神」の存在を否定することは、ロックの寛容思想を支える枠組みそのものの解体を招来するであろう。ロックが「無神論者」を「寛容」の原理の適用対象から除外した理由は、おそらくその辺に潜んでいる。

ロックが『書簡』で「寛容」の原理の適用から除外した対象の内実とその除外の論拠は、以上の通りである。この除外が具体的にはどのような措置をとることを意味するのか、ロック自身は明確には語っていないので、その点についての言及は留保せざるをえない。

4．結び

さて、ここで留意すべきは、ロックが「寛容」の原理の適用から除外した四つの対象がいずれも「為政者によってけっして寛容に処置されるべきではない」とか、「為政者によって寛容に扱われる権利」（傍点、引用者）をもつことはできないというように、問題設定がなされている点である。ロックが『書簡』で「為政者」と言うとき、それは現世的事物の保全を目的として社会の上に人為的に位置づけられた、最高立法権たる政治的信託権力を指す。ロックはこの世俗的な信託権力との密接な連関において「寛容」の問題を論究している。つまり、ロックが構築した「寛容」思想は、イギリスの国家的・国民的自立を志向する政治論的骨格を具えており、「暗黙の内に、国民に共通の「最少限クレド」を要求[*062]」する《統治》の論理なのである。

この小論では、『書簡』を主な分析対象としてロックの寛容思想を考察してきた。[*063]すでに明らかなように、ロックは「国家」と「教会」の位相差を確定し、双方の越権行為を斥ける。すなわちロックは、一方で「国家」を、現世的事物の所有の保護・促進のみを目的とする社会として捉え直すことによって、新たな世俗性の地平で「国民」概念の形成をめざす。そして他方で、「教会」を、神を公に礼拝するための「自由で自発的な結社」と位置づけ、魂の救済の問題に対する政治権力の強制的介入を排し、そのことを根本前提として、「教会」を新たな共同性へと転換していく。このような一種の双務性を、ロックの「寛容」概念は孕んでおり、『書簡』は権力の本性と信仰の本性に関する二重の考察にほかならない。[*064] しかも、ロックの『書簡』は、宗教上の事柄を論究することによって政治的自由の確保が可能となり、逆に政治上の事柄を論究することによって宗教上の自由＝信仰の自由の確保が可能になるという、相互媒介的な論理構成を具えた著作であるとも言えよう。

ロックは、「宗教の問題」と「国家の問題」とを区別し、その両者の間に正しい「境界線」を設けるためにこそ、宗教上の事柄のみならず政治上の事柄をも同時に論究する、いわば両面作戦を遂行しなければならなかった。このような双務的課題を勝れて政治論的観点から遂行しようと試みたところに、ロックの寛容思想の構造的特質と思想史的意義が存するのである。

一六世紀から一七世紀にかけて近代西欧的な「寛容」概念が形成される過程では、一つの国家の中で幾つもの宗教が共存することはいかにして可能か、という宗教的問題の解決が目指された。長きにわたる宗教戦争が一応の終結をみたのち、人々は諸宗教の共存を考え、かつ実行しなければならなかった。問題自体が宗教的な刻印を色濃く帯びており、個人や共同体のみならず軍事的な勢力においてさえ、そのアイデンティティーの見出し方は宗教的次元を本質的なものとして内包していた。[*065]

しかし今日、グローバリゼーションの進展に伴って、国際関係の真只中で経済競争が新たな敗者・弱者を生み出しているのが現状であり、そうした現状認識にたって「寛容」を論じようとするかぎり、もはや問題の重心を宗教的次元におくわけにはいかないであろう。とはいえ、共存・共生の問題は依然として存続している。民族的出自、宗教、信条、意見、富などの差異によって多様性をもつ人々の間で共生の原理を構築することはいかにして可能か。この問いを持続するためには、少なくとも政治と宗教との関わり、国家主権と個人の自由との関わりを改めて検討しなければなるまい。そうであるとすれば、寛容思想の系譜のなかでロックが先鞭をつけた政教分離（国家と教会との分離）の理論的基礎づけは、無神論者やカトリックに不寛容な態度を示した点で限界をもっていたにせよ、時空を超えて現代の我々に問いを投げかける思想的遺産の一つであると言えよう。*066

＊001———Voltaire, *Mélanges*, Préface par Emmanuel Berl, Texte établi et annoté par Jacques Van Den Heuvel, Bibliothèque de la Pléiade, Dijon 1976, p.14.

＊002———ジョン・ロック『寛容についての書簡』、レイモンド・クリバンスキー序、平野耿訳注、朝日出版社、一九七一年、九頁（傍点、引用者）。ロックの『寛容についての書簡』からの引用は、原則として同書の平野訳に依拠し、以下、『書簡』と略記する。ただ、引用者が同書に平野訳と併載されたラテン語原文を参照しつつ若干訳し変えた箇所があることを予めお断りしておく。ポプルの英訳（John Locke, *A Letter concerning Toleration*, translated by W. Popple, Latin and English Texts revised and edited with Variants and Introduction by Mario Montuori, The Hague 1963.）、ガフの英訳（*Introduction to John Locke, Epistola de Tolerantia*, translated by J. W. Gough, Oxford 1968.）、ル・クレールの仏訳（John Locke, *Lettre sur la tolérance et autres textes*, Traductions par Jean Le Clerc et Jean-Fabien Spitz, Introduction, notes, bibliographie et chronologie par Jean-Fabien Spitz, Paris 1992.）も併せて参考にした。

＊003———『書簡』、九一頁。

＊004———同書、九三頁。

＊005———ロックにおける寛容思想の生成と構造を総体的に解明しようとするならば、最も初期の論考である『世俗権力二論』（John Locke, *Two Tracts on Government*, edited with An Introduction, Notes and Translation by Philip Abrams, Cambridge 1967.）及び『自然法論』（John Locke, *Essays on the Law of Nature*, edited by W.Von Leyden, Oxford 1954.）の思想内容にも深く立ち入る必要があると思われるが、その作業については他日を期したい。

＊006———『世俗権力二論』（友岡敏明訳）、未來社、一九七六年、一五頁。

＊007———「クラレンドン法典」の内容については、前出の友岡訳『世俗権力二論』の「解説」及び平野訳『書簡』の「訳者序文」、lxiv–lxv頁、参看。

＊008———*The Works of John Locke*, 10 vols, London 1823; Nachdruck Aalen 1963, Vol.10, pp.194–196. 井上公正「ロックにおける寛容思想の展開」『ジョン・ロック研究　イギリス思想研究叢書四』、御茶の水書房、一九八〇年、参看。

＊009———ヴォルテール『カラス事件』（中川信訳）、冨山房百科文庫、一九七八年、一〇六頁。

＊010———『書簡』、八一頁。

＊011———同書、八一頁。

＊012———同書、八三頁。

＊013———同書、八五頁。

＊014———同書、八三頁。

＊015——同書、九一頁。

＊016——同書、九頁。

＊017——同書、九頁。

＊018——同書、一一頁。

＊019——H. R. Fox Bourne, *The Life of John Locke*, In Two Volumes, Bristol 1991 (Reprint of the 1876 Edition), Vol.1, p.174.

＊020——Ibid. なお、大槻春彦氏の指摘によれば、ロックの述作の中で「信託」という概念が最初に見出されるのは、この『試論』においてである(『世界の名著　ロック、ヒューム』、中央公論社、一五頁)。このことは、ロックにおいて寛容論の形成が世俗権力論の形成と相即的な事態であったことの一証左ではあるまいか。

＊021——Bourne, op. cit., p.175.

＊022——ロックの「為政者」概念について次のことを確認しておこう。最も初期の論考である『世俗権力二論』によれば、「為政者」は、「共同体を管理し、己れ以外のあらゆる人に対する最高支配権を有し、さらに、法を制定し廃止する権力を委ねられた者」であり、論理的には「集合体、君主のいずれでもよい」最高立法権である(第二部の二、友岡訳、一二五−一二六頁)。同書第一部にも次のようなロック自身の原注が付されている(友岡訳、二五−二六頁)。「為政者ということで私は、統治形態とか構成人員数とかに関わりなく、どんな社会にもある最高立法権と解している。」(*Two Tracts on Government*, p.125.)なるほどロックはしばしば「為政者」の代名詞として「彼」という三人称単数を用いてはいる。しかしその場合も、現存する特定の君主を念頭におきつつその君主による統治の体制を追認しようとしているようには見えない。この点に関する限り、ロックの姿勢は『世俗権力二論』から「試論」を経て、『書簡』や『統治論二篇』(*Two Treatises of Government*)に至るまで一貫しているように思われる。

もっともロックは、『統治論』第二篇で、「立法権は、それが一人の手中にあろうと、あるいはまた何人かの手中にあろうと、〔中略〕すべての国家における最高の権力である」が、「第一に、それは国民の生命と財産に対し絶対的に恣意的なものでもなければ、また断じてそのようなものでもありえない。というのは、立法権は、立法者たる個人または集会に委ねられた、社会の各成員の共同権力(joynt power)にほかならないからである」(一三五節)と述べて、社会の個々の成員の信託を基底とした「共同権力」という概念を明確に提示している(John Locke, *Two Treatises of Government*, a critical edition with an introduction and apparatus criticus by Peter Laslett, New York 1963, p.402.)。これに対して『世俗権力二論』では、「人民の同意から派生した、すなわち人民の同意によって為政者にもたらされた政治権力」は「仮定」の域を出なかった(友岡訳、二〇−二一頁)。つまり、政治権力の存立構造の捉え方に注目するならば、『世俗権力二論』から『書簡』や『統治論』への連続性は見出し難い。
＊023――『書簡』、一一頁。
＊024――同書、一一頁。
＊025――同書、一三頁。
＊026――同書、一五頁。
＊027――Bourne, op.cit., p.176.
＊028――Ibid.
＊029――この点については、中村恒矩氏の論文「ジョン・ロックにおける世俗政治と宗教信仰――『寛容論』（一六六七年）の分析――」（『経済志林』第三九巻第一・二号、法政大学経済学会、一九七一年）から多くの示唆を得た。同論文では、例えば次のような興味深い指摘がなされている。「もはや政治と宗教が、前者の現世的・世俗的・外的性格と後者の来世的・聖的・内的性格について対比され区別されるだけではない。人々の現世的な世俗生活そのものの私的側面が、政治の公的側面との対比で明らかにされる、と同時に逆に前者の私的・具体的側面の理解の進展が後者に公的・抽象的性格をますます付与して行くのである。」これは、ロックにおける、宗教上の寛容論の形成と世俗権力論の形成との相即性、さらには、この相即的な理論構成の基軸を成す「内」と「外」、「公」と「私」という各枠組みの相互規定的性格を指摘したものとして、正鵠を射ているように思われる。
＊030――『書簡』、一五頁（傍点、原文イタリック）。
＊031――同書、一七頁。
＊032――同書、一七頁。
＊033――同書、二五頁。
＊034――同書、二五頁。
＊035――同書、四五頁。
＊036――同書、二一頁。
＊037――同書、二一頁。
＊038――同書、二三頁。
＊039――同書、二九、三一頁。

＊040――同書、六七頁。
＊041――同書、六九頁。
＊042――同書、七三頁。
＊043――同書、六九頁。
＊044――同書、七一頁。
＊045――同書、七一頁。
＊046――同書、七五頁。
＊047――同書、七五頁。
＊048――同書、七五頁。
＊049――同書、七七頁。
＊050――同書、七五頁。
＊051――同書、七七頁。
＊052――同書、七七頁。
＊053――同書、七九頁。
＊054――同書、七七頁。
＊055――同書、七九頁。
＊056――同書、七九頁。
＊057――ロックはすでに一六五九年のスタッブ（Henry Stubbe）宛書簡の中で、ローマ・カトリック教徒を非寛容の対象とする立場を表明している。ローマ・カトリック教徒に「自由（liberty）」を認めれば、彼らは、対立する利害関心を保持しつつ二つの異なった権威に同時に服することになり、「国家の安全（the security of the nation）」すなわち「統治の目的（the end of government）」と相容れない事態を招来するのではないか、というのがロックの見解であった（*Two Tracts on Government*, p.243.）。そこに看取されるのは、宗教的理由ではなく極めて世俗的な理由に基づく、対ローマ・カトリック教徒非寛容の立場である。この立場は『書簡』でも貫かれていると思われる。友岡訳『世俗権力二論』、二〇二、二〇七頁及び平野訳『書簡』「訳者序文」、lxvi頁、参看。
＊058――『書簡』、七九頁。

*059——これと同じような《超越》への視方向は、『統治論』第二篇においても見られる。第一四章「国王の大権について」でロックは、「国民」が決して「支配者」に委ねなかった権力を「支配者が」行使した場合、「国民」は地上に訴えるところがなければ「天に訴える（appeal to Heaven）」以外に方策はないと述べている（*Two Treatises of Government*, p.426.）。

*060——『書簡』、七一頁。

*061——同書、七三、七五頁。

*062——野沢協「解説」『ピエール・ベール著作集第二巻　寛容論集』（野沢協訳）、法政大学出版局、一九七九年、九二三頁。

*063——このロックの『書簡』は一六八九年にオランダのハウダで著者名を伏せて出版された。その数年後には、著者がロックであることが世人に知られるようになるが、ロック自身は、亡くなる数ヶ月前まで、自分が著者であることを認めようとはしなかった（John Yolton, *A Locke Dictionary*, Oxford 1993, p.124.）。一六九〇年にジョナス・プローストが『書簡』を攻撃し、ロックとの間で論争が始まったが、ロックはその過程で書いた応答でも一貫して第三者を装ったのである（*Ibid.*, p.125.）。*The Argument of the 'Letter concerning Toleration' Briefly Consider'd and Answer'd* を書いてロックを攻撃したプローストに対して、ロックは同年、*Second Letter concerning Toleration* でプローストに応答。プローストは一六九一年にこれに応え、ロックは *Third Letter for Toleration* (1692) で応酬し、さらに第四の応答も書いたが、これはロックの死後、遺稿集（1706）に収められて出版された（Ibid.）。『書簡』以後に書かれた三つの書簡が存在するということがどのような問題を提起しているか、最初の『書簡』で提示した見解を単に繰り返しているにすぎないのか、それとも新たな見解を披瀝しているのか、ロックはなぜ執拗に応答を続けたのか、これらの点については稿を改めて考察したい（Cf. John Locke, *A Letter concerning Toleration in focus*, edited by John Horton and Susan Mendus, London&New York 1991, pp.163–187.）。

*064——Cf. John Locke, *Lettre sur la tolérance et autres textes*, p.15.

*065——Cf. Yves Charles Zarka, Franck Lessay et John Rogers, *Les fondements philosophiques de la tolérance, en France et en Angleterre au XVIIe siècle*, Tome I, Paris 2002, p.VII.

*066——このこととの関連で、近代西欧が形成した政教分離の原則をめぐって洋の東西で顕在化している今日的な未解決問題の所在を、さしあたり二つの局面に限定して指摘しておきたい。一つは、日本国憲法が規定している信教の自由とそれを制度的に保証するものとしての政教分離の原則に深く関わる「靖国神社」問題、いま一つは、フランスで二〇〇四年三月に成立し、同年九月に施行されたいわゆる「スカーフ禁止法」の歴史的背景が含意する問題状況である。

一九九七年四月二日、日本の最高裁大法廷は、靖国神社への玉ぐし料などを公金で支払うことが違憲かどうかが争われた「愛媛玉ぐし料訴訟」で、愛媛県の公金支出は憲法二〇条三項の禁止する宗教的活動に当たり、憲法八九条の禁止する公金の支出に当たるとして、違憲判決を言い渡した。また、二〇〇一年から二〇〇三年にかけての三回にわたる小泉純一郎首相の靖国神社参拝は、政教分離を定めた憲法に違反し、精神的苦痛を受けたとして、台湾先住民ら一八八人が国と首相、靖国神社に一人当たり一万円の損害賠償を求めた訴訟の控訴審判決で、大阪高裁は二〇〇五年九月三〇日、参拝が首相の職務として「公的」性格をもつとした上で憲法の禁止する「宗教的活動」に当たると認め、違憲と認定した。

政教分離の原則は、近代国家において市民的自由の一局面を成す信教の自由を制度的に保障する極めて重要な原則である。上述の二つの訴訟に照らしてみるだけでも、現代日本の我々はそうした原則をつきくずしかねない精神的基盤がこの国では依然として根強いことを改めて自覚せざるをえない。

眼を西ヨーロッパに転じて、いま一つの問題状況を瞥見しておこう。いわゆる「スカーフ禁止法」は、公立の小・中・高校において、生徒が何らかの宗教に属することをこれみよがしに誇示するような標章あるいは服装を着用することを禁じるものであり、公立校ではイスラームのヴェールだけでなく男性ユダヤ教徒の縁なし帽子やキリスト教徒の大型十字架も禁止対象となる。同法成立の歴史的事情はどのようなものであったか。

フランスは、「カトリック一色のフランス」(ピエール・ベール)と形容された歴史をもつ。そのフランスは革命期の一七九五年、国家と宗教の分離を宣言したが、ナポレオンがローマ教皇との間で締結した政教条約(コンコルダ)により、「厳密にはカトリックとプロテスタント二派(カルヴァン派とルター派)およびユダヤ教(一八三一年以降)を軸とした公認宗教体制であるが、実質はカトリックを公定宗教・国家宗教とする」コンコルダ体制をつくり出した(中野裕二『フランス国家とマイノリティ――共生の「共和制モデル」』、国際書院、一九九七年、一八五頁)。その後、第三共和制期に入り、政権を握った共和派が国家と教会の分離を推し進めた結果、一九〇五年に「政教分離法」が成立した。以来、フランスは国家の非宗教性を堅持し、今日の第五共和国憲法典においてもこの非宗教性(laïcité)の原則を明記している。

しかしながら、この政教分離の原則と信教の自由(自らの宗教的信念を表明する権利)との間で対立が生じた。一九八九年秋、パリ近郊クレイユのある中学校で起きた「イスラームのヴェール事件」がそれである。イスラーム教徒の女子生徒三人が学校でのスカーフの常時着用を主張したのに対して、学校側は、スカーフの着用は公教育の場に宗教性を持ち込むものだとして生徒を授業から排除したのである。この出来事の背景には、フランス社会におけるイスラームの可視化があった。いわゆる「スカーフ禁止法」も同じ事情を含意していると思われる。ここには、近代西欧的な原理とは異質の原理に立脚する文化との共生はいかにして可能か、という困難な問題が潜んでいるのではないか。

さらに付言するならば、ここで取り上げた二つの問題局面は、いずれも植民地主義の負の遺産とも言うべき要素を多分に含んでいる。その点も視野に入れておく必要があろう。歴史を遡れば、「靖国神社」問題は明治期以降の一連の対外戦争が、「スカーフ禁止法」は、一八三〇年のアルジェ派兵に象徴されるような、「文明化の使命」に基づく領土拡張政策がそれぞれ発生源の一つであると言っても、おそらく付会の論ではあるまい。

第二章

相互的寛容への隘路

――ピエール・ベール論覚書――

一六九〇年四月、のちに物議を醸すことになる小冊子が出版された。題して『フランスへの近き帰国につき、亡命者に与うる重大なる忠告』(*L'Avis important aux réfugiés sur leur prochain retour en France*)。この表題には、「一六九〇年のお年玉として一亡命者に呈す」という文言が添えられ、著者名は「C. L. A. A. P. D. P氏」、版元は「アムステルダム、ジャック・ル・サンスール書店」と記されている。*001

この作品は、見たところ一人のカトリック教徒によって書かれたものだが、これはピエール・ベール(Pierre Bayle, 1647–1706)による偽装であった。一六八五年のナント勅令廃止によりフランスを追われ、いつの日か故国に帰還したいと望むプロテスタントたちに向かって、多数派の宗教の名において語る問題提起の書である。「ユグノー」(フランスのカルヴァン派信徒)たちは、自分たちのために要求する良心の自由(信教の自由)と礼拝の自由を相手側に認める気があるのか？　フランスの宗教戦争の時代にプロテスタントが優勢であった地域では、カトリック教徒は、自己の礼拝の自由な実行に対する抑圧とまではいかないとしても、まぎれもなく制限を経験した。さらに確かなことに、多くの「ユグノー」はイギリスの名誉革命を支持しているが、この革命は、ジェームズ二世が基礎を築いた宗教的自由の体制を廃止し、この国で一六世紀以来すべての非国教徒を苦しめてきたオストラシスム(陶片追放)を復活させたばかりである。「ユグノー」たちの政治的選択は、彼らが主張している宗教的寛容の原理との一貫性を具えているのか云々。

このような筆致で書かれた文章は、ベールの宗教的同志たちにとって読むのが辛いパラドクサルな作品であり、明晰さと意識の正常さを要する集団的な内省の実行を促すものであった。これは多くの同志に刃を突きつけるような内容の文書であったがゆえに、彼らに衝撃を与え、ベールが属している亡命者信徒団の内部で彼が敵と見なしていた連中に、格好の武器を提供したのである。[*002]

この『忠告』の原稿を最終的に仕上げたのはベールであったと考えられるが、最初の着想は、オランダに亡命していた別の「ユグノー」、ダニエル・ド・ラロック(Daniel de Larroque, 1660–1731)によるものであった。ヴィトレに生まれたド・ラロックは、ベールの友人であったルーアンの牧師マテュウ・ド・ラロックの息子であり、ベールを知ったのは一六七四年、ルーアンでのことである。ベールがこの牧師を頻繁に訪ねていたことが、二人の出会いのきっかけであった。ド・ラロックは一六八七年、ロッテルダムに居を定めて当地でベールと親交を深め、一六八七年にベールが病に伏したときは、同年三月から八月まで『文芸共和国通信』(*Nouvelles de la république des lettres.* ベールが一六八四年に発刊)の出版を代行した。そして一六八九年秋、オランダを離れてハノーファーのイギリス大使の秘書官として着任する前に、この作品の最初の草稿を構成する原稿を秘密厳守の約束でベールに託し(その後フランスに戻りプロテスタンティスムを誓絶する)、このテクストを校訂して出版する責務を負ったベールは、加筆修正に着手した。[*003]

原稿の執筆に両者がそれぞれどの程度関わったかについては推測するしかないが、作品の核心については、まったくベールに帰せられることは疑いない。ラブルースの指摘によれば、「この作品で主張されている思想がまさしくベールが彼の同宗者の注意を引きたいと願っていた思想であることは確実である」[*004]。

『忠告』を特徴づけているのは、《他者の立場》に身を置いて自己の立場への固着を批判し、問題考察のための新たな視座を切り拓こうとする発想であるが、こうした発想自体は、すでにライプニッツ(Gottfried Wilhelm Leibniz, 1646–1716)に見られる。ライプニッツは、外交官として当代ヨーロッパの国際政局の場で活動した自己の経験をもまじえて、ある断片で次のように言う。

他者の立場(*la place d'autruy*)は、政治においても道徳においても真の観点である。そして、他者の立場に身を置くというイエス・キリストの教えは、隣人への義務を知るために我らの主が語る目的、すなわち道徳に役立つだけでなく、隣人が我々に対してもちうる観点を知るために政治にも役立つ。そうした観点に近づくには、隣人の立場に身を置くか、敵である君主あるいは疑わしい君主の国家の顧問や大臣のふりをするのが最も良い。そうすれば、隣人が企てる可能性のあること、その隣人に助言できることに思い至る。このような虚構(cette fiction)は我々の思考を刺激するし、他の場所で仕組まれたことを私が正確に見抜くことに一度ならず役立った。〔中略〕かくして言えるのは、道徳においても政治においても、他者の立場は、それなくしては我々に思い浮かばないであろう考案を見つけさせてくれるのに適した立場であり、我々が他者の立場にあれば不正だと思うであろうことはすべて、不正の恐れがあるように見えるにちがいないということである。*005

《他者の立場》に身を置くということは、ライプニッツ自身がいみじくも言うように「虚構」ではあるが、自己が為すこととその帰結を深く内省するのに適した考察をもたらしうる。そういう視点で実際に著作を書き、同志ともいうべき亡命プロテスタントの集団に鋭く内省を迫ったのがベールなのである。*006

本章は、このベールが執筆に深く関わったと考えられる『忠告』を主な考察対象として取り上げる。そのねらいは、同書を貫く、《他者の立場》の尊重による自己相対化を前提とした《相互的寛容》の精神に注目して、一七世紀末の西ヨーロッパで苦闘を強いられた亡命プロテスタントの思想的営為の一端を明らかにし、その解明を通じて、相互性あるいは他者性を十全に担保しうる論理の地平への道筋を探ることである。

1. 「寛容」という観念の意味変容と『忠告』執筆の背景

日本語で一般に「寛容」と訳されるtoleration (tolerantia, tolérance, Toleranz, etc.) は、その源に遡れば、西欧の歴史を通じて形成され変容を受けてきた観念であり、時間軸に沿ってその形成過程を見ると、時代によって特有の刻印を色濃く帯びていて一義的ではない。それに、同時代的な思想空間においてさえ、「寛容」は渇望の対象であったり非難の対象であったりというように、当の観念には正反対の価値観が込められていた。

フランス語のtolérance(トレランス)を例にとれば、この言葉の歴史はそれだけでトレランスという観念の多義性を示している。専らラテン語を用いていた著作家たちにおいては、tolerantiaは試練における粘り強さや、諸々の不都合、逆境あるいは自然的な諸要素に耐える力を意味した。「耐える・我慢する」という意味の語根tolloは、人が自分に対してなす努力を指す。医学的な語彙はこの意味で用いられ、有機体のトレランスは、病的な兆候なしに薬や一定の化学的・物理的作用体の働きに耐える能力のことである。この用法から、個人もしくは集団が変容を被ることなく変化要因の作用に耐える能力を形容する、トレランスの閾値という社会学的概念が派生する。

つまり、トレランスはまず第一に人が諸事物に対して維持する関係に関わっており[*007]、それが他者との関係の形態を示すのは意味の転位によるが、やがてトレランスが固有の意味を獲得するのもこの方向においてである。[*008] トレランスが、自他の間にみられる思考様式の差異の認識に立って、《他者》の立場を容認する態勢を意味するようになるのは一七世紀末のことであった。[*009]

しばしば「信教の自由」とも訳されるフランス語のtolérance は当初、世俗社会でキリスト教の諸宗派あるいはキリスト教以外の諸宗教を信奉する自由だけでなく、教会内における少数意見の許容をも含意していたのであり、しかも、是認できない事柄を大目に見るという、むしろ消極的な意味で使われていた。[*010] しかし、「ユグノー戦争」(1562–98)、「オランダ独立戦争」(1568–1609)、「三十年戦争」(1618–48) などのいわゆる宗教戦争が一応の終結を見た後も、キリスト教の新旧両教徒の対立は消滅するどころか、ヨーロッパ各地の君主・貴族らの世俗的な利害関心をはじめとする政治的要因が深く絡み合い、極めて複雑な様相を呈する状況のなかで、「寛容」の観念は、《他者性》の容認に関わる問題として次第に積極的な意味を担うようになる。そうした意味変化をもたらした人物の一人が、フランス人亡命プロテスタント、ピエール・ベールであった。

ベールは、もはやトレランスに「人を見下すような軽蔑的な意味——比較的小さな悪、休戦、取り除けない物事に対する暫定的承認という意味」を与えなかった。「ベールが強く勧めるトレランスは、個々人の良心に基づくがゆえに、したがってまた精神的多様性に対する誠実な尊重に基づくがゆえに、積極的な意味を帯びている。[*011]」

このような西欧の新たな「寛容」の観念は、国家あるいは世俗社会の中で複数の宗教の共存はいかにして可能か、という問題を解決すべく案出され、信仰の《強制》を生み出す世俗権力の統治原理との緊張関係の場面で形成された。この観念は、「ずっと昔から観念の天空に存在しているのではなく、近代的思考が、諸宗教の共存が世俗の平和の根本条件の一つであるように見える政治権力の概念を構築するに至る、ゆるやかなプロセスの所産」であり、宗教的寛容が積極的な価値をもつに至る歴史は、「支配／服従という対概念の再生産を多様なやり方で保障することをめざす統治形態の歴史」と相即的であった。[*012] このことを典型的に示しているのは、優れて統治の観点から政治と宗教との関係を問い直そうとしたジョン・ロックの寛容論であるが、ベールの思想もまた世俗的な統治原理との緊張関係を孕んでいたという意味で、共通の知的ベクトルを具えていたと言えよう。

一六八五年一〇月、フランスでは、ルイ一四世が「フォンテーヌブロー勅令」によって「ナント勅令」(1598)を破棄し、改革派教会の勢力を弾圧し駆逐する政策の法的な仕上げを行う。これは一六八二年以降先鋭化する「ガリカニスムの要求」と「表裏一体をなすもの」であった。[*013] フランス国王による教皇のアヴィニョン捕囚が如実に物語っているように、ガリカニスム(gallicanisme)は、教皇が教会の最高の権威であり首長であることは認めるが、世俗的な事柄に関する教皇の容喙を排除し、ガリカン教会の自由を主張する。つまり、ガリカニスムは「法王権に対する王権の自立性の主張、王権の支配下に置かれたガリカン教会(フランス教会)の普遍教会に対する相対的独立の要求」[*014]の二点に要約される。このガリカニスムと、「「国王の宗教」のもとにおける国家的宗教統一への志向は、宗教的次元に現われた絶対主義的統治原理の二つの表現形態にすぎない」[*015]。ベールが信仰の《強制》との思想的対決を余儀なくされていた状況の核心部分には、このような統治原理があった。

ところで、ナント勅令は正式には「和平勅令(L'Édit de Pacification)」と呼ばれる。この勅令はフランスのプロテスタントに信仰の自由を認めたものであると説明されることがあるが、「国王とカトリック教会がプロテスタントたちに与えた束の間の休戦協定であったとさえいわれる」[*016]のであり、したがって過大評価は避けなければならない。プロテスタントたちには寺院、安全地帯、政治集会の場、結婚地域などが与えられたが、これは裏返せば、指定された地帯・地域以外では活動が認められていなかったり安全が保証されていなかったりしたことを意味する。それゆえナント勅令は「プロテスタント信徒を一定の領域に閉じこめるための措置」[*017]であり、「ナントの和平は、敵対する二つの宗派の間に単なる妥協案を定め、単なる平和的共存を作り出すにすぎない」[*018]。

しかもこの勅令は、宗教戦争が始まって以来、王国平定の最初の試みではなかった。一五六二年に宗教戦争が勃発してから一五九八年までの間に、勅令が六回発せられたが、いずれも対立する党派を永続的に武装解除する力のない休戦にすぎなかった。九八年の勅令もまた「束の間の休戦協定」にとどまる。

しかしそれでも、この勅令が君主の宗教とは別の宗教を奉じる人々に一定範囲の信仰活動を認めたことは否定できない。別の宗教を受け入れることは、王の権力がいつの日か一部の臣民達の異議申し立てに直面する危険を冒すに等しかった。「単一の信仰、単一の法、単一の王（une foi, une loi, un roi）」という原則が依然優勢を占めていた一六世紀のヨーロッパにおいて、フランスのケースは特異である。「こうした「例外」は、（一六二九年から軍隊に関する条項が再び問題になることを除けば）アンリ四世の孫息子ルイ一四世による「撤回」まで八十七年間続く[*019]。」

もっとも、一六八五年の「撤回」以前からすでにナント勅令は空文化され、一六七七年頃から国王の「竜騎兵[*020]（les dragonnades）」によるプロテスタント迫害は行われていたのであって、フォンテーヌブロー勅令はそういう動きを追認したものにすぎなかったとも言える[*021]。しかしながら、この勅令が牧師の追放、プロテスタントの亡命禁止、教会の破壊等々の措置によって迫害を強化し、信仰の《強制》を公然と開始するものであったことは確かである。

ベールにとって信仰の領域における《強制》は「忌むべき非効果的な手段」であり、『「強いて入らしめよ」というイエス・キリストの言葉に関する哲学的註解』（*Commentaire philosophique sur ces paroles de Jésus Christ, "Contrains-les dentrer"*, 1686）の著者の論証の精髄は、寛容のための議論において、迫害を正当化すると見なされる「迷える良心（la conscience érrante）」というテーマを反転させることにあった。ベールは、「強いて入らしめよ」というくだりを字義通りに解釈して信仰を強制することがいかに誤謬に満ちているかを、様々な角度から論証し、「迷える良心の権利」を強く主張する。「迷える良心は気まぐれや悪意からではなく無知から生じるがゆえに寛大さと同情に値する」にとどまらず、「迷える良心がその確信において発揮しうる粘り強さそのもの」――これを迫害者たちは「頑固さ（opiniâtreté）」と呼ぶが――は「人間の最も高い美徳すなわち自由の表現」でもある。「ある思考もしくは行動の価値を示すもの」はまさしく「良心の教え」であり、「誤った良心は正しい良心と同じ権利をもつ」。したがって、「寛容」は「あらゆる意見や信念に拡大されうる」。「改宗勧誘員」は頑固者と見なされた人々を「真の信仰」なるものに導こうとするが、「改宗勧誘員は暗に人間の良心の開票立会人を自称している」がゆえに、「神の法に対して罪を犯している」のである。かくして、迫害を自己正当化する「改宗勧誘員」の欺瞞性が白日の下に曝される[*022]。

『哲学的註解』から『忠告』に至るまでには、ロッテルダムの牧師にして熱烈なるカルヴァン主義者、ピエール・ジュリュー（Pierre Jurieu, 1637–1713）との間で執拗に批判・反批判が繰り返された。ジュリューが一六八七年三月に刊行した『二つの主権者の権利について』（*Des droits des deux souverains en matière de religion*）は、『哲学的註解』の最初の二部に対する反論であり、これに対してベールは、一六八八年に『「強いて入らしめよ」というイエス・キリストの言葉に関する哲学的註解・補遺』（*Supplément du commentaire philosophique sur ces paroles de Jésus-Christ, "Contrains-les d'entrer"*）、一六八九年初頭に『亡命者の手紙に対する新改宗者の返事』（*Réponse d'un nouveau converti à la lettre d'un réfugié*）を書き、さらにジュリューが同年四月から『牧会書簡』（*Lettres pastorales adressées aux fidèles de France*）で『返事』への応答を展開するといった具合である。ここでその詳細に触れる準備はないが、『忠告』にもこの二人の思想的対立が刻み込まれている。

2．「二つの病」――「諷刺の精神」と「共和主義的精神」

さて、『忠告』は痛烈な皮肉で始まる。「ご覧なさい、一六八九年という期限は切れましたが、記憶に値することは何も起こりませんでした。この年は、ローマ教会全般にとって、フランスにとってはなおさら破局をもたらすであろうと、〔中略〕あなたがたは途方もない期待を抱いておいででした」。[*023] このような言葉が綴られた背景には、ベールを論敵としていた同じく亡命プロテスタントのジュリューによる解放予言があった。

ジュリューは、一六八六年四月から半月毎に刊行した『牧会書簡』の第一年度第七書簡（一六八六年一二月一日）で、ベアルン（「竜騎兵」の最初の派遣地）やセヴェンヌで『詩篇』を歌う声がどこからともなく聞こえてきた事例を幾つも紹介したのち、一つの確信を信徒たちに語っていた、「あなたがたの解放は近い」と。[*024] これは同年三月末に世に出てセンセーションを巻き起こしたジュリューの『予言の成就』(*L'Accomplissement des prophéties*) の黙示録的メッセージを人々に思い出させた。聖書の予言の解釈によれば、神はナント勅令廃止の三年半後に必ずやフランスの教会を解放できるであろう。王権によって宗教改革がうちたてられ、フランスは教皇第一主義を棄てて、王国全体が改宗するであろう。教皇第一主義は反キリストの帝国であり、その帝国の滅亡は時ならずして始まるであろう。[*025] 千年王国説的霊感が生み出したこのような期待は、教会会議によって批判されたにもかかわらず、迫害された人々や亡命者たちの間に急速に広まり、他の牧師たちの書簡にもその反響が見られた。[*026]

けれども、ナント勅令廃止後の数年間は過ぎ去り、ジュリューの黙示録的な期待は裏切られた。彼の願いは部分的には実現したが、それはフランスの国外においてである。カトリックの王ジェームズ二世を廃位しオランイェ公ウィレムを迎え入れたイギリスの「名誉革命」(1688–1689) をジュリューは賞賛する。ウィレムの組織した同盟とフランスとの戦争が不可避となりつつある状況のなかで、当の牧師は、帰国の可能性を視野に入れながらも、すべての亡命者にフランスと戦うよう呼びかけた。しかしながら、ジュリューのような並外れた指導者はあまり必要とされなくなり、彼が長きにわたって主導権を握ったことに対する周囲からの反撥も手伝って、次第に孤立を深めたのである。[*027]

『忠告』の著者は、冒頭で予言の成就が叶わなかったことを皮肉ったのち、言葉を続ける。

このようなことを申すのは、あなたがたを侮辱するためではありません。とんでもないことです。〔中略〕フランスがあれほど多くの君子や有能な人材を失って、そういう人たちが異国に避難所を探し求めたことを、私が返す返すも残念に思っていることをあなたはご存知でしょう。ですから、一六八九年という年があなたがたの予言どおりにならなかったのを私が喜ぶのも、あなたがたがそれによって蒙る損害のゆえにではなく、数の迷信や大衆の軽信が明白な経験によって裏切られるのを、理性と良識のために喜ばねばならないからです。明白な経験とは、あなたがたが期待していた出来事が起こったら迷信や軽信は強まったでしょうが、それに劣らず迷信や軽信を弱めることができる、そういう経験のことです。[*028]

著者はこのように述べた上で、フランス王は内心、改革派の再興に好意的な意向をもっているとのうわさがあることを祝う。そして、皆がそれを喜ぶわけではなく、無知な人やえせ学者がいて、彼らは「篤信王」(フランス王)の王国の改革派に対する「寛容(la tolérance)」を非難するであろうが、王国の三身分(僧族・貴族・平民)のうちで最も道理をわきまえた人たちは、皆総じて、改革派に然るべき自由を認めることに同意するだろうと請け合っている。

これにさらに付け加えて、著者は、語りかけている相手である友人とそのすべての仲間の亡命プロテスタントたちに、「亡命地で吸い込んで、危険きわまる実に忌わしい二つの病に感染させた悪しき空気から心身を浄化するため、フランスに足を踏み入れる前に一種の検疫を施す」よう注意を促す。[*029]

ここに言う「二つの病」とは、「諷刺の精神(l'esprit de Satyre)」と、「この世に無政府状態を、世俗社会にこの上なく深刻な禍を導き入れることになるある種の共和主義的精神(un certain esprit Républicain)」であった。[*030]『忠告』の著者はこの二点――換言すれば「諷刺文書(Ecrits Satyriques)」と「反乱文書(Ecrits Séditieux)」――について「あえて友人として」語っている。

このように「諷刺の精神」と「共和主義的精神」を俎上に載せる視点は、『忠告』で突如として現われたというわけではない。『忠告』の冒頭部分と同じ趣旨の叙述が、『忠告』の前年に出版された『亡命者の手紙に対する新改宗者の返事』の末尾に看取される。ベールは、あるフランス人の視点と声を取り入れて、特にジュリューの一種の社会契約説的な政治理論を次のように批判していた。

> 国家ははじめにうちたてられるのと同じ手段で維持される、という政治家たちの指摘もあるから、われわれがヨーロッパで足場を築いた時の主たる武器だった反乱と諷刺の精神は念いりに育て上げねばならない――そんなふうにあなたがたは考えておられるのかもわかりません。しかし請け合いますが、それは得より損のほうが多いのです。神がその教会に与えられる特別の保護を別にすれば、一方では正統の主権者に反乱を起こし、他方では考えられるかぎりの恥ずべき中傷で地上を充たすという、あなたがたの不治の持病ほど、統一の中心に、母の胸の内に固く留まる気をカトリック教徒に起こさせるものはないのですから。前世紀にフランスでおおいに発揮なさったこの良からぬ精神が、どれだけ多くのカトリック教徒を正道に留めたとお思いですか。[*031]

ジュリューは『牧会書簡』第三年度第一七書簡（一六八九年五月一日）で「契約（un pacte）」という術語を用いて政治理論（抵抗権理論）を開陳した。それによれば、「主権」はその起源を「人民」にもっており、「人民」が「主権者」に「主権と権力」を与える。そして、「君主」と「人民」との間には「相互的かつ必然的な契約（un pacte mutuel et nécessaire）」があり、いかなる「契約」においても一方の違反によって他方は義務を免じられる。*032 言い換えれば、違反が生じた場合、人民がその君主に対して自分たちの正当性を主張すべく武力に訴えることができるということである。このような理論は、ある意味でグロティウスに発する《自然法学派》の系譜に属しており、「相互制裁への社会契約の理論がユグノーの思想においてもフランス語圏の文化においても時代を画するものであることは確かである」が、「主権者」たる人民と統治する「主権者」との区別を導入することを忘れている点で、この理論には用語法の曖昧さがつきまとう。*033

一六八九年、イギリスにおけるプロテスタントの勝利の結果、ジュリューは人民主権を主張するが、彼は一貫してその立場のみを堅持したわけではなかった。ジュリューは、主義としては必ずしも君主の権力の敵でもなければフランス王の敵でもない。*034 政治的権威という大きな問題に手をつけながらも、彼はそれに逆らう。「主権者の権利について推論しても無駄である。これはわれわれが足を踏み入れたくない問題である。神の権利、人民の権利、そして王の権利、これらが切り離せないことを知りさえすればよい。そのことは良識が証明している。*035」ここには君主制原理と真っ向から衝突しようとする熱意の欠如さえ垣間見える。このような傾向がジュリューの人民主権論の背後には潜んでいた。

いずれにしてもベールがひどく恐れたのは、ジュリューの行き過ぎがフランスの体制に対して亡命者たちの評判を落とし、実現するかもしれない彼らの帰国に不利益を与えるのではないか、ということである。『忠告』は、フランスでは「共和主義的精神」がいかに悪意ある目で見られているかを亡命者たちに思い出させる試みにほかならなかった。[*036]

ナント勅令の撤回によって出国を余儀なくされた亡命者たちが、理不尽極まる排除の論理によって苦闘を強いられたことは疑うべくもない。しかし彼らが故国に帰還したいとの願いを少しでも抱いているのであれば、何をすべきか、あるいは何をすべきでないか。現実的にはどのような問題を考え抜かなければならないのか。そうした問いを、ベールはあえて《他者》の視点に託して亡命プロテスタントたちに突きつけたのである。

さて、『忠告』は、「諷刺の精神」と「共和主義的精神」という「二つの病」のうち、後者の治癒の方がはるかに重要であると述べており、[*037]実際、費やされている紙数については、後者に関する記述の占める割合が圧倒的に大きいが、前者も「病」と見なされていることに変わりはない。まずは前者がどのように捉えられているかを見ておこう。迫害を受けた者が、その苦しみを、諷刺文書によって激越な筆致で直叙的に語ることがいかにキリスト教の精神から程遠いかを、『忠告』は指摘する。

> 外国では、罰せられもせず、自分の気に入ったありとあらゆることをたやすく印刷させることができるため、あなたがたの間にはおびただしい数の作者が生まれ、いかなる宗派も、かのジャンルではあなたがたと多産性の第一位を争わないほどです。それらの作者は、能力においては実にさまざまですが、逆上した書き方をする点で軌を一にし、強烈な復讐欲を示しており、真のキリスト教徒が、幸いにも真理を求めて苦悩し自分の悲嘆を正しく用いたときにそのペンから語られるあの福音主義的精神、謙虚さ、穏やかさ、敬虔というものの色合いが、件の諸作品には少しも感じられないのです。[*038]

『忠告』はこの「病」を治す薬はあるのだと述べて、パウロの「わたしたちは、自分をわきまえていれば、裁かれはしません」（「コリントの信徒への手紙一」一一章三一節）という言葉に立ち戻ればよいと助言する。[*039] また、同じくパウロの「コリントの信徒への手紙一」四章一二～一三節から、「侮辱されては祝福し、迫害されては耐え忍び、ののしられては優しい言葉を返しています」[*040] という一文も引用し、「初期キリスト教徒の我慢強さを亡命者に思い起こさせ」[*041] ようとした。

そして『忠告』は、イギリスの名誉革命の進行に伴って不寛容な処遇を甘受せざるをえなかったカトリック教徒の存在をも念頭に置きつつ、「節度」の必要性を力説する。

> われわれの偉大なる節度を賞賛していただきたい。人々は、望みうる最もうるわしい口実をわれらの文筆家たちに与えています。われわれは挑発されましたし、おびただしい数の諷刺によって、日々、挑発されています。しかしそれでも、われわれもイギリスからの亡命者たちも、中傷文を作成するためにペンを執るようなことはしていません。〔中略〕あなたや他の亡命者たちから諷刺の公的な撤回を引き出すために必要だと考えなかったなら、私はこれほど長々とは述べなかったでしょう。というのも、不平を述べることについてはあなたがたよりも理由をもっているカトリック教徒、中傷文に対するに中傷文を以ってするための道具立てを利用するにうってつけのカトリック教徒が、心安らかな状態にあることをお分かりになるならば、あなたがたはご自分たちのペンが同じ節制の才をもっていなかったことを恥じてほしいからです。[*042]

人間が、その宗教的信条ゆえに支配的勢力から迫害を受けたとき、国土の一隅に安息することを許さない扱いに対して心底から怒りを感じ、言論の世界に生きている者であれば、ペンの力でその心情を直接的に綴って読者に訴えることに傾いたとしても不思議ではない。むしろそれはある意味で自然な反応であろう。怒りは人間の本能的な感情の一つなのだから。

しかし、直情径行な表現は、いわば諸刃の剣である。多くの同調者が得られるかもしれないが、逆に同じくらい多くの、あるいはそれ以上に多くの反発を招くかもしれないからだ。そして、どんな主張でも、それが先鋭化すればするほど、問題の所在を一定の角度から鋭く照らし出すことになりうる反面、広汎な支持を失って自閉的な状態に陥りがちであり、しかも厄介なことに、当事者はしばしばそうした陥穽に気づかない。

それならば、故国への帰還の日がいつ訪れるかも分からぬ状況に置かれた亡命者たちにとって、帰国という目的を実現するためにはどのような方策がありえたのだろうか。少なくともベールは、亡命者たちが渇望する故国への帰還は、ナント勅令が部分的にせよ復活することによって条件づけられており、亡命者たちが節度を保って慎重に振る舞い、国王の好意をこれ以上失わぬように気をつけるかぎりでしか実現可能性をもたないと考えていた。もし亡命者たちがヴェルサイユの眼に、人民の権利に関する「共和主義的」理論に感染した反逆者と見えてしまうならば、宗教の面だけでなく政治の面でも異端視され、フランスの国境は永久に閉ざされることになろう。このような事態を招くことを強く危惧するからこそ『忠告』は、オランダではびこっていた諷刺文・中傷文を非とし[043]、亡命者たちが品行を改めてそういう文書を公的に撤回することを切望する。そうした撤回がなければ、「黙セル者ハ同意セリト考ヘラル」という古くからの格言もあるように、亡命者集団全体が誹毀文書の野放図な横行を是認し、その罪を負うことになるからである。[044]

第一の「病」である「諷刺の精神」について、『忠告』は大要、以上のように述べている。

3．『忠告』が指摘する「反乱文書」の問題点

❶「主権者」と「臣民」

『忠告』は、「第一点　諷刺文書」で、何よりも「節度」が不可欠であると述べ、迫害を受けた者が、その苦境と、苦境ゆえの逆上を諷刺文書によって激越な筆致で直叙的に語ることがいかにキリスト教の精神から程遠いかを指摘したのち、「第二点　反乱文書」の検討へと筆を進める。

まず「第二点」の冒頭では、「主権者」―「臣民」という枠組みをめぐって、「反乱文書」が依拠している発想が導き出す帰結の問題性が指摘されている。

この論説の第二点は第一点よりさらに重要であり、あなたがたが全快されたと見えることがはるかに多く必要な病に関わります。というのも、あなたがたが無数の小冊子で広める煽動的なドグマに従うならば、世俗社会はどうなるのでしょうか。そうしたドグマは、同じ円周上の様々な点から引かれた線のように、すべて次のような中心・要点に達するからです。すなわち、主権者と臣民は相互に契約によってある種の事柄を遵守する義務を負っているから、もし主権者が自分で約束したことに背くに至るならば、臣民はそのことによって忠誠の誓いから解放され、新たな主人に仕えてよい。その主権者の違約を全人民が非とするにせよ、最大で最有力な部分がそれに同意するにせよ。これがそちらの著述家たちの実際の主張であることをあなたに証明してあげるのは、私にとってはたやすいことです。なぜなら、あなたがたに公式に与えられていた諸勅

令が廃止されたのちは、反乱を起こすこと、我らの国境に侵入する敵に合流することがあなたがたには許されている、と件の著述家たちは主張しているからです。[*045]

ここで批判の俎上に載せられている「契約」思想を説いた当代の代表的人物が、ピエール・ジュリューであった。「主権者」と「臣民」との間には「相互的な契約」があるとするジュリューの政治理論については、すでに前節で概略的に触れておいたが、ここでその論理構成の内実をさらに明らかにしておきたい。主として取り上げるテクストは、ジュリューの『牧会書簡』である。

この『牧会書簡』は、オランダに亡命していたジュリューが、「非合法下にある故国の同信徒を鼓舞するために」、一六八六年九月一日から一六八九年七月一日までロッテルダムで発行し、秘密裡にフランスに送り込んだ半月刊のパンフレットである。[*046]一六八六年にこの『書簡』が出版されたとき、迫害の重圧のもとで今にもカトリックに改宗しそうな多数の信徒をプロテスタント信仰に引きとめるのに確かな影響力を発揮した。[*047]特に同『書簡』の第三年度第一六書簡（一六八九年四月一五日）〜第一八書簡（同年五月一五日）は、「イギリス名誉革命の擁護を直接的な目的として圧制に対する人民の抵抗権や革命の正当性を主張」[*048]している。ベールが一六八九年初頭に出版した『亡命者の手紙に対する新改宗者の返事』への応答として書かれたジュリューの戦闘的な人民主権論・抵抗権理論は、「十七世紀フランス改革派の最大の政治理論」[*049]であると言われる。以下は、ボシュエが『プロテスタントへのいましめ』（*Avertissements aux Protestants*, 1690）第五で、「あらゆる支配を転覆し、神によってうちたてられたすべての権力を失墜させようとする不穏な格率」[*050]と手厳しく批判したジュリューの理論の骨子である。

第三年度第一六書簡の主要部分は、「主権者の権力、その起源と限界について（De la puissance, de son origine et de ses bornes)」の叙述である。それによれば、「神が父と子との間、夫と妻との間に設け給うたあの自然な依存関係」を除いて、「人間は生来、自由で相互に独立している」が、「罪というものが支配と身分上の服従を必要ならしめた」。したがって、「道徳的には(moralement parlant)、社会が主権と支配なしに存続することは不可能である」[*051]。ところで、「自由で主人をもたぬ人民は、統治を立てるとき、自分たちの気に入った種類の統治を選ぶ権利がある」[*052]。しかし、もし人民が主権者に権力を与えたならば、人民は服従しなければならない。なぜなら、贈与は極めて正当な資格をつくり出すからである。人民は命令する権利を放棄したならば、取り分としてはもはや服従しかなく、主権者は、自らに与えられた権威を思慮分別に従って行使することができる。これが「権力の真の起源」[*053]である。

王や主権者は、「その権力を人民から直接引き出す」が、このことから、「至高の権力は人間的な性格しかもたない」と結論づけてはならない。王というものは、「神の代理人」「神の生ける似姿」であり、君主を立てるに際して人民は「摂理の命令」に従っている。その意味では、人民は「第一原因のもとで働く第二原因でしかない」[*054]。

とはいえ、主権者をつくり主権を与えるのは人民である。誰も自分がもっていないものやもち得ないものを与えることができないのは確かであるから、人民は主権を所有しており、しかもより優越的な程度に所有している。主権者をつくった人民は、もはや自分自身で主権を行使することはできないが、当の主権者によって行使されるのはその人民の主権なのである。したがって、主権者が死んだり終わりを迎えたりすれば、「人民は主権の行使取り戻す」[*055]。

このような原理に従うならば、人民は「良心に対する支配権」を自分たちの王に移譲することはできないであろう。なぜなら、人民はそうした権利をもたず、その権利は神にのみ帰属するからである。このことから生じる結果として、「不正を命じたり良心をおさえつけたりしようとする君主」に服従する必要はないということになる[*056]。ジュリューによれば、「主権者の権威」が人民に由来し、人民が主権者をつくるのだとしたら、「人民と主権者との間に相互の契約がある（il y a un pact mutuel entre le peuple et le Souverain）」ことは火を見るよりも明らかである。「人民が全く契約もなしに無条件にただ一人の人間にその身をゆだね、自分の生命・財産と公衆を法によって安全な状態におかない、と考えることは道理に反する」からである。[*057]

異教徒たちの間にあった奴隷制は別として、「明示的ないし暗黙の相互の契約」に基づかぬ関係は、この世には一つもない。[*058]人民と王の「一方がこの契約に違反したときは、他方はその契約を解除される」が、それでも、このことを口実にして「各個人が、君主に対してなされる忠誠の誓いから解放される権利を有する」と我々は主張するものではなく、ひとつの社会全体が何らかの法や特権の不履行を理由に、そのように解放される権利を有すると主張するものでもない。なぜなら、「至高の法は民の安寧」だからである。したがって、「主権者の意志」が直接に、かつ全的に社会の崩壊へと至るときにしかその意志に逆らってはならない。[*059]言い換えれば、いかなる主権も人民の内にあり、人民は「社会の福利と保全」のためにその主権を移譲したのであるから、主権者はそうした目的のためにしか主権を行使してはならず、「ある絶対君主がそこから逸脱すれば、その君主は自己の限界を越えることになる」[*060]ということである。

以上が、第一六書簡の主要部分の骨子である。そこに示された基本原理を、第一七書簡（一六八九年五月一日）と第一八書簡（同年五月一五日）は当代の具体的な諸問題に適用し、とりわけイギリスのプロテスタントたちの行為、すなわち名誉革命を遂行したオランイェ公とイギリス国民の行為を正当化する。

人民は、自然的には自由で独立しており、「自分たちにとって良いと思えるような統治を選ぶ権限」をもっているのであるから、人民は「統治の主人、統治形態の主人」であり、人民が自分たちの主権者をつくるのである。君主と人民との間には「相互的で必然的な契約」があり、「いかなる相互的契約においても、約束に違反する当事者は他方の当事者を義務から解き放つ」。人民は、主権者が悪政によって社会に惹き起こしかねない無秩序に備える権利を、明示的にか暗黙のうちにか自分たちのために留保もせずに、公事の管理権を主権者に与えることは決してなく、またそういうことはありえない。人民は主権者に然るべく「絶対的権力（un pouvoir absolu）」を与えることはできるが、「無制限の権力（un pouvoir sans bornes）」を与えることはできない。なぜなら、人間は人間自身に対して「無制限の権力」をもたないからである。[*061]

ジュリューはこのように「絶対的権力」と「無制限の権力」を区別しているが、「絶対的」と「無制限」との意味の違いが必ずしも判然としない嫌いはあるにせよ、その区別の根拠となる独自の発想は、彼の論理の運びに即して推測すれば次のようなものであろう。ジュリューの言う「無制限の権力」は「無制限の受動的服従（l'obéissance passive sans bornes）」と「相関的」であり、後者は、社会の安寧を旨とすべき主権者が暴政を企てた場合でも、その暴政に対する公然たる抵抗によって対抗策を講じることが人民には許されていないかのような状態を意味する。[*062] 少なくとも確かなのは、ジュリューが、「限界をもたない最高権力はない（il n'y a point de puissance souveraine qui n'ait ses bornes）」とする観点から「最高権力に抵抗することが許されるようになる一定の境界点（certain point où il commence d'être permis de resister à la puissance souveraine）」というものがあると考えていたことである。[*063] ジュリューが名誉革命を擁護する際の論拠はそこにあった。

このような抵抗権理論は一六世紀のモナルコマキ（monarchomachi〔暴君放伐論者〕）の理論を復活させたものである。これは、一五七二年八月二四日のサン・バルテルミーの日にパリで起きたプロテスタント大虐殺を機に、カルヴァン派の間で発展した反君主制理論であり、統治者としての君主が法に反して人民を抑圧するようなことがあれば、人民はこれに抵抗する権利をもつとする。モナルコマキと呼ばれる論者たちは、「臣民の抱く信仰に抑圧を加える君主は暴君であり、したがって、臣民はこの君主への服従義務から解放されるばかりでなく、この暴君を排除する正当な権利をも有するとさえ説いていた」[*064]。

ジュリューが復活させた理論の思想的源泉の一つが、例えばカルヴァンの後継者テオドール・ド・ベーズ（Théodore de Bèze, 1519–1605）の『為政者の権利』（*Du droit des magistrats*, 1574）に見出される。ベーズは同書で次のように述べていた。

> 人民はいずれの為政者より前からいたのであり、人民が為政者のためにあるのではなく、為政者が人民のためにある……。〔中略〕結論としては、いかに偉大かつ至高な為政者の権力であっても、それは彼らをそれぞれの地位に選んだ人民の権力に依存しているのであり、その逆ではないことである。そこで、次のように反論する者がないようにすることが肝要である。すなわち、為政者の原初の起源は事実そうであったかもしれないが、その後人民は君主として受け入れた者の権力と意志とに全く服従するものであり、自明のこととして、また、例外なしに彼らの自由のすべてを放棄したのである、と。私はそのような放棄がありうることを否定し、逆に、権利と正義とが支配するところでは、いかなる人民もある条件を付すことなくして王を創り、受け入れることはなかったと主張する。その条件に明らかに背反があった場合には、王に権威をそのように与える権力を持つ人民は、彼の権威を奪い取る力を少なからず持っていると結論されるのである[*065]。

ジュリューの人民主権論を以上のような前世紀からの思想的系譜のなかに置き入れてみれば、それが決して唐突なものではなかったことが了解されよう。

それならば、なぜ『忠告』はこのような人民主権論を非としたのか。その理由は当時の亡命プロテスタントたちを悩ませていた複雑な政治的問題にあった。

本章1で指摘したように、アンリ四世が発したナント勅令(和平勅令)は、フランスのプロテスタント(ユグノー)に教会堂、安全地帯、政治集会の場、結婚地域などを与えて「一定の領域に閉じこめるための措置」であった。この措置は「敵対する二つの派の間に単なる妥協案を定め、単なる平和的共存を作り出す」にすぎないものであったにせよ、当の勅令が君主の宗教とは別の宗教を奉じる人々に一定範囲の信仰活動を認めたことは、「単一の信仰、単一の法、単一の王」という原則が依然優勢を占めていた一六世紀のヨーロッパにおいては例外的な事態であった。このナント勅令がもたらした事態は、ある意味で、その「撤回」まで八十七年間続くのであるが、しかし、その間さしたる変化はなかったというわけではない。

アンリ四世が一六一〇年五月一四日に暗殺されてのち、息子がルイ一三世として即位すると、「ユグノー」の置かれた状況は次第に厳しさを増していく。ルイ一三世の宰相リシュリューが実質的に主導したプロテスタント弾圧の締めくくりが、一六二九年の「ニーム勅令」――『忠告』もこれに言及――であった。

この勅令は、ラングドック地方のプロテスタントの反乱を終結させるべくルイ一三世が発した勅令である。これはプロテスタンティスムの合法性を認めたナント勅令を再確認し、「武力で鎮圧したのはあくまでも反乱のみで、プロテスタントの良心の自由は今後とも保証すると謳ってはいたが、プロテスタントの持つ安全保証都市をすべて国王に返還させ、城壁も取壊し、プロテスタントの政治会議も禁止して、プロテスタント集団を政治的・軍事的には武装解除したもの」[*066]であった。ルイ一三世が徐々に推し進めた弾圧により、プロテスタントの最後の重要な「安全地帯(places de sûreté)」の一つであったラ・ロシェルも一六二八年に陥落し、「ユグノー」は政治的手段を奪われた。彼らの信仰と礼拝の自由は保証されたとはいえ、これは原則でしかなく、そうした自由が保証された地域は現実にはごくわずかであった。というのも、彼らの牧師に「説教を行ない、聖餐式を執り行ない、洗礼を施し、結婚式を挙げる権限」が与えられたのは、ナント勅令が認める都市と町村にすぎなかったからである。[*067]

それに、一六八五年以前からすでにナント勅令は空文化され、「竜騎兵」によるプロテスタント迫害は行われていた。この「軍靴を履いた宣教師たち」は、プロテスタントの家に組織的に分宿し、上官の許容のもとで暴力を振るい、多くの者を改宗させた。[*068] フォンテーヌブロー勅令はそういう動きを追認したものにすぎなかったにせよ、この勅令は、「竜騎兵」を以前にもまして勢いづかせ、牧師の追放、プロテスタントの亡命禁止、教会の破壊等々の措置によって迫害を強化した。出国は、牧師を除いて禁じられ、重罪が課せられたが、亡命者の数は増大し、オランダはイギリスとともに避難場所の中心となる。

亡命を余儀なくされた「ユグノー」たちは、一時的なものであろうと思っていた亡命のためにフランスを去ったのであり、亡命がいつまでも続くことを彼らが少しずつ確信することになったのは、一六八九年からのファルツ戦争（アウクスブルク同盟戦争）――アルザス北部のファルツの領有をめぐるルイ一四世とアウクスブルク同盟（神聖ローマ皇帝、バイエルン、ザクセンなどのドイツ諸侯、スペイン、オランダ、スウェーデンの諸王が結成、名誉革命後のイギリスも参加）との戦争――を終結させるべく結ばれたライスワイクの和約（1697）の後でしかなかった。少なくとも一六九〇年の段階では、亡命者たちはこの戦争の終結をじりじりして待ち望み、故国への帰還がそれに続くであろうと願っていた。この点に関しては、ベールとジュリューとの間に違いはなかった。二人が鋭く対立しあうのは、かくも望まれる解決策を促すために従うべき戦術についてであったように思われる。[*069]

ジュリューは、そうした解決策はルイ一四世を軍事的に制圧すればもたらされるであろうと考えていた。プロテスタント諸国家がルイ一四世にナント勅令の回復を命じ、今後は国際的な保障が付け加えられるであろう。それゆえ、避難地のプロテスタントは、イギリスのウィリアム三世及び対仏戦争における同盟を熱心に援助する義務がある。そう考えたジュリューは、自らが説き勧めることを実行した。彼はフランス人の避難地でスパイ網を組織し、イギリスのために働いたのである。[*070]

これに対してベールは、亡命者たちが渇望する故国への帰還は、ナント勅令が少なくとも部分的には復活することによって条件づけられていて、亡命者たちが慎重な振舞いによって国王の好意を失わぬよう気をつける限りでしか可能性をもたない、と考えていた。重要なのは、どんなことがあっても、ヴェルサイユの眼に、人民の権利についての共和主義的理論に感染した反逆者に見えないことであった。ルイ一四世が、ナント勅令撤回の誤りを認めその宗教政策を緩和し、亡命者たちの忠誠心と従順な態度に感銘を受けて、非妥協性は専ら「良心」の分野に当てられていることを証明した模範的な臣民を王国に呼び戻すこと、これをベールは願っていたのである。その意味では、ベールの絶対主義的な政治概念は少しも変化しなかった。[*071]

このように絶対主義を好意的に考えるようフランス人プロテスタントを駆り立てた歴史的な理由を理解しておくことも必要であろう。自分たちの平穏な生活を阻害する抑圧装置の最たるものであったはずの絶対主義を、それにも拘わらず好意的に捉えていた亡命プロテスタントたちの発想を、近代西欧の一連の市民革命を経たのちの段階から振返って幻想と嗤うことはたやすい。しかしそれは短見でしかないだろう。フランスでは、世俗社会の仕組みを根本的に変革するにはその頂点に位置する国王を処刑するほかないという考えが生まれ、それが実行に移されるのは、約百年後のことである。現代のわれわれは、一六八〇年代に宗教的迫害によって呻吟せざるを得なかった人々の内面的葛藤のありようを、当時の錯綜した政治的・宗教的状況との関わりで想像してみなければなるまい。

一六八五年のフォンテーヌブロー勅令によるナント勅令の撤回は、フランス王国では喜びをもって迎えられ、その犠牲者たちに同情するいかなる声もカトリック教徒からはあがらなかった。「人民の権利」の主張は、「ユグノー」

があまりにも少数派である国でいつか彼らに利するであろうと期待できない十分な根拠があり、したがって、フランスにおいて寛容の復活は国王の絶対主義の庇護のもとでしか望めないと考えることが可能だったのである。[072]

ジュリューは、二人のローマ・カトリック教徒による対談という形式で構成された『フランス僧族の政策』(*La politique du clergé de France*, 1681) で次のように書いていた。「私たちは皆、善良なフランス人です。しかし、王はひたすらユグノーの臣民を保護することに関心をもっています。なぜなら、彼らはその忠誠に王が申し分なく確信をもてる唯一の派だからです。[073]」同書は、「改革派信徒たちに改宗を強いるべく彼らに対してとられた措置を暴くために書かれたが、それでもなお、ルイ一四世への忠誠の熱烈な誓約を含んでいた。そうした誓約は、ナント勅令の撤回の前夜まで、ジュリューのペンのもとでも見られる[074]」のである。

このようにフランス人亡命プロテスタントたちを悩ませていた政治的問題の一端を視野に入れて、『忠告』の叙述をいま少し辿ってみよう。

『忠告』の著者によれば、プロテスタントはフランスにはごく僅かしかおらず、「爾余の臣民は皆、それらの勅令の廃止に同意した[075]」。プロテスタントに寛容勅令が再び与えられたら、かなりの数のカトリック教徒が嬉しく思うことは事実であるとはいえ、それよりもずっと確かなのは、それを実に不快に思うカトリック教徒の数の方が比較にならぬほど多いということ、また、王がナント勅令を廃棄する勅令によって生じている事態をそのままにしておくならば、王の意志に服従する用意のないカトリック教徒など一人もいないということである。したがって、反乱文書の書き手たちの説に従うならば、自分に約束された事がすべて守られないとなるや、少数者はもはや臣民でなくなり、独立という自然権を取り戻す、大多数の者がそうした違約に心から同意してもそうなる、と主張することになる[076]。「あなたがたがこのような説を採用したのは離散以来でしかないと非難すれば、私は間違っているでしょう。

というのも、あなたがたの内乱や他の君主たちとの同盟は常にそれを根拠にしたものだったからです。あなたがたは、他の君主の軍隊を王国の心臓部や要衝となる城砦にまで引き入れています。しかし、一六二九年のニーム勅令以来、あなたがたは武装を中止しましたから、あなたがたの教理のこの点は改革されたように見えました。」[*077]

こう述べたのち、『忠告』の著者は、今や当のプロテスタントたちが以前にもまして熱心に逆戻りしてしまったと指摘し、そうして、プロテスタントたちが、教皇の権威に反対するためには「君主の資格」の神聖性を前面に押し出す一方で、人民の権利を支持するためには国王を人民に対して従属的な地位に置いてはばからない、その振舞いの矛盾を衝く。

教皇やイエズス会士を論難し、ローマの宮廷（la cour de Rome）〔教皇庁――引用者注〕におべっかを使う人たちが君主の世上権に対するある種の権利を教皇に与えようとしたことを口実にして教会全体をも忌むべきものにしようとしたときに、そちら側の物書きたちが示した熱意ほど驚嘆すべきものはありません。そういう際には、あなたがたによれば君主の資格ほど神聖なものも独立したものもなかったのです。君主は神によって聖油を塗られた者であり、地上における神の代理人で、神に直接依存しており、神の裁判権とは別の何らかの裁判権に国王を従わせようとすることは、地獄の底から出てきた獣のしるしでした。しかし、プロテスタントのペンが国王を人民の権威に従属させたときは、あなたがたが当の同じ熱意を爆発させた様子は少しも見られませんでした。[*078]

このような皮肉たっぷりの筆遣いで、微に入り細を穿った叙述がさらに続くが、君主という存在の位置づけに関して『忠告』の著者は、煎じ詰めれば、教皇やイエズス会士に反対する際は君主という資格の神的起源を持ち出し、プロテスタントにとって好ましくない君主を廃位するためには、君主の資格の神聖性を剝奪する、といったやり方にご都合主義を見て取り、論理の一貫性の欠如を鋭く批判しているのである。

このように「第二点」の冒頭で、「主権者」—「臣民」という枠組みをめぐる問題が論究されているが、『忠告』が指摘する「反乱文書」の問題点はこれにとどまらなかった。イギリスの名誉革命に入れあげている「反乱文書」の作者たちは、一方で自派〔プロテスタント〕に対する寛容を要求しながら、他方で、中央の官職から非国教徒を排除すべく一六七三年に成立したイギリスの「審査法（Test Act）」の存在を是認し、カトリック教徒に対する不寛容を実質とする政策に加担している。これは自己矛盾ではないのか。『忠告』はこの点にも踏み込んでいる。

❷争点としての「審査法」

『忠告』が対立点の一つとして論究している「審査法」の問題に立ち入る前に、まず、王政復古（1660）前後のイギリス社会の動向を瞥見しておこう。

例えばジョン・ロックは、王政復古が成って間もない時期に、世俗権力が礼拝の時間・場所・様式等の宗教的「非本質的事物」を統制することの是非について論文を二篇——第一論文は英語で、第二論文はラテン語で——書き、第一論文の序文（「読者への序文（The Preface to the Reader）」）で次のように述べている。「私は社会的なものごころのついた瞬間から、自分が嵐の中におかれていることに気づいた。この嵐は殆んど今に至るまでも続いていたわけで、したがって私は、凪が近づいてくるのを最高の喜びと満足をもって迎え入れざるをえないのである。[*079]」王党派と議会派との対立が惹き起こした内乱（1642-46, 48）、チャールズ一世の処刑（1649）を経て、クロムウェル統治下の共和制に至るイギリス社会の激しい変化（清教徒革命）を「嵐」と感じていたロックにとっては、国王の復帰は誠に歓迎すべき「凪」の到来であった。

チャールズ一世の皇太子は亡命中であったが、一六六〇年五月、長老派（改革派教会の一派）の主導下にあった仮議会は皇太子を王位に迎えることを決定し、王政復古が実現した。しかし、仮議会が存続したのは六〇年一二月までであり、六一年五月には、騎士議会と呼ばれる新議会が成立する。

この新しい議会においては、長老派はごく少数で、国王派である騎士党の残党が圧倒的多数を占めた。[*080] そして、国教徒が多数を占める議会勢力を背景にして、長老派を中心とする非国教徒を抑圧することを企図した「クラレンドン法典（Clarendon Code）」と呼ばれる一連の反動的な法令が成立し始める。

新国王チャールズ二世が誕生した当初は、体制の中心人物となったクラレンドン伯エドワード・ハイドが国務卿・大法官の地位にあって国政を指導した。当の法典の呼称はそのことに由来するが、法令の成立・施行を実質的に推進したのは騎士議会（一六七九年一月まで存続）であった。騎士議会の方針は、のちに述べるように変化していくが、この段階では、反ピューリタン的な方針が法令に色濃く反映されている。

この法典は次の四つの法令から成る。すなわち、一六六一年の「自治体法（Municipal Corporation Act）」（イギリス国教会の儀式に則った秘蹟を受けることを自治体職員に強制する条項を含む）、一六六二年の「統一礼拝法（Act of Uniformity）」（「国教会共同祈禱書・秘蹟執行・その他諸典礼儀式の書」に法的効力を与えたもので、「クラレンドン法典」の核を成す）、一六六四年の「集会法（Conventicle Act）」（非国教徒Nonconformistが礼拝のために五人以上集まることを、厳罰を以って禁止）、そして一六六五年の「五マイル法（Five Mile Act）」（以上の諸法を一層厳格に運用するため、国教会儀式に違反する礼拝会を企てた聖職者に、議会に議員を送っている自治都市から五マイル以内の地に近寄ることを禁じたもの）[*081] である。これらはいずれも、宗教的権威と世俗的統治機構とが一体となった支配を志向していた点で、軌を一にする法令であった。

クラレンドン伯はこれら一連の法令によって国教会の強化に挺身したが、一六六五年三月に始まる第二次イギリス＝オランダ戦争の際の失政がもとで失脚し、フランスに亡命した。

やがて「カトリック教徒にして親仏主義者なるチャールズ」[*082]は一六七〇年一月、フランスのルイ一四世とドーヴァの密約（Treaty of Dover）を結ぶ。これは、「国王がカトリックへの改宗を宣言することを条件に、フランスが軍事援助と年金をチャールズに贈るというもの」[*083]であった。この条約には、イギリスがフランスを助けてオランダと開戦するという取決めが含まれていた。二年後にチャールズはその取決めを実行する（第三次イギリス＝オランダ戦争）が、開戦にあたり国民の団結・支持を確たるものにする方策として、非国教徒に対する刑罰法規の効力を停止するために「信仰自由宣言（Declaration of Indulgence）」を発する。これはカトリック教徒擁護の含みをもつ宣言であったから、騎士議会は猛反対し、国王に宣言を撤回させた。こうして議会は「反ピューリタンや反オランダから反カトリックや反フランスの方針をとるように変化」していく。[*084]その議会が一六七三年三月に成立させたのが「審査法」である。

この法律は、公職に就く者を国教徒に限定することを規定したものであったが、明らかにその直接のねらいはカトリック教徒を公職から締め出すことにあった。[*085]こうして「審査法」が「自治体法」と連動しつつ、カトリック教徒を含む非国教徒を中央及び地方の公職から排除する方向で、国教徒による一元的な政治体制を確立する動きが強まる。[*086]

王家をめぐる動向についていえば、海軍長官の職にあった王弟ヨーク公ジェームズ（のちのジェームズ二世）は、「審査法成立直後に海軍長官を辞し、みずからカトリック教徒であることを認めたため、ステュアート王家の信仰にたいする疑念は決定的になった」[*087]のだが、チャールズ二世には嫡子がいなかったため、カトリック教徒の王弟ジェームズが法律上王位継承者であった。議会ではヨーク公ジェームズを王位継承者から排除する「王位継承排除法案」が提出され、チャールズ二世の庶子モンマス公(プロテスタント)の擁立が企てられるなど、反カトリックの動きが見られたものの、一六八五年二月、ジェームズが王位を継承し、ジェームズ二世として即位する。「フランス人を母とし、フランスにおいて養育されたかれは熱烈なカトリック教徒であり、父王〔チャールズ一世――引用者注〕以上の反動政治家となった。」[*088]同年夏、モンマス公は自ら王位継承を宣言して反乱を起こしたが、王軍に敗れ、処刑された。ジェームズ二世はこの反乱を口実に「三万の常備軍を設け、更にかれは特免権を利用してカトリック教徒を無制限に文武官に任用し、事実上審査法を廃止した」。そして一六八七年には「信仰自由宣言を発してカトリック教職者の教職就任を許可し、カトリック教徒の礼拝を公然奨励した」のである。[*089]

「審査法」の成立とジェームズ二世によるその事実上の廃止に至る諸事情の概略は以上の通りであるが、そうした諸事情が『忠告』では具体的にどのような文脈で取り上げられているか。『忠告』は、チャールズ一世を処刑した清教徒革命も念頭において、次のように主張する。

私の言葉を信じてくださるならば、あれほど多くの亡命者たちが、彼らの宗教のゆえに招来した苦悩を聖化することに用いるべきであった時間を、余暇と印刷業者の気安さを悪用して、中傷文を作成したり、イギリス人の中傷文を翻訳したりするのに用いたことに対する後悔の念を公に表明してください。驚くことに、海の向こう〔イギリス――引用者注〕の長老派は、チャールズ一世の殺害以来、絶えず激しく非難されたのちも思慮深くなったわけではなく、あの大罪のひどく屈辱的な記念祭が毎年行われていたイギリスに、事態を国王ジェームズ二世に対する類似の狂乱へと差し向けるべく努める物書きがたくさんいたのです。もうひとこと言えば、驚くことに、かの地では背教者ユリアヌスの伝記が出版されて、キリスト教徒は彼を帝国から排除しなければならなかった、いわんやイギリスではヨーク公を排除しなければならなかったということが示され、さらには、厚かましくも別の攻撃文書が出版されました。その表題はこうです。『現在の支配者ジェームズ二世の父、イギリス王チャールズ・ステュアートの非業の最期によって証明されたる、審査法と刑罰法規の撤回不能、死ヲ忘レルナカレ』。この文書では、この上なく非道で全国民に屈辱を与えかねない世人の行動を、あたかも依然として誇りにしているかのように、チャールズ一世の裁判と処刑が勝ち誇った様子でさらけ出されています。しかし、恐らくもっと驚くべきなのは、自分たちの宗教の礼拝が禁止されたことを悪魔のような暴政と呼ぶのをやめないフランス人たちが、カトリック教徒の臣民から良心の自由を奪う法律を変えさせようと企てる王は死に値すると脅すような本を、ひどく熱心に翻訳し出版したことでしょう。これら不穏な反乱文書の翻訳者たちが、この王国〔フランス――引用者注〕に呼び戻されるのを今か今かと待っていたことを考えると、驚きは増すばかりです。*090

本章2で述べたように、カトリック教徒を装った『忠告』の著者は、同書の冒頭部分で、「諷刺の精神」と「この世に無政府状態を、世俗社会にこの上なく深刻な禍を導き入れることになるある種の共和主義的精神」を、「危険きわまる実に忌わしい二つの病」と見なし、亡命プロテスタントたちに、亡命地で吸い込んでこれらの病に感染させた悪しき空気から心身を浄化するため、故国フランスに足を踏み入れる前に一種の検疫を施すよう「友人として」注意を促していた。そして著者は、オランダではびこっている諷刺文書・中傷文書を非とし、亡命者たちがそういう文書を公的に撤回することを切望する。上に引用した文章にも、これと同じ趣旨の「忠告」が読み取れる。

避難地のプロテスタントたちが発行していた夥しい数の中傷文書は次のようにも批判される。

あなた方の帰国を悪くは思わないであろう人々でさえ、これらの中傷文書を見れば、こう叫ばずにはいられないのです。ユグノーの教皇なんてまっぴらだ。そんな教皇がいたら、王たちを破門したり王位を父から子へ、場合によると外国人にさえ譲り渡したりして、ヒルデブラントや他の邪悪な教皇が何世紀にもわたって生み出した以上の悪をわずかな年数のうちに為すだろうから、と。

というのも、彼らが付け加えて言うには、計算で確かめられるが、プロテスタントたちは教皇をもたなくても、彼らの時代が始まる一五一七年〔ルターが「九十五ヶ条の提題」を発表して宗教改革の端緒を開いた年――引用者注〕から今日に至るまで、同じ時期に教皇たちが全く無用な大勅書によって王を廃位しようとしたよりもはるかに多くの王を実際に王座から追い払ったからです。そういうことを私があなたに友人としてご注意申すのは、あなた方がそうした困った推測を頭の上から取り除くように努めてほしいからです。*091

ここに名前が登場しているヒルデブラントとは、教皇グレゴリウス七世（在位1073–1085）を指す。ヒルデブラントはその俗名である。この教皇は、聖職者、特に高位聖職者の叙任権をめぐって神聖ローマ皇帝ハインリッヒ四世との間で激しく争われた、いわゆる叙任権闘争でも勇名をはせた。ゲルマン民族の諸国家で長く慣行として存続してきた私有教会制は、教会を、それが建てられた土地とともに領主の所有とし、領主の支配下に置くものであり、俗人の支配権は聖職者の任免権や教会財産にも及んでいた。ハインリッヒ四世はこの慣行を踏襲して皇帝権を行使し、教皇の廃位までも決定したが、グレゴリウス七世は、俗人による聖職者任命を否認し、これに従わぬ皇帝ハインリッヒ四世を破門する。これは、俗権である皇帝権と教皇権との決定的対立を物語る出来事であった。[*092]

要するに、このように教皇権の強化に努めた過去の教皇の行動を引き合いに出してまで『忠告』の著者が言いたかったのは、中傷文書の思想的根拠をなす人民主権論・抵抗権理論が、亡命者たちの帰国にとっていかに大きな妨げになるかということである。

避難地での生活を余儀なくされているプロテスタントたちが、自分たちの心の拠り所である宗教の礼拝を禁止し「良心の自由」を奪った権力装置を少しでも変えようとすれば、何をすべきなのか、あるいはむしろ、何をすべきでないのか。本章3-❶で考察したように、『忠告』の著者から見ると、彼ら亡命プロテスタントは、すべきでないことをしていた。諷刺文・中傷文の乱発と共和主義的な人民主権論・抵抗権理論の主張がそれであり、とりわけ共和主義的精神に基づく言説が、故国への帰還にとって最大の障害であると考えられた。

亡命プロテスタントたちの急先鋒ジュリューは、一五七二年八月二四日のサン・バルテルミーの日にパリで起きたプロテスタント大虐殺を機にカルヴァン派の間で発展したモナルコマキの理論を継承し、臣民の信仰を抑圧する君主＝暴君を臣民は排除する権利をもつとさえ考えていた。しかし『忠告』は、ジュリューを含む亡命プロテスタントたちの言動が招来する事態を予想して次のように述べる。

> もしあなた方がいつかこの王国に戻るならば、宣誓文への署名を要求され、その署名によって、あなた方があれほど熱狂的に支持しているようにみえたモナルコマキの原理をすべて放棄しなければならないのは確かです。あなた方のせいで私たちの間に導入されるのは、新たな審査法でしょう。また、あなた方の牧師たちは皆、少なくとも年に四回は、主権者の権力への服従に関する聖書の原句について説教をし、臣民は自分た

ちの王に反抗することは決して許されない旨を、曖昧さを残さずにきっぱりと言明することを義務づけられるでしょう。*093

本章のこれまでの考察から明らかなように、フランスからオランダに亡命せざるを得なかったプロテスタントたちは、亡命があくまでも一時的なものであると考え、一六八九年に始まったファルツ継承戦争が終結すれば、それに続いて故国への帰還が実現するであろうと願っていた。この点でジュリューとベールに違いはなかった。

しかし、帰国の実現可能性をどのような方向に探るかについては決定的な違いがあった。ジュリューは、プロテスタント諸国家がルイ一四世に対して国際的な圧力を加えてナント勅令の回復を命じること、そしてそのためにイギリスのウィリアム三世および対仏戦争における同盟を援助することに可能性を見出した。これに対してベールは、あるいは『忠告』の著者は、亡命者たちが渇望する故国への帰還は、ナント勅令が少なくとも部分的には復活することによって条件づけられており、亡命者たちが国王の好意を失わぬよう慎重に振舞う限りでしか帰国の可能性は開けてこないと考えていた。何よりも重要なのは、ヴェルサイユの眼に、人民の権利についての共和主義的理論に感染した反逆者に見えないことであった。ルイ一四世が、ナント勅令撤回の誤りを認めてその宗教政策を緩和し、亡命者たちの忠誠心に感銘を受けて、非妥協性は専ら「良心」の分野に限られている模範的な臣民を王国に呼び戻すこと、これを『忠告』の著者は願っていたのである。

国王は人民の上に立たないと言うより、国王の宗教を偶像崇拝的だと呼ぶことの方を皆あなた方には許すでしょう。君主がどんな信仰心をもっているとしても、君主の権威や人格に関わる異端よりは、むしろ宗教にしか関わらない異端の方を君主は黙認しますし、前者の異端の方が公共の平和を乱しかねないことさえ確かです[*094]。

この著者の考えでは、政治的異端と宗教的異端とをあえて区別するならば、後者よりも前者の方がはるかに危険であり、特定勢力の排除をねらう「新たな審査法」の導入を未然に防ぐには、人民主権論を振りかざして「君主の権威や人格」を否定する政治的異端であるとの印象を与えることはなんとしても避けねばならなかった。

そして当の著者にとって何よりも問題だったのは、人民主権論を基軸とする共和主義的理論によってイギリスの名誉革命を支持する一部の「ユグノー」の政治的選択が、カトリック教徒に対する差別的体制を是認する仕儀に立ち至る点で、母国で奪われた信仰と礼拝の自由を取り戻そうとしていたはずの彼らの主張と齟齬をきたしており、したがって相互的な寛容に背馳する発想に基づいていることであった。そのことの問題性を『忠告』は容赦なく抉り出したのである。

4．結び——『忠告』の思想的遺産

以上、一六九〇年に出版された『フランスへの近き帰国につき、亡命者に与うる重大なる忠告』と題する小冊子の論旨に即して、当代西欧の亡命プロテスタントを取り巻く問題状況とそのなかでの思想的営為の一端を粗略ながら考察した。

『忠告』は、一六七三年に成立したイギリスの「審査法」を、「カトリック教徒の臣民から良心の自由を奪う法律」と捉え、その法律を信仰自由宣言によって変えさせようとしたチャールズ二世やジェームズ二世は「死に値する」

と言い放つような「不穏な反乱文書」を、自分たちの宗教の礼拝を禁止され「良心の自由」を奪われた人たちが熱心に翻訳し出版したことに、看過できない問題性を見出した。「自分たちの宗教の礼拝が禁止されたことを悪魔のような暴政と呼ぶ」のであれば、「審査法」という「良心の自由を奪う法律」を変えさせようとする王は弁護されて然るべきではないか。自分たちと同じように良心を侵された《他者》の立場を認識しておかなければ、抑圧をはねのけようとする思想や発言が節度を失って先鋭化し、被抑圧的な状況のさらなる悪化を招き寄せるだけになってしまう。そうした結果を回避するためには、一部のプロテスタントたちの間に「諷刺の精神」と「共和主義的精神」という「病」が蔓延していることを彼ら自身が認め、ひたすらその治癒に努めなければならない。そして、夥しい数の「反乱文書」の出版に明け暮れる「著述家たちの無分別と無知と逆上しやすい先入観を公然と断罪」する「慎み深い良心」の持主であってほしい。[*095] これが「忠告」の要諦であったように思われる。

「反乱文書」の問題性を鋭く批評する筆鋒は、実は、イギリスの「審査法」や名誉革命へのプロテスタントの対応だけではなく、フランスの宗教戦争（ユグノー戦争）におけるプロテスタント側の手法にも容赦なく向けられ、委曲を尽くした叙述が展開されているが、紙幅に限りがあるので、ここでは簡単に触れるにとどめる。

フランス南西部ベアルン出身のナヴァール王アンリ（在位1562–1610）は、フランス王アンリ三世の死後、フランスの王位を継承し、アンリ四世（在位1589–1610）としてブルボン朝を開いた。「ユグノー戦争」ではプロテスタントとして戦ってきたナヴァール王は、ギーズ公アンリを実質的な指導者とするカトリック同盟（La Ligue）からは異端者の首領と目されていたが、カトリック同盟を支持するスペインの介入が露骨の度を加えるという事態を前にして、一五九三年七月、カトリックへの改宗を決意する。そうした経緯も念頭に置いて、『忠告』はプロテスタント側の問題点を次のように述べている。

あの君主〔アンリ四世――引用者注〕が異端を誓絶せずに王位に就いていたならば、古くからの宗教がこの王国で存続しうる見込みは全くなかったでしょう。というのも、プロテスタントはカトリック教徒ほど多数ではなかったとはいえ、それでも極めて有力な集団をなしていたからです。プロテスタントは幾多の都市を支配し、実に戦慣れしており、カトリックの王のあらゆる兵力に対抗して、久しく自分たちの武力で存続できていました。宗教を同じうするアンリ四世のような王のもとであれば、彼らプロテスタントは何ができなかったのでしょうか？〔中略〕アンリ四世がカトリックの礼拝を全く容認していなかったベアルンで用いた手法や、あなた方が最大勢力を誇っていた王国内の土地で私たちに対して加えていた抑圧は、当然のことながら、アンリが改宗せずにフランス王になったら王国全体を自らの故郷ベアルンと同じ色に染め上げるのではないかと恐れさせたのです。[*096]

『忠告』によれば、「ユグノー戦争」の時代に、ベアルンのようなプロテスタントの勢力が優勢であった地域では、プロテスタントがカトリック教徒に対して「抑圧」を加えていたのであって、その逆ではなかった。なるほどフランス王国全体では、プロテスタントは被抑圧的な境遇を強いられていた。しかし、地域によっては抑圧―被抑圧の関係が逆転しうること、そして、カトリック教徒の側から見れば、フランスがプロテスタント一色の王国になりかねないと恐れる十分な理由があったことを、『忠告』は指摘している。

宗教的少数派であった「ユグノー」に対する差別・抑圧という不寛容が猖獗を極めていた状況下で、多数派のカトリック教徒たちから不寛容に扱われていた側の主張をあえて当の多数派の視点で相対化する試みは、この上なく冷徹な精神を必要としたであろう。しかも、ベールが一六九一年一月五日付けのコンスタン宛書簡で「寛容に与する見解は、昨年八月、アムステルダムのワロン教会会議で非難されました」[*097]と報じているように、カトリック教会においてのみならず、亡命を余儀なくされていたプロテスタントの教会会議においてさえ寛容が非難の対象であったという事情も考慮すれば、ベールが模索していた相互的寛容への道がいかに険しいものであったかは、想像に余りある。

『忠告』が想起させるのは、フランスで第一次宗教戦争が始まった一五六二年に刊行されたセバスティアン・カステリヨン(Sébastien Castellion, 1515–63)の『悩めるフランスに勧めること』(*Conseil à la France désolée*)である。カステリヨンは、「あなた〔フランスを指す――引用者注〕の病患、すなわちあなたを苛んでいる反乱や戦争の主要かつ実質的な原因は、わたしの見るところでは良心の暴力的侵害にある」[*098]と指摘し、「カトリックの諸君」と「福音派の諸君」の双方に、自分たちの行為に深く思いを致すよう訴えた。

まず、「カトリックの諸君」は「自ら由緒ある真正にして唯一普遍の信仰の保持者を以て任じている」が、「聖書に録されたこと以外は信じまいとする」福音派の人々を「異端」とみなし、投獄、地下牢への幽閉、焚殺を行ってきた。「諸君は他人からも同じ仕打ちをされたいのか? 〔中略〕諸君自身の良心に耳を傾けて、他人の良心を侵さぬことを学び給え。」[*099]

一方、「福音派の諸君」はかつて「教会のために忍び難き迫害を忍び、諸君の敵を愛し、悪に酬いるに善を以てし、諸君を呪う者に対しても、必要に応じて逃亡する以外になんら抵抗を試みることなく、彼らの上に神の御恵みあれと祈った」。しかるに今や「諸君のうちの或る者」には「著しい変化」が見られる。「血を流すこと、良心に強制を加えること、諸君の教理と一致しないものは神を信じないものとみなして犯罪者扱いにすること。〔中略〕これら三点において自分たちの敵、常日頃諸君が反キリストと呼んでいる者の模倣をしていることに気がつかないのであろうか?」[*100]

このようにカステリヨンは、新旧両派がいずれも良心を侵害している点で同罪であることを喝破した。相手を折伏しようとする情熱が異端撲滅の動きを惹き起こしたことの「重大なる責任はまず教皇派に帰されるとはいえ」、改革派もその責を免れているわけではなく、「それはひたすら神の栄光と魂の救済を願った十六世紀の、不寛容な精神の奥底に根ざす心の動き」であった。[*101] ミカエル・セルヴェトゥス(Michael Servetus, 1511–53)がカルヴァン派の拠点ジュネーヴで焚刑に処された時代にあって、「カルヴァンならびにカトリック教徒の双方に向かい宗教的寛容の主張を展開」[*102]したカステリヨンは異彩を放つ。そうした言論活動に『忠告』の先駆を見たとしても決して牽強付会の説ではあるまい。

では、今日のわれわれは、一七世紀末に書かれた小冊子からどんな思想的課題を読み取ることができるだろうか。『忠告』は末尾近くで次のように述べている。「今日、プロテスタントの大集団が国王に反逆し、あなた方は懸命にそれを誉めそやしていて、もし誰か個人が当の王に対する扱いに反対しようものなら、そういう人をあなた方は裏切り者とみなすのです。[*103]」社会のなかで抑圧されている集団であっても、その集団が真理の所有者を僭称し、当の集団内部の個人や他の集団が体現する《差異》を異端と見なして排除することによって、自分たちの党派性を維持しようとすれば、新たな抑圧装置を生み出しうる。これは、少なくともカステリヨンの時代まで遡るならば、四百年以上も前から人間社会で幾度となく繰り広げられてきた事象であり、その発生のメカニズムを解明することは、二一世紀においても依然、さまざまな局面での人々の共存のあり方に関わる未解決問題の一つであり続けている。当初は優れて宗教的次元を内包していたが現代では必ずしもそうではない、という時代状況の違いはあるとしても。

本章は、ベールが執筆に深く関与したと考えられる小冊子を主な考察対象として取り上げ、とくに《他者の立場》の尊重に基づくいわば《相互的寛容》の精神に注目した。ここに言う《他者》には、ある主体が何らかの対象として措定する存在であるという性格がつきまとう。しかしながら、《他者》と考えられる相手——個人であれ集団であれ——もまたまぎれもなく思考や発言や行動の主体であり、現実的な存在である。そうした相互性を、単なる相剋でも無関心でもなく、諸々の《差異》の共存を許容する共同性として確保することはいかにして可能か。このような問いを『忠告』は今日のわれわれに突きつけている。

＊001——この文書の表題の訳し方については、『ピエール・ベール著作集第二巻　寛容論集』（野沢協訳）、法政大学出版局、一九七九年の七二九頁に従った。『忠告』が書かれた背景とそれが誘発した状況については、同訳書の七二八–七二九頁及び七九六–八〇〇頁、『ピエール・ベール著作集第一巻　彗星雑考』（野沢協訳）、一九七八年の五九六頁及び六三一–六三二頁参照。因みに、「アムステルダム、ジャック・ル・サンスール〔監察官ジャック〕書店」は架空の書肆名。実際の版元はハーグ（デン・ハーフ）のムートイェンス書店。

＊002——Cf. *Les fondements philosophiques de la tolérance en France et en Angleterre au XVIIe siècle*, sous la dir. d'Yves Charles Zarka, Franck Lessayet John Rogers, Tome II, PUF, Paris, 2002, pp.333–335. 以下、同書は*Les fondements philosophiques de la tolérance*と略記。

＊003——Cf. Elisabeth Labrousse, *Pierre Bayle I, Du Pays de Foix à la cité d'Erasme*, La Haye, 1963, pp.218–221; Eric R. Briggs, "Bayle ou Larroque? De qui est l'Avis important aux réfugiés de 1690 et de 1692?", in *De l'Humanisme aux Lumières, Bayle et le protestantisme, Mélanges en l'honneur d'Elisabeth Labrousse*, Voltaire Foundation, Oxford, 1996, pp.509–510; Hubert Bost, *Pierre Bayle*, Fayard, 2006, p.319.

＊004——Labrousse, op.cit., p.221.

＊005——G. W. Leibniz, *Textes inédits d'après les manuscripts de la Bibliothèque provinciale de Hanovre*, publiés et annotés par Gaston Grua, PUF, Paris, 1948, II, pp.699–701（傍点部分は原文がイタリック、以下同様）。ライプニッツは『人間知性新論』第一部第二章四節で黄金律に関する議論を取り上

げて、「私たちが他人からしてほしいと思うことしか他人に為すべきでない、という規則」の「本当の意味は、人が判断しようとするとき、まさに他人の立場がより公正に判断するための真の観点である（la place d'autruy est le vrai point de vue pour juger equitablement lorsqu'on s'y met）、ということです」と述べている（『ライプニッツ著作集第四巻』（谷川多佳子・岡部英男・福島清紀訳）、工作舎、一九九三年、八四－八五頁。AVI–6, pp.91–92）。この議論については、デイヴィッド・ウィギンズ『ニーズ・価値・真理　ウィギンズ倫理学論文集』（大庭健・奥田太郎編・監訳）、勁草書房、二〇一四年、一二七－一三一頁参照。

＊006———ベールがライプニッツの言う「他者の立場」を自覚的に踏まえて著述したかどうかはさておき、この概念に関しては両者に思想的連続性を見出すことが可能であろう。これについては、*Les fondements philosophiques de la tolérance*, Tome I Études の冒頭に "Présentation générale" として収められた Y. C. Zarka, "La tolérance ou comment coexister: anciens et nouveaux enjeux" に示唆を得た（拙訳「Y・C・ザルカ「寛容、あるいは共存の仕方：新旧の問題点」」『国際教養学部紀要』第四巻、富山国際大学、二〇〇八年、参照）。

＊007———この語は現代でも「耐性」「（許容）誤差」などの意味を保持している。

＊008———Cf. *La tolérance*, Textes choisis & présentés par Julie Saada-Gendron, Flammarion, Paris, 1999, p.15.

＊009———Cf. *Dictionnaire du français classique*, par Jean Dubois, René Lagane et Alain Lerond, Paris, 1971, p.535.

＊010———この点については、一六九〇年に初版が刊行されたアントワーヌ・フュルティエール（Antoine Furetière）の『汎用辞典——一般的なフランス語の古語・新語及び学問・芸術用語をすべて収録』（*Dictionnaire universel, contenant généralement tous les mots français, tant vieux que modernes, et les termes des sciences et des arts*）の一七二七年版、TOLERANCEの項を参照。

＊011———Labrousse, op.cit., pp.212–213.

＊012———*Les fondements philosophiques de la tolérance*, Tome I, p.IX.

＊013———『寛容論集』、七五五頁。

＊014———同書、七五五頁。

＊015———同書、七五五頁。

＊016———木﨑喜代治『信仰の運命　フランスプロテスタントの歴史』、岩波書店、一九九七年、二六頁。

＊017———同書、二五－二六頁。

＊018———*L'Édit de Nantes*, établi, présenté et annoté par Danièle Thomas, commenté par Jean-Louis Bourgeon, Éditions héraclès, 1998, p.9.

＊019———*Ibid.*, p.10.

＊020――「竜騎兵」については、木崎、前掲書、一〇九–一一二頁参照。

＊021――ヴォルテールの『ルイ十四世の世紀』に次のような描写がある。「一六八四年の終りと、それから、一六八五年の初め、つまり、ルイ十四世が、軍備は相変らず充実しているし、近隣に、恐るべき国など、一つもないという状態にあったとき、都市といわず城館といわず、およそ新教徒の最も多く住む場所へは、軍隊をもれなく派遣する。竜騎兵は、当時、軍規が相当に怪しく、行過ぎも一番多かったので、この弾圧は、「竜騎兵の襲撃（ラ・ドラゴナード）」と呼ばれた。〔中略〕こうして、至るところで、教会堂を破壊し、地方では、武力に訴えて、改宗を迫っているとき、ついに、一六八五年十月、ナントの勅令が廃棄された。あの楼閣、四方八方から傷を受けながらまだ立っていたのが、完全に倒れたのである。」（『ルイ十四世の世紀（三）』（丸山熊雄訳）、岩波文庫、一四〇–一四二頁）

＊022――*Les fondements philosophiques de la tolérance*, Tome I, p.XII.

＊023――Pierre Bayle, *Œuvres diverses*, II, éditées par Elisabeth Labrousse, Georg Olms Verlag, 1982, p.583.

＊024――Pierre Bayle, *Œuvres diverses*, Volumes supplementaires II, éditées par Robin Howells, Georg Olms Verlag, 1988, Première année, p.56.

＊025――P・デ・メゾー『ピエール・ベール伝』（野沢協訳）、法政大学出版局、二〇〇五年、一〇七頁、脚注H参照。

＊026――Cf. *Œuvres diverses*, Volumes supplementaires II, p.XXXVI.

＊027――Cf. *Ibid.*, p.XI.

＊028――*Œuvres diverses* II, p.583.

＊029――Ibid.

＊030――Ibid.

＊031――『寛容論集』、六一〇頁。Cf. Labrousse, op.cit, p.221.

＊032――*Œuvres diverses*, Volumes supplementaires II, Troisième année, p.130.

＊033――Cf. *Œuvres diverses*, Volumes supplementaires II, p.XLII.

＊034――Cf. *Ibid.*, p.XL.

＊035――*Œuvres diverses*, Volumes supplementaires II, Troisième année, p.67.

＊036――*Les fondements philosophiques de la tolérance*, pp.333–335.

＊037――*Œuvres diverses* II, p.592.

＊038——*Ibid.*, pp.583–584.

＊039——*Ibid.*, p.587. 聖書の各書名と各書の邦訳は、共同訳聖書実行委員会『聖書　新共同訳』、日本聖書協会、一九八七年に拠った。

＊040——*Œuvres diverses* II, p.588.

＊041——デ・メゾー、前掲書、一一二頁。

＊042——*Œuvres diverses* II, p.591.

＊043——Cf. *Ibid.*, p.XII.

＊044——Cf. *Ibid.*, p.584.

＊045——*Ibid.*, p.592.

＊046——デ・メゾー、前掲書、三六四頁、訳注六九参照。

＊047——Cf. *Les fondements philosophiques de la tolérance*, p.299.

＊048——デ・メゾー、前掲書、三六四頁、訳注六九。

＊049——『寛容論集』、七二八頁。

＊050——*Œuvres complètes de Bossuet*, publiés par des prêtres de l'immaculée conception de Saint-Dizier, Cattier, Tours, 1862, Tome V, p.79.

＊051——*Œuvres diverses*, Volumes supplémentaires II, Troisième année, p.122.

＊052——Ibid.

＊053——*Ibid.*, p.123.

＊054——Ibid.

＊055——Ibid.

＊056——Ibid.

＊057——*Ibid.*, p.124.

＊058——Ibid.

＊059——*Ibid.*, p.125.

＊060——*Ibid.*, p.126.

＊061——*Ibid.*, p.130.

＊062——*Ibid.*, p.137.

＊063——Ibid.

＊064——木崎、前掲書、六五頁。

＊065——ベーズ「為政者の臣下に対する権利」『宗教改革著作集一〇　カルヴァンとその周辺II』、教文館、一九九三年、一二四頁。このような抵抗権理論の素地がカルヴァン自身の思想にあったことも含めて、ベーズの理論については同書の三三九–三四四頁参照。

＊066——『ピエール・ベール関連資料集1　抵抗と服従』(野沢協編訳)、法政大学出版局、二〇一〇年、四二一頁、訳注二二二。

＊067——グザビエ・ド・モンクロ『フランス宗教史』(波木居純一訳)、白水社、七二–七三頁参照。ナント勅令を発したアンリ四世が一六一年五月一四日にラヴァイヤックによって暗殺されて以後の、ルイ一三世のプロテスタント封じ込め政策については、木崎、前掲書、五五–六三頁参照。

＊068——Cf. *Œuvres diverses*, Volumes supplémentaires II, p.X.

＊069——Cf. *Œuvres diverses* II, p.XI.

＊070——*Ibid.*, pp.XI–XII.

＊071——*Ibid.*, p.XII; Bost, op.cit., p.314. ジュリューが信仰上の連帯は祖国への忠誠に勝ると考えてますますオランイェ派擁護に傾いていくのに対して、ベールはフランスの君主への忠節の路線を保持する。

＊072——Ibid.

＊073——*La politique du clergé de France*, Cologne, 1681, p.204. タイトル全体は、『フランス僧族の政策、あるいは、この王国でプロテスタントの宗教を滅ぼすために今日用いられている手段をめぐる、一人はパリ、一人は地方に住む二人のローマ・カトリック教徒の興味深い対談』(*La politique du clergé de France, ou entretiens curieux de deux catholiques romains, l'un Parisien et l'un provincial, sur les moyens dont on se sert aujourd'hui, pour détruire la religion protestante dans ce royaume*)。

＊074——*Les fondements philosophiques de la tolérance*, p.340.

＊075——Œuvres diverses II, p.592.

＊076——Ibid.

＊077——Ibid.

＊078——Ibid.

*079――J・ロック『世俗権力二論』(友岡敏明訳)、未來社、一九七六年、一五頁。
*080――大野真弓編『イギリス史(新版)』、山川出版社、一九六四年、一六八－一七〇頁、参照。
*081――「クラレンドン法典」の内容については、前掲の『世俗権力二論』「解説」及びジョン・ロック『寛容についての書簡』(レイモンド・クリバンスキー序、平野耿訳注)、朝日出版社、一九七〇年、lxiv–lxv頁(「訳者序文」)、参照。
*082――大野編、前掲書、一七〇－一七一頁。
*083――川北稔編、『新版世界各国史一一　イギリス史』、山川出版社、二〇〇〇年、二〇八頁。
*084――同書、二〇八頁。
*085――今井宏編、『世界歴史大系　イギリス史二　近世』、山川出版社、一九九〇年、二四六頁、参照。
*086――大野編、前掲書、一七〇－一七一頁参照。
*087――今井編、前掲書、二四六頁。
*088――大野編、前掲書、一七三頁。
*089――同書、一七三－一七四頁。
*090――*Œuvres diverses* II, p.609.
*091――Ibid.
*092――『キリスト教大事典　改訂版』、教文館、一九六八年、三五八頁、五五三頁、八一四頁、『岩波キリスト教辞典』、岩波書店、二〇〇二年、二二頁、八〇頁、三五五頁、『世界歴史事典』第五巻、平凡社、一九五六年、七頁、参照。
*093――*Œuvres diverses* II, p.609.
*094――Ibid.
*095――*Ibid.*, p.633.
*096――*Ibid.*, p.630.
*097――*Ibid.*, p.648.
*098――『世界文学体系七四　ルネサンス文学集』(二宮敬ほか訳)、筑摩書房、一九六四年、二七六頁。
*099――同書、二七九－二八〇頁。
*100――同書、二八一頁。

＊101――ジョルジュ・リヴェ『宗教戦争』(二宮宏之・関根素子訳)、白水社、一九六八年、四七頁。
＊102――同書、四七頁。
＊103――*Œuvres diverses* II, p.632.

第三章

一七世紀西欧における教会合同の試み

――ライプニッツとボシュエとの往復書簡に関する一考察――

ライプニッツ(Gottfried Wilhelm Leibniz, 1646–1716)は一六四六年七月一日、ライプツィヒに生れた。いわゆる三十年戦争に終止符を打つべくウェストファリア条約が締結される二年前のことである。三十年戦争は、周知のように、神聖ローマ帝国の支配下にあったボヘミアのプロテスタント諸侯が、カトリックの君主(神聖ローマ皇帝)フェルディナント二世に対抗して起こした反乱を発端として、フランス、スウェーデン、デンマーク、スペインの諸国が介入して国際紛争に発展し、末期にはブルボン家、ハプスブルク家その他による政治的権力闘争の様相を呈するに至った。ドイツの地を主戦場としたこの大規模な宗教戦争の余燼さめやらぬ時代に、ライプニッツは、物心ともに荒廃していたドイツを再建すべく、政治・外交面での汎ヨーロッパ的活動、新旧両教会(プロテスタント教会とカトリック教会)合同計画の立案、ベルリン・アカデミーの設立事業等々、現実社会の多方面できわめて多忙な生活を送った。ドイツの《近代化》は、ライプニッツの活動とともにようやくその緒についたと言っても過言ではない。

一六四八年にウェストファリア条約が結ばれ、ドイツのプロテスタントとカトリックは政治的には同等の権利を得たとはいえ、ドイツではその後も宗教的信条の確執が続き、戦争による甚大な物質的被害と相俟って、社会の混乱状態を生み出していた。そしてこのことが、外国、とりわけルイ一四世治下のフランスに、ドイツ侵略の機会を窺わせる要因ともなっていたのである。同時代のフランスが、強力な中央集権化を通じて絶対王政の基盤を着々と固めつつあったのに対して、ドイツは約三百もの領邦国家が分立し、フランスが実現しえたような形態での国家的統一は望むべくもない状況にあった。したがって、少くとも現実政治の局面でいえば、フランスにとってドイツが好餌と映ったとしてもなんら不思議ではない。

ライプニッツが一六七二年から七六年にかけてパリに滞在し、このパリ滞在中に、近代数学の最先端を自家薬籠中のものとしたことは有名であるが、そもそもライプニッツがパリに赴いたのは、フランスからドイツに向けられた侵略の矛先を転ずるための重要な外交的使命を帯びてのことであった。ドイツに対して陰に陽に脅威を与えていたのは、フランスだけではない。トルコがウィーンに迫ってキリスト教文化圏を脅かしつつあり、やがてロシアがピョートル大帝に率いられて国際的な政治の舞台に姿を現わす。このような国際政局の緊張関係の真只中で、ドイツが現状を脱却するには、少くとも宗教的党派相互の確執を克服することが喫緊の課題であった。ライプニッツが新旧両教会の合同をめざして、宗教上・政治上の諸問題にわたる活動を展開しなければならなかったゆえんは、そこにある。

本章では、ライプニッツとボシュエ (Jacques Bénigne Bossuet, 1627–1704) との間で交わされた書簡、およびこの二人からそれぞれの知人宛に認《したた》められた書簡を主な分析対象として取り上げて、ライプニッツが中心的役割を果たした新旧両教会合同のための活動を考察し、信仰上の《差異》を認めない不寛容な党派的共同性との闘いの軌跡を明らかにする。

1・教会合同計画立案の背景

さて、新旧両教会の合同計画は、具体的にはどのような背景のもとで立案されたのであろうか。その背景を明らかにするには、ひとまずマインツ時代(1668–72)のライプニッツにまで遡って、彼の活動を概略的に跡づけてみる必要がある。というのも、ライプニッツの内面でこの計画への関心が芽生えたのは、彼がマインツの宮廷で職を得て、外交的活動に携わるようになった時期だったからである。

一六六七年、二一歳のライプニッツは、ニュルンベルクで錬金術の結社「ローゼンクロイツァー」に入会し、同結社の一員であったマインツの前宰相ヨハン・クリスティアン・ボイネブルクの知遇を得た。ボイネブルクは当代屈指の外交官・政治家であったが、一六六四年以来、マインツ選帝侯ヨハン・フィリップ・フォン・シェーンボルンの不興をかって職を解かれ、雌伏の生活を余儀なくされていた。ライプニッツがボイネブルクの知遇を得たきっかけは、錬金術師たちによる仲介であったとも言われているし、また、ニュルンベルクのある宿での二人の出会いであったとも言われているが、*001 いずれにせよ、ライプニッツはボイネブルクの導きによって、やがて当代ヨーロッパの生々しい国際政治の空気に接し、汎ヨーロッパ的な舞台で外交官・政治家としての第一歩を踏み出すことになるのである。

一六六八年の初頭、ライプニッツはマインツを訪れた。この頃には、ボイネブルクは自分の長女と選帝侯の甥シェーンボルン男爵との結婚を機に、選帝侯と和解しており、そのボイネブルクの紹介で、ライプニッツはマインツの宮廷と近づきになったのである。

マインツへの旅の途中でスケッチ風に書き上げた「法律の学習と教授の新方法」(Nova methodus discendae docendaeque jurisprudentiae)を選帝侯に献呈し、宮廷に迎えられたライプニッツは、宮廷枢密顧問官ヘルマン・アンドレアス・ラッサーの助手を務め、法典改正に従事するかたわら、ボイネブルクの秘書、弁護士、助言者としても多忙な生活を送った。宮廷に復帰したボイネブルクに課せられた使命は、ポーランド王ヨハン・カシミールの退位が引き起こした王位継承問題にさいして、マインツ選帝侯の推す後継候補者、ノイブルク宮中伯フィリップ・ヴィルヘルムを支持することであった。ライプニッツ自身もこの王位継承問題に深い関心を抱き、ボイネブルクの蔵書を活用してポーランド問題を分析し、一つの文書を起草した。こうして書かれたのが「ポーランド王選挙のための政治的論証」(Specimen demonstrationum politicarum pro rege Polonorum eligendo)である。*002 この「論証」が世に出たのは、一六六九年六月一九日に新しいトルコ系の王が決定して以後のことであったが、ワルシャワの議会におけるボイネブルクの支持演説はこの文書に基づいて行われた。ボイネブルクとライプニッツにとって、なぜポーランド問題が切実な関心の対象となったかといえば、ドイツの安全保障の問題がそれに絡んでいたからである。

ウェストファリア条約は、列強間の勢力均衡の実現をめざしたものであり、当時としては、その基本路線を堅持する以外にドイツの安全を保障する方法はなかった。ところが、すでに述べたように、西からはフランスが、東からはトルコとロシアがそれぞれ勢力を伸ばし、ドイツを脅かし始めていた。そういう状況のなかで、ポーランドはドイツにとって、東方からの政治的圧力に対するいわば防波堤の役割を果たしうる国であった。だからこそボイネブルクとライプニッツは、ドイツの安全保障をめぐってもっとも有利な政策を施してくれると思われる候補者を推したのである。彼らは一体となって外交的活動を展開し、ボイネブルクの演説は聴衆に深い感銘を与えたにもかかわらず、画策は結局失敗し、ボイネブルクは一六六九年七月、マインツに帰った。

ところで、ボイネブルクは、ポーランド問題に関する使命を実行に移す準備をしていたとき、一六六五年にポーランドのソッツィーニ派、アンドレアス・ウィソウァティウス——ソッツィーニ主義として知られる教説を創始したイタリアの神学者、ファウストゥス・ソツィヌスの孫――から受け取った書簡への返書の下書きを、ライプニッツに依頼した。「新発見の論理による三位一体の弁護」(Defensio Trinitatis per nova reperta logica)と題する返書において、ライプニッツはじっさいには三位一体の秘儀のための新しい理論的根拠を呈示したわけではなく、ウィソウァティウスの弁証に含まれる誤謬を明らかにしたにとどまったが、[*003]この返書で注目すべきは、ライプニッツが、三位一体を否定するソッツィーニ主義に無神論への傾きを認め、無神論的思想に対する批判的立場を表明している点である。ソッツィーニ主義者をキリスト教の否定者と捉えるライプニッツの立場は、以後、彼の生涯を通して保持されていく。

また、ライプニッツはボイネブルクとはじめて出会ってから間もない時期に、標題も署名もない試論を一篇、ボイネブルクに送っている。これは多数の人物の手を経て、最終的にはアウクスブルクの神学者ゴットリープ・シュピッツェルのもとに届き、シュピッツェルは著者の素性を知らぬまま、一六六九年、この試論を「無神論者に対する自然の信仰告白」(Confessio naturae contra atheistas)という表題を付して公刊した。この「告白」の基本モティーフは、当時の無神論者と唯物論者(質料主義者)に対抗して、神の存在と霊魂の不死を理論的に擁護しようとするところにあった。

ポール・アザールは著作『ヨーロッパ精神の危機』のなかで、ライプニッツを取り巻くヨーロッパの現実を次のように叙述している。

> ヨーロッパを眺めると、まずひとつの傷口が目についた。宗教改革以来、精神的な統一が破られてしまったことである。住民は敵対する二つの党派に分かれていた。この兄弟喧嘩では戦争と迫害と激論と罵詈讒謗が

日常茶飯事になっていた。調和を夢見る者にとっては、ますます悪化するこの病をいやすことが第一の課題だった。事実、カトリック教徒と新教徒のいさかいは一六六〇年からまたもや激化していた。ほうっておいたらどこまで行くかわからなかった。こんないさかいが続いたら、宗派の別なく、およそ信仰そのものがやがて壊滅してしまう。自由思想家（リベルタン）や理神論者や無神論者までが信仰に対し日ごとに大胆な攻撃を加えているのに、守る側が分裂していてはどうにもならない。新教徒とカトリック教徒が提携すれば、和解した全キリスト教徒がその団結の内に不敗の力を見いだして、不信心と立ち向かい、神の教会を守りぬくことができるのだが。*004

ライプニッツが新旧両教徒の和解の事業に精力を傾注しなければならなかった理由の一端を、われわれはここに看て取ることができよう。ライプニッツの思想は、近代西欧思想史の文脈のなかで巨視的に位置づけると、広義の《理神論》であり、*005 しかも、後世の人間には有神論を廃棄するものによって有神論を肯定し弁護していると見えるような性格を具えている。*006 しかしながら、ライプニッツの当事者意識に即してみれば、少くとも神の存在そのものを疑うことなど思いもよらぬことであり、三位一体の秘儀や神の存在を否定していると思われる動きに対して、ライプニッツは、新旧両教徒が団結して立ち向かうべきだとする立場をとった。ライプニッツの教会合同計画には、無神論的思想に対抗するためのこうした団結への志向が、一契機として含まれていたのである。

マインツ選帝侯（カトリック教徒）は、ドイツの諸侯を宗教的に統一する運動に積極的な姿勢を示し、カトリックへの改宗者ボイネブルクも、ドイツにおけるルター派とカトリック教会との合同のために多年にわたって尽力していた。彼らは二人ともカトリック教徒ではあったが、自己の宗派に閉じこもることのない寛大な精神の持ち主であった。ライプニッツ自身はルター派に属していたけれども、マインツの宮廷を支配していた超党派的な雰囲気のなかで、ライプニッツもまた教会合同の構想を練ったのである。

こうした教会合同への宗教的動機は、じつは政治的動機と密接不可分であった。ドイツの内部分裂は、侵略の機を窺うフランスにとってはまことに好都合であったが、逆にドイツにとっては、ルイ一四世の侵略的野心の矛先を転じさせ、ヨーロッパ諸国間の勢力均衡の実現を通じて、ドイツの安全を確保することが急務であった。フランスの侵略政策を阻止するための政治的な動きということでいえば、オランダがすでに一六六八年の初頭、イギリスとスウェーデンとの間に「三国同盟」を結び、フランスに対抗しうる一勢力を形成していた。その現実を踏まえて、ライプニッツは次のように構想する。

オランダは豊かな財力を、スウェーデンとイギリスは強大な武力をそれぞれ具えているから、もしドイツの諸侯が結集して三国同盟に加われば、フランスの矛先をかわすことも不可能ではないだろう。しかし、ドイツの諸侯のなかには、三国同盟を支持する者と、これに反対する者とがいて、三国同盟に対する利害関心は一致していない。だから、前者だけが結んで既存の三国同盟に参加すれば、かえってドイツ国内の軋轢が激化し、ヨーロッパの国際政治の局面でドイツの安全を確保することは困難になろう。そこで、ヨーロッパ全体の平和とドイツの安全を同時に確保するには、既存の三国同盟に代わる新しい同盟をつくることが緊要となる。ただし、この新しい同盟は、ヨーロッパ内部の特定の国に直接敵対するような性格のものであってはならない。とりわけフランスに対してそのような性格を印象づけると、フランスの反撥を招き、逆効果になってしまうだろう。新しい同盟は、どこまでもヨーロッパ全体の平和の実現をめざすものでなければならない。[*007]

ライプニッツがこのような構想を具体化するための一策として立案したのが、「エジプト計画（Consilium Aegyptiacum)」にほかならなかった。これは、ルイ一四世にエジプト遠征の利点を説き、フランスが近東において、ヨーロッパのキリスト教文化圏の軍事的指導者として、異教徒の国トルコに対する聖戦を遂行すべきことを示唆したものである。ボイネブルクの依頼でライプニッツがパリに赴いた理由の一つは、この計画をルイ一四世に献策することであった。

ライプニッツが一六七二年の三月下旬、パリに到着したとき、英国はすでにオランダとの戦争に踏みきっており、フランスも一週間たたぬうちに追随した。ボイネブルクとライプニッツの当初の狙いは、そうしたヨーロッパ内部の戦乱を未然に防ぐことにあったが、ここに至って、彼らの目的の達成はもはや望み薄になった。オランダ戦争終結後のドイツの安全を確保するという点では、「エジプト計画」は一定の役割を果たす可能性をもっていたとはいえ、ライプニッツがルイ一四世にこの計画を直接献策する機会は遂に訪れなかった。ライプニッツがルイ一四世に提出する目的で草した、「フランス王の布告すべきエジプト遠征についての正論」(De expeditione Aegyptiaca regi Franciae proponenda justa dissertatio)と題する建白書と、その要約「エジプト計画」は、いずれもライプニッツの遺稿のなかに埋もれてしまったのである。しかしともかく、ポーランド問題への取組みと「エジプト計画」が、キリスト教文化圏としてのヨーロッパ全体の平和とドイツの安全を同時に確保しようとする点で、同じモティーフを基調としていたことは確かである。このことは、教会合同計画への宗教的動機が政治的動機といかに密接不可分の関係にあったかを物語るものと言えよう。

一六七二年の一二月、ボイネブルクが急逝し、さらに翌年二月にはマインツ選帝侯も逝去したため、ライプニッツはマインツの公職を事実上解任された。マインツの新しい選挙侯とは連絡がつかず、やがてパリでの生活を維持するのに必要な給与を得ることもできなくなったライプニッツは、以前招聘を受けたことのあるハノーファー(ブラウンシュヴァイク＝リューネブルク）の宮廷に仕える決心を固め、一六七六年一〇月、パリを去った。同年一〇月、ハノーファーに到着したライプニッツは、ハノーファー公ヨハン・フリードリヒのもとで、法律顧問官兼司書の職を得た。以後四〇年間、ここがライプニッツの定住の地ともなり、また活動の拠点ともなる。

ハノーファー公とその後継者エルンスト・アウグストは、ともに政治上の利害関心から教会合同計画に意欲を示した。カトリックの側では、ローマ教皇イノセント一一世がこの計画を支持したという事情もあって、すでに改宗への勧誘のかたちでハノーファーの宮廷への働きかけに着手しており、皇帝レオポルト一世の庇護下にあったカトリックの司教ロハス・イ・スピノーラ（Cristobal de Rojas y Spinola）も、ハノーファーの宮廷に出入りしていた。エルンスト・アウグストはこの働きかけに応じて、ロックムの僧院長モラヌス（Gerhard Wolter Molanus）をはじめとするドイツの神学者を召集し、ライプニッツもそれに加わる。一六八三年、スピノーラとモラヌスをそれぞれ代表者とする両派の神学者たちが、ハノーファーで教会合同計画に関する協議を行った。こうして、今やハノーファーがドイツにおける教会合同運動の中心となる。[*008]

それでは、件の教会合同計画をめぐってドイツの関係者と対話を始めたフランスの神学者たちは、どのような環境のもとにあったのであろうか。それを解く鍵は、パリ北西の町ポントワーズから三キロメートルばかりの所に位置するモービュイッソン女子大修道院にあった。[*009] これは一三世紀に設立されたシトー修道会の修道院であり、一六六四年以来、修道院長を務めていたのはルイーゼ・ホランディーネ（Louise Hollandine）であった。彼女は、一時期ボヘミア王に選ばれたこともあるフリードリヒ五世の次女であり、イングランド王ジェームズ一世の孫娘である。この王女は両親とともにオランダに亡命し、当地でカトリック教を知る機会を得た。改宗して修道女になる決心をした彼女は、ひそかにオランダを抜け出し、一六五八年、ベルギーのアントワープで改宗した。その後、フランスのモービュイッソン修道院を訪れ、そこでカトリック教徒として信仰告白を行う。その彼女を修道院長に任命したのはルイ一四世であった。ルイーゼ・ホランディーネは教会合同の事業に積極的な関心をもち、ヨハン・フリードリヒの弟エルンスト・アウグスト公の妃である自分の妹ゾフィーを、真の信仰へと導きたいと念じていた。ゾフィーはモービュイッソンに長期間滞在し、一六八三年にはボシュエにスピノーラの行動について情報を提供している。

この修道院の活動の中心にあって傑出していたのが、修道院長の秘書マリー・ド・ブリノン(Marie de Brinon)である。彼女は長年、マントゥノン夫人の信頼を集めていたが、ある時この王の愛妾の不興をかったため、王から四千冊の書物を手当として与えられてモービュイッソンへ隠棲することとなった。その強烈な個性のゆえに、ブリノン夫人は修道院長に対して直ちに影響力を発揮し、やがて、ライプニッツの文通相手となっただけではなく、ライプニッツとボシュエとの仲介者の役割をも果たすことになる。

しかし、ルター派のドイツ人たちとの対話に最初に参加したカトリック側の人物は、ペリッソン(Paul Pellisson-Fontanier)であった。そのきっかけは何であったか。ペリッソンはベジエに生まれ、プロテスタンティスムの宗教的環境のなかで育った。彼は、自分の庇護者である財務長官フーケが私腹を肥やしたかどで告発されたさい、勇敢にもフーケを弁護したため、ルイ一四世、大臣コルベール、司法長官オリヴィエ・ルフェーブル・ドルメソンらの機嫌をそこね、五年間バスティーユに監禁される破目になった。結果的にはこの獄中生活が、ペリッソンに、宗教上の諸問題についてじっくり考えをめぐらす時間をもたらしたのである。その後、王はペリッソンと和解し、改宗を条件に彼を修史官に任命した。ペリッソンが「ユグノー」の信仰を棄ててカトリックの信仰へ改宗したのは一六七〇年のことである。

ペリッソンはサンジェルマン・デ・プレとサン・ドニの修道院で会計係の職に就き、また、新しく修道院に入った者の多くがそうであったように、熱意あふれる信仰態度を示して、一六八五年にはルイ一四世に「ナントの勅令」の廃棄を勧めたりなどもした。一六八六年、ペリッソンは「宗教上の確執に関する考察」(Réflexions sur les différends en matière de religion) という論文を書いたが、たまたまこの論文を読んだゾフィー王妃は、そこで論じられている問題に興味を抱き、ライプニッツに、そのテーマに関する個人的な省察を書くよう懇願した。ライプニッツの文章はモービュイッソンのブリノン夫人のもとに送られ、彼女を通じてペリッソンに届けられると、今度はペリッソンが、「ドイツから送られた反論に対する回答」(Réponse aux objections envoyées d'Allemagne) と題する論文を書いて応酬した。こうしたことがきっかけとなって、ライプニッツとペリッソンの二人は交流を始め、教会合同に関する意見交換を行うようになる。ゾフィー王妃の求めに応えてライプニッツは、ブリノン夫人を仲介者として、「親密で時には辛辣な、しかし全体としては友好的で敬意をもって、ペリッソンと書簡による議論を続けた」のである。*010

ところが一六九三年、ペリッソンは急逝した。ライプニッツは彼の死をとても残念がったと言われている。ペリッソンは、ライプニッツが地ならしをしてくれた場で議論することを承諾し、「われわれがプロテスタントを、カトリックになるよう駆り立てるのは、トリエント公会議の権威によってではなく、結局は一に帰するところの全カトリック教会の権威によってである」という立場を表明していたが、プロテスタントにとってまず問題だったのは、ほかならぬトリエント公会議の性格であった。

プロテスタントの側には、そもそもトリエント公会議が全カトリック教会を代表していたということを容認する基盤があったのだろうか。少くともライプニッツは、トリエント公会議の権威に異議を申し立てて、同公会議がエキュメニカルな性格をもつことを否定した。これが、一六九一年から一六九四年にかけて、またのちには一六九九年から一七〇二年にかけて、ライプニッツが新旧両教会の合同をめざして認めたあらゆる書簡の基調をなす。しかしこのことが、やがて和解にとって躓きの要因ともなるのである。

ところで、モーの司教ボシュエは、この和解交渉の場からさほど遠くないところにいた。モービュイッソンの女性たちが構成する小会議のメンバー中、もっとも積極的だったブリノン夫人は、ルイ一四世の王太子の家庭教師を務めていたボシュエと、かつて宮廷で顔を合わせたことがあった。そうした経緯があったからであろう、ブリノン夫人は、新旧両教徒の和解交渉の問題に関する重要な文書をいくつか、モーの司教に紹介していた。その司教が信仰上の問題をめぐってライプニッツと書簡をやりとりするようになるのは一六九一年からであるが、それまで二人は互いに知らぬ間柄というわけではなかった。

一二年前の一六七九年初頭、コンドンの司教であったボシュエはハノーファーの宮廷に書簡を送り、タルムードの翻訳に関する情報の提供を求めたことがあった。ハノーファーの宮廷は、自分たちが関心をもっている和解交渉の件をほのめかしながら、ボシュエに、ラビによる伝承を集めたものに基づく手持ちの情報を提供した。そのさい、ボシュエに対する助言者の中心人物がライプニッツであった。ライプニッツがタルムード論のリストを送ってくれたという事情もあって、ボシュエは一六七九年五月一日付のライプニッツ宛書簡で、ライプニッツの心遣いに謝意を表したのち、自著の『カトリック教会教理の表明』(*Exposition de la Doctrine de l'Église Catholique*, 1671) に触れ、ハノーファー公が同著を評価してくれたことを喜び、自分の説明した教説が教会のそれであることを信じようとしないプロテスタントに対して、ハノーファー公の評価が好結果をもたらすよう願っている旨を綴っている。そしてさらに、同著に緒言と教皇書簡を付して再印刷する作業が終わりしだい、ライプニッツに三冊送るつもりだとも述べている。ボシュエとしては、一冊はハノーファー公に、一冊はティーナの司教スピノーラに、残りの一冊はライプニッツにそれぞれ献呈する心づもりであった。*011 この著作を受け取ったライプニッツは、一六七九年八月、ボシュエに書簡を認めて、教皇書簡が『表明』の叙述の正確さに疑義を呈する連中を黙らせ、いつかその功を奏して教会の平和の再建に寄与するであろう、と好意的な意見を述べ、また、この著作にティーナの司教もおおいに関心を示し、精神の合同に貢献しうるあらゆる事柄に専念している、と伝えている。*012

新旧両教会の合同計画立案の背景、およびこの計画をめぐる議論に関与した主要な人物群は、大要、以上の通りである。それならば、ライプニッツはどのような視座からこの教会合同を推進しようと試みたのであろうか。次節ではその点を少し具体的に考察してみよう。

2．《可視的教会》と《不可視的教会》

ライプニッツが教会合同を主題とする往復書簡を交わすに至る一つのきっかけは、一六九一年七月一六日付のブリノン夫人宛書簡であった。この書簡で注目すべきは、ライプニッツの「カトリック」の捉え方、そしてそれとの関連で提示されている、トリエント公会議の世界性に対する疑念である。ライプニッツは次のように述べている。

> 私が内心ではカトリックであると貴女がお考えになるのももっともなことです。私は公然たるカトリックでさえあるのです。〔中略〕カトリシテ（la catholicité）の本質は、ローマと外面的に一致する（communier extérieurement avec Rome）ことに存するのではありません。言い換えれば、不当に破門された人々は、彼らの意に反してカトリックではなくなるでしょうが、それは彼らの落ち度ではありません。私たちをイエス・キリストの身体の一部たらしめる真の本質的な共同性（la communion）は慈愛（la charité）です。自分の過失によって離教の状態を続け、和解を妨げることによって慈愛に反している人々こそが真の離教者なのです。これに対して、外面的

なものであるにせよ、やはり共同性を保持することに貢献するあらゆる事柄を行う用意のある人々は、まさしくカトリックです。*013

文面から読み取れるように、ライプニッツが自分の信仰態度を「カトリック」と自己規定したとき、彼は現存しているローマ・カトリック教会を相対化する視点に立っていた。そういうライプニッツにとって、ローマ・カトリック教会主導のトリエント公会議が「世界的な（œcuménique）」性格を具えていると言えるかどうかが重要な問題となるのは、けだし当然であろう。

ドイツの教会はフランスの教会と同様、イタリアの教会の動きに従う必要はありません。フランスがローマの無謬性を承認するために真理を裏切ることは間違っているでしょう。なぜかと申しますと、そのような挙に出れば、フランスは耐えられない束縛を子孫に押しつけることになるからです。それと同様に、ドイツで、世界的たりうるのに必要ないっさいのものを具えているようには見えない公会議に権威を認めるのは、間違いというものでしょう。*014

ここで言及されている公会議とは、一五四五年一二月一三日、イタリアに近いドイツの町トリエントの聖堂で開会され、一五六三年一二月四日に終了したカトリック教会総会議を指す。宗教改革との対抗上、教義の確定がローマ・カトリック教会にとって緊要な課題となったことが、その開催の直接の理由であった。この会議における重要な決定事項としては、教会が是認する聖書の読み方を聖書解釈の唯一の規準にしたこと、聖書と教会の伝統（traditio）とを等価なものと見なしたこと、聖餐に関して化体説（transsubstantiatio）の教義を確認したことなどが挙げられよう。この公会議によって近代カトリック教会の基礎が形作られたと同時に、ローマ・カトリック教会が閉鎖的性格を強めていくことにもなったのである。というのも、会議における投票権は司教にのみ与えられ、すべての決議は教皇の批准を要する純然たるカトリック的会議であり、さらに実質的にはイタリア・スペイン主導型の会議であったからである。そうした閉鎖的性格のゆえに、プロテスタントはこの公会議には出席しなかった。

ライプニッツは、この公会議のいわば《物神化》が西欧社会にとって恐るべき桎梏を生み出すのではないかという懸念を、次のように表明している。

トリエント公会議における事柄のいっさいが、たとえこの世で最上のものであっても、〔中略〕やはり、そこから導き出される帰結が原因となって、公会議に必要以上の権限を与えるという害悪が生じるでしょう。もし、ある一つの国だけが絶対的な力をもつような会議が、普遍的な教会（l'Église universelle）の諸権利をわが物顔に主張しうるとすれば、それは陰謀に勝利を得させる手段を是認し堅持することになるでしょう。〔中略〕すでにペリッソン氏に書いたことですが、私の理解するかぎりでは、フランス国民はトリエント公会議を世界的なものとは認めていません。それにドイツでも、私たちの近隣の司教たちを統轄しているマインツの大司教がそれを認めていません。教皇の無謬性に対抗して教会の自由を保持した点はフランスの功績です。この自由がなかったら、西洋の大部分はすでに束縛を受けていただろうと思います。[*015]

ライプニッツはこのようにトリエント公会議の普遍性・世界性に対して強い疑念を呈示し、さらにそのこととの関連で、ローマ教皇に対する相対的独立性を保持してきたフランスのカトリック教会（ガリカン教会）の立場を肯定的に評価して、なんとしてもフランスを和解交渉の場に参画させようと一石を投じたのである。フランス国王による教皇のアヴィニョン捕囚——教皇ボニファティウス八世が一三〇三年、フランス王フィリップ四世により監禁され、一三〇九年から一三七七年までの約七〇年間、教皇座が南仏アヴィニョンに置かれたこと——が如実に物語っているように、ガリカニスムは、教皇が教会の最高権威であり首長であることは認めるが、世俗的な事柄に関する教皇の容喙を排除し、ガリカン教会の自由（liberté de l'Église Gallicane）を擁護する。ライプニッツにはこのガリカニスムが、新旧両教会の和解交渉を進捗させるための格好の手がかりと思われた。

しかし、こうしたライプニッツの働きかけがボシュエを和解交渉の場に引っ張り出すには、いま少しの時間を要した。同じ年の九月、ライプニッツはまたブリノン夫人に書簡を送り、引き続きトリエント公会議を問題視する。その文面に照らしてみるかぎり、ライプニッツは既存の「可視的」教会としてのローマ教会を超えた、《不可視的教会》の普遍的な共同性の地平を望見していたように思われる。

ライプニッツはまず、「異端」を「質料的〔外形的〕異端（hérésie matérielle）」と「形相的〔本質的〕異端（hérésie formelle）」とに区別し、ローマ教会という「可視的（visible）」教会が規定する「異端者」を「質料的異端者、すなわち名目上外見上の異端者（des hérétiques matériels, ou des hérétiques de nom et d'apparence）」と捉え直す。「質料的異端者」とは、「教会の外部に（hors de l'Église）いるように見えて、それでもじっさいには内部にいる人々、あるいは、教会の可視的な共同体（la communion visible de l'Église）の外部にいて、克服しがたい誤謬を犯しているにもかかわらず許しうると判断されている人々」を意味する。[*016] ライプニッツによれば、「もし彼らがさらに慈愛と改悛の情をもちあわせていれば、彼らは潜在的に教会の内部にいることになり（ils sont dans l'Église virtuellement）、〔中略〕可視的に教会の内部にいる人々（ceux qui y sont visiblement）

と同じようにきちんと救われる」のである。[*017]

ローマ・カトリック教会の信徒から見れば、教会の決定を知りながら良心のゆえにこれに抗する者は、自ら救済の埒外に身を置いた「形相的異端者」であろうが、ライプニッツの考えでは、このように暗に標的とされていたプロテスタントは「質料的異端者」にすぎず、けっして「形相的異端者」として断罪されるべきではなかった。[*018] 現存のローマ・カトリック教会の共同性を絶対視する価値観に立脚すれば、その共同性に無条件に服する者だけが教会の内部にいることになり、したがってまた救いの途を見出しうることにもなるであろう。しかしながら、ライプニッツにとっては、そうした内部・外部という固定的な枠組みにいかにして揺さぶりをかけるかということこそが問題であった。

例えば、カトリックとプロテスタントとの交流の復活に熱心であったペリッソンの考えでは、「教会合同を実現する唯一の現実的なやり方は、プロテスタントたちが彼らの誤りを自覚してローマ教会に戻ることであった」。[*019] ライプニッツは、「ある論争において真に普遍的な、つまりカトリックな教会の権威に訴える必要性を斥けたのではなく、救済に関わる問題における普遍的教会の無謬性を受け入れさえした」のであるが、ペリッソンとは反対に、「ローマ教会をこの普遍的教会と同一視しなかった」のである。[*020]

要するにライプニッツの立論を支えていたのは、既成の枠組みの自明性の皮膜を剝ぎ取ることによる教会観念そのものの変革への志向なのである。ブリノン夫人宛書簡におけるトリエント公会議への執拗な言及も、そのような根本志向が紡ぎ出したものと言えよう。少し長いが、重要な文面なのであえて引用しておきたい。

プロテスタントがトリエント公会議に対して不平を抱いたことは誰もが知っています。それはこの会議が世界的性質（la qualité d'œcuménique）を具えているかどうかを争うためであったようです。また、フランス国民がこの公会議に対して行った抗議を、人は知らぬわけではありません。〔中略〕公会議の普遍性（l'universalité）について争うのは、別段新奇なことではないのです。コンスタンツ公会議とバーゼル公会議はイタリアでは承認されておらず、ラテラノ公会議もフランスでは承認されていません。教皇が信仰告白によってトリエント公会議を間接的に承認させようと試みたとはいえ、それで十分なのかどうか、私には分りかねます。少なくとも貴族、第三身分、それに廷臣たちは、アンリ四世の死後開かれた王国の議会において、トリエント公会議を受け入れてはいませんでした。カトリック教会の諸決定に従う気になったとしても、じっさいには誤りを犯しているため、トリエント公会議が世界的なものであったことを信じないプロテスタントは質料的異端にすぎない、とカトリックの神学博士たちが認めたことを私は承知しております。なんらかの世俗性が混入しているにもかかわらず、この公会議の決議書に豊かな叡智と良き秩序が示されているのは本当です。〔中略〕そういうしだいですから、私はトリエント公会議に異議を唱える者たちの仲間に加わってはおりません。しかしながら、この公会議が世界的なものであることは証明しがたいのではないかと思われます。〔中略〕たとえトリエント公会議が必要な形式性を具えていたとしても、なお別の重要な考察が必要です。つまり、この公会議の諸決定は、おそらく人が想像するほどプロテスタントに対立するものではないということです。その決定条文は、しばしばいく通りかの解釈を容れる余地をもっています。ですから、プロテスタントは、将来の一般的な公会議で教会の決定が下されるまで、自分たちがもっとも適切と判断する解釈を受け入れる権利があると信じてよいでしょう。そういう公会議においてこそ、プロテスタント教会は他の特定の諸教会に加わることを認められて然るべきだ、というプロテスタント教会の主張には正当な理由があるのです。*021

ライプニッツはこのように「質料的異端」という概念を手がかりにして和解交渉への突破口を探りながら、さらに、論点をトリエント公会議から少しずらして、「破門」の問題をも取り上げる。

トリエント公会議を別にすれば、〔中略〕カトリック教会はプロテスタントを破門したわけではないと言うことができます。あるイタリアの教会（quelque Église italienne）が破門を行うにしても、カトリック教会はその権力を超えており、相互の破門という事態をそのイタリアの教会が自ら招くように仕向けると言ってよいでしょう。フランスの司教たちがかつて教皇に対して、「破門するために来た者は、破門されて去るであろう」と言ったのと、事情はほぼ同じなのです。〔中略〕一つの特殊な教会（une Église particulière）がどれか別の特殊な教会もしくは何らかの国家を破門する時、また、首都大司教のいる教会がその管轄下にある一つの教会を破門する時、もしくは、ある司教が誰か君主ないしその司教区の個人を破門する時でさえ、その宣告は神託ではありません。そのような宣告は、無効という欠点のみならず、不正という欠点をももちうるのです。世俗の裁判官が下す判決は人間の手で執行されるとはいえ、聖職者の不正な判決を神が魂に対して執行すると信じてはならないからです。*022

ここで言われている「カトリック教会」が、先の書簡の「普遍的な教会」を指しているかどうかについては断定しがたいが、少くとも、ライプニッツがローマ・カトリック教会を「あるイタリアの教会」＝「一つの特殊な教会」として論理的に相対化しうる地平を設定していることは確かである。

ライプニッツがあるべきカトリック教会をどう考えていたかを知るには、一六八三年から八七年にかけてエルンスト・フォン・ヘッセン=ラインフェルス方伯との間で交わされた書簡も検討する必要がある。あえて少し迂路を辿ってみよう。ライプニッツは一六八四年一月一一日付の方伯宛書簡で、自分がルター派にとどまる理由を説明している。ライプニッツはまず、カトリック教会の「内的共同体」と現存の可視的な「外的共同体」とを区別する。つまり、《不可視的教会》と《可視的教会》との区別が、カトリック教会の捉え方に関するライプニッツの立論の根本機制なのである。

「例えば、誤謬もしくは判定者の悪意によって不当に破門された時がそうであるように、人はカトリック教会の内的共同体(la communion intérieure de l'Église Catholique)に属していても、外的共同体に属するカトリックではないということがあり得ます。〔中略〕この内的共同体によって教会の成員でありたいと思う者は、位階制度の不断の継続によって認知することのできる可視的なカトリック教会の外的共同体(la communion extérieure de l'Église Catholique Visible et reconnaissable par la succession continuelle de son Hiérarchie)にも属するためには、可能なかぎりの努力を払わなければなりません。」[*023]

しかしながら、ライプニッツによれば、「教会においては、救済に必要な信仰箇条は無謬であるとはいえ、他の何らかの誤謬もしくは濫用が精神に忍び込み、教会の成員になりたいと望んではいても、正反対の事についての証明をもっていると信じている人々に同意を強要し、彼らが誠実でありたいと思っているかぎり外的共同体に属してはいられなくなる、といった事態が起こりうる」[*024]。こうした事態は、「感覚」に依存する事実上の事柄においてだけでなく、「推論」に依存する諸問題においても起こる、とライプニッツは考えた。ローマ教皇が、地球が丸いということは実に不合理で信仰の類比に反してさえいると信じて、同時代の天文学者に見解の取消しを強要した場合とか、教会が天文学者に、コペルニクスの思想体系を否認するよう強要した場合などがそうである。見解というものは、意志の支配力に従属したり人が訳もなく変更できたりするような事柄ではない。ライプニッツはこのように述べたのち、さらに言葉を続ける。

私はと申しますと、私が証明をもっていると信じる哲学上の見解がいくつかあります。私の理性を満足させる方法が見つからないかぎり、それらの見解を変えることは私の精神状態では不可能です。これらの見解は、私の知るところでは、聖書にも伝統にもいかなる公会議の決定にも対立しないにもかかわらず、その反対が信仰に属すると思い込んでいる宗派の神学者たちが、幾度となく否認し正しくないと宣告せずにはいません。そうした宣告を避けるために私はそれらの見解を包み隠しておくことができる、と人は私に言うでしょう。しかしそうはいかないのです。というのも、これらの命題は哲学においてとても重要なものだからです。真理の探究と人知の前進について私がもっていると信ずる重要な発見に関して、いつか私が自分の見解を述べたいと思う時には、それらの見解を根本的なものとして提示しなければなりません。なるほど、もし私がローマ教会において生を享けたのでしたら、教会を出て行くのは私が追い出された時だけでしょう。〔中略〕しかし現在のところ、私はローマ教会の共同体の外部で生まれ育ったものですから、その共同体に入るために罷り出ることは誠実ではありませんし、またそういう事態は起こらないと思います。[*025]

ライプニッツは、「私が享受している精神の真の安らぎと良心の平安を保つことができさえすれば、いかなる犠牲を払ってもローマ教会の共同体の内にいたいと思っております」というように、条件つきながらも、現存の可視的教会としてのローマ・カトリック教会に歩み寄る姿勢を示してもいたためであろうか、方伯は書簡を通じて、ライプニッツにカトリックへの改宗をしきりに勧めた。ライプニッツが改宗すれば、その改宗が一つのすばらしい実例になるだろうというのが、方伯の考えであった。方伯の側から見れば、ライプニッツがルター派にとどまる口実としている哲学上の諸問題は、改宗の障害となるような性質のものではなかった。なぜなら、方伯自身、カトリックの信者であったけれども、教皇の無謬性を否認し、その点に関する宗教裁判所の非難をはねつけていたからである。

しかしながらライプニッツは、自分がもしカトリックであったならば、哲学上の諸命題が信仰箇条に何ら関係していないという非難を受けたのがもとで教会を去るようなことはしなかったであろう、とすでに釈明していた。ところがライプニッツは、当時のいわゆるカトリックではなかったから、彼が置かれている状況は、方伯の場合とは自ずから異なっていたのである。[*026] 約言すれば、ライプニッツは、救済に必要な信仰上のあらゆる事柄において教会は無謬であることを認めてはいたけれども、カトリック教会の「内的共同体」とは区別された「外的共同体」としての可視的教会が、正反対の事が証明される時でさえ、科学上哲学上の諸問題でいくつかの誤りを受け入れることをその成員に要求する点には、「精神の真の安らぎと良心の平安」の享受を願う立場から強く反対したのである。ライプニッツがカトリックへの改宗の勧誘を拒み続けた理由もまた、そこにあった。

ライプニッツがブリノン夫人宛の書簡で開陳している、あるべき《カトリック》の観念が、「可視的」教会の「外的共同体」とは区別された「不可視的」教会の「内的共同体」に相通ずる観念であることは、これまでの引用から察せられよう。ライプニッツは、あるべき《カトリック》を超越的な地平として設定し、その設定と相即的に、ローマ・カトリック教会＝「一つの特殊な教会」による破門宣告が可謬的なものであり、したがって「神託」とは峻別されなければならないと主張する。ローマ・カトリック教会が自己相対化の視点を欠いて破門という不寛容な挙に出るかぎり、宗教的党派相互の破門の応酬は不可避であろう。ライプニッツが、ローマ教皇に対して一定の独立性を保持してきたガリカニスムの伝統を引き合いに出して言おうとしたのも、その点であった。

ライプニッツが以上のような考えをブリノン夫人に披瀝しようとしていた時、ボシュエのほうでも、偶然にもライプニッツと同じ日付でブリノン夫人に書簡を認めていた。次節では、そのボシュエの書簡を手がかりに、和解交渉の場に参画したボシュエの基本的立場を考察してみよう。

3. ボシュエの参画

ボシュエは一六九一年九月二九日付のブリノン夫人宛書簡で、新旧両教会の合同計画について次のように述べている。

このような合同計画で間違いを犯さぬためには、次のことを十分心得ておかなければなりません。すなわち、ローマ教会は取るに足りない条項や宗規上の問題に関しては、時と場合に応じて歩み寄りを示すことがあっても、定められた教説、とくにトリエント公会議で定められた教説については、いかなる視点からもけっして譲らないだろうということです。〔中略〕ライプニッツ氏はしばしばペリッソン氏に、この公会議は王国では受け入れられていないと異議を唱えています。取るに足りない宗規のある部分に関しては、それは教会が変更できる事柄ですから、なるほどライプニッツ氏の言う通りです。しかしながら、神によって啓示され、そのようなものとして定められた教説が変質を被ったことは一度もありません。この点に関しては、トリエント公会議全体をフランスでも他のどこでも皆がこぞって認めております。〔中略〕西方教会は、西洋が満場一致の同意によって確立した宗式を、西洋の新しい宗派が自発的にその固有の権威に基づいて放棄したことを是認してはおりません。そういうしだいですから、われわれは、ルター派およびカルヴァン派は西洋全体の慣習を変えるべきではなかったと考えております。そうした変更は、これに反して、教会の首長の命により、またその権威と同意を以って行われるべきなのです。なぜかと申しますと、従属関係なくしては、教会自体が奇怪な集合体以外の何物でもなくなり、各人が好き勝手に振舞い、教会全体の調和を乱してしまうからです。[*027]

聖体拝領をパンと葡萄酒という「二つの形色」で行うことなどについては、ルター派に同意することはできる。しかし、教会制度に徴するかぎり、「決定された教義の根本」に関しては絶対に妥協の余地はない。もしそこで妥協すれば、カトリック教の土台を破壊し、この宗教全体を口喧嘩の真只中に投げ込んでしまうことになるのは分りきっている。[*028]ボシュエはそう考えていた。

教会合同計画の場に臨むボシュエの基本的立場の一端は、この文面に読み取れるが、ライプニッツとの往復書簡の内容に立ち入る前に、ボシュエの思想の骨格を、他のいくつかの著作に照らしていま少し明らかにしておきたい。

ボシュエは一六八八年に出版した『プロテスタント教会変異史』(*Histoire des Variations des Églises protestantes*)の序文で、「神から賜わったカトリックの真理ははじめから完全性を具えている。人間精神の脆弱な産物である異端は、ぶざまなつぎはぎ細工によって作られるものでしかない」[*029]と断言している。この『変異史』に対してプロテスタントの側から批判が起こったが、その批判への反論として書かれた『プロテスタントへのいましめ、第一』(*Premier Avertissement aux Protestants*, 1689)においても、神に由来する真理の完全性に対する揺るぎない確信がほぼ同じ表現で繰り返し語られている。[*030]そのことからみても、ボシュエの信念は、少くとも教会合同のための和解交渉に参画した時点では、『変異史』

の序文で断言された格率に要約されていると言って大過ないであろう。アザールも指摘するように、ボシュエにおいては、福音書に書き記され奇蹟によって保証されている一つの真理、それは神的なものであるがゆえに完全にして不変なのである。[*031] 教会の役目はその守護者たることにあり、教会が守護する不動の真理に個々人は従順でなければならない。真理をめぐって個々人が意見をもつことは、教会によって異端者の烙印を押されることを意味する。

ボシュエは『変異史』のなかで、カトリック教会の教理を次のように雄弁に説く。

カトリック教会の教理は、犯すべからざるつながりをもった次の四つの点に存する。第一に、教会は可視的であり（l'Église est visible）、第二に、教会はつねに在る（elle est toujours）。第三に、福音書の真理は、教会において教会という結合体全体によって公言される。第四に、教会の教理から離れることは許されない。言い換えれば、その教理は無謬であることを意味する。

第一点は恒常的な事実（un fait constant）に基づいている。つまり、教会という言葉は、聖書においては、したがってまた信者の共通の言葉遣いにおいては、可視的な結合体（une société visible）を意味するということである。〔中略〕

教会はつねに在るという第二点は、それに劣らず恒常的である。これはイエス・キリストの約束に基づいており、この約束に関しては、あらゆる党派において意見が一致しているからである。

このことからきわめて明晰に、第三点、すなわち真理はつねに教会という結合体によって公言されるということが推論される。なぜなら、教会は真理の公言によってのみ可視的であり、したがって、もし教会がつねに在り、つねに可視的であるならば、教会がつねに福音書の真理を教示し公言するということしか起こりえないからである。以上のことからさらに第四点、すなわち、教会が誤っていると発言することも教会の教理から遠ざかることも許されないという事態が明晰に導かれる。〔中略〕このような教理ほど簡潔で明晰で首尾一貫したものは何もない。[032]

教会の可視性、教会という存在の恒常性、福音書の真理の担い手たる教会、そして教会教理の無謬性、これら四つの事柄の犯すべからざる推理的連結で存立するカトリック教会の教理に、個人的見解が容喙する余地はなかった。ボシュエは『教会の約束に関する教書、第一』(*Première Instruction pastorale, sur les Promesse de l'Église*, 1700) のある箇所で、「カトリックおよび異端者（エレティック）という言葉の起源」を規定している。「異端者とは意見をもつ者 (celui qui a une opinion) であり、それはこの言葉自体が意味するところである。意見をもつとはどういうことか。自分自身の考え、自分の個人的な見解に従う (suivre sa propre pensée et son sentiment particulier) ことである。しかしカトリック教徒はカトリック、すなわち普遍的であり (le Catholique est catholique, c'est-à-dire qu'il est universel)、個人的な見解をもたず、躊躇なく教会の見解に従う。[033]」ライプニッツの文通相手となる司教は、「教会」の無謬性に関するこのような明快すぎるほどの論理を携えていたのである。

ボシュエが一六七一年に『カトリック教会教理の表明』を公にした時は、のちの『変異史』や『プロテスタントへのいましめ』などに見られるような、プロテスタントを実質的に異端者として不寛容に扱う態度は必ずしも前面に押し出されてはいなかった。『表明』の冒頭に次のような一節がある。「このわれわれの教理の表明は二つの良い結果を生むだろう。一つは、幾多の論争がわれわれの信仰の誤った説明に基づくことを人が認め、これにより、それらの論争が完全に消滅すること。いま一つは、残った論争も、自称改革派の原理によれば彼らが当初信じさせようとしたほど重大なものには見えなくなり、その原理に従えば、信仰の基礎を少しも傷つけるものではなくなることである。」[*034]この著作は、「ユグノー」——ボシュエの言う「自称改革派の宗教を信奉する人々(Messieurs de la Religion prétendue réformée)」——をローマ教会の共同体へと復帰させようと努める過程で一六六八年に書かれたが、ボシュエが公刊を拒んだため、数年間、手稿のままで回覧されていたのである。

その執筆意図は次のようなものであった。第一に、カトリック教会の教理が実際にはいかなるものであるかを示し、誤ってそれに帰せられている諸理論を区別すること、第二に、彼の発言をトリエント公会議の諸決定によって基礎づけること、第三に、プロテスタントとカトリックとの分離の根拠となっている事柄に注意を限定すること、第四に、理論的な事柄は何も述べず、カトリック教会によって公的に定められた事柄のみを述べることである。[*035]この『表明』は、プロテスタントとの和解を求める穏健さが叙述の基調をなしている点で、読者に深い感銘を与え、同時代の「ユグノー」に大きな影響力を発揮した。

これはさまざまな言語に翻訳されたが、著者はその翻訳の正確さを期するために細心の注意を払った。イタリア語に翻訳されるさいには、その任に当たったある神学者に、一語たりとも変更を加えぬよう求めたほどである。もし翻訳の段階で原文にはない語句が混入するようなことがあれば、フランスのカトリシスムはローマのそれと同じではないという「ユグノー」の意見が正当化され、この作品の効果が取り返しのつかぬほど損なわれてしまうだろう。ボシュエはイタリア語版の翻訳者にそう念を押した。[*036]

ライプニッツはこの著作を絶賛しただけでなく、自著の『神学体系』(*Systema theologicum*, 1683)において、プロテスタントの側から相呼応するかたちで信仰の表明を書き、心底から和解を求める態度でカトリックの原理に接近しようと努めたのである。アザールの分析によれば、「軽率な人や極端な人が持ちこんだ余計な荷物をカトリックの教理からとりのぞき、基本的な信仰箇条は共通していることを証明し、聖人崇拝、聖像、聖遺物、免罪符、秘蹟、恩寵による義化などについてもできるだけ妥協的な説明をし、教会の伝承と権威を正当化して、化体の信仰だけは現実的な障害であるがこれすら解決不能ではないことを示したこのボシュエの行為は、大方の新教徒も感激したほど寛容で誠意に充ちたものだった」。[*037]

しかしながら、一六八五年、それまでプロテスタントに信教の自由を保障していたナント勅令がフォンテーヌブロー勅令によって廃棄されたのを機に、事態は新しい局面を迎える。ルイ一四世がこの廃棄を断行する以前からすでにナント勅令は空文化され、「竜騎兵」によるプロテスタント迫害が行われていたのであって、フォンテーヌブロー勅令はそういう動きを追認したものにすぎなかったとも言えるが、これを機に牧師の追放、プロテスタントの亡命禁止、教会の破壊等々の措置を通じて、信仰の強制が一層激化したことは確かである。[*038] ルイ一四世は「ナントの勅令」廃棄の直前、ボシュエを説教者に選び、ボシュエは一六八五年一〇月二一日、宮廷で「強いて入らしめよ」という聖書の一節をテクストに用いて説教を行った。[*039] 以来、「新教徒は彼をただの論争相手ではなく、文字どおり敵の一人にかぞえざるをえなくなった」[*040]のである。ボシュエが教会合同を主題とする書簡をライプニッツと交わし始めたのは、皮肉にも、このような確執が生まれて以後のことであった。

4．プロテスタント側の方法意識

では、新旧両教会の合同計画に臨むドイツのプロテスタントたちは、基本的にはどのような方法意識に立脚していたのであろうか。また、モーの司教ボシュエは、それにどのような対応を示したのであろうか。本節と次節では、その点をいくつかの文書に照らして明らかにしてみよう。

なお、本節ではまずプロテスタント側の方法意識を考察し、ボシュエの対応の分析は次節に譲るが、次節への布石の意味で、教会合同をめぐって作成された文書のうち代表的なものをあらかじめ概略的に紹介しておきたい。

プロテスタント側の方法意識を示す当時の代表的な文書としては、ハノーファーを拠点とするプロテスタント神学者たちが一六九一年に作成した『キリスト教徒の普遍的教会合同に関する規則』(*Regulæ circa christianorum omnium ecclesiasticam reunionem.* 以下、『規則』と略記)[*041]と、ロックムの僧院長モラヌスが一六九一年の一一月から一二月にかけてハノーファーで執筆した『プロテスタント教会をローマ・カトリック教会と合同させる方法に関する私見』(*Cogitationes privatæ de methodo reunionis ecclesiæ protestantium cum ecclesia romano-catholica.* 以下、『私見』と略記)[*042]とがある。ライプニッツはこの『規則』をきわめて重視し、教会合同の規準と見なしていたほどであった。『私見』は、公表しないという条件でボシュエに個人的に送られた文書である。ライプニッツはこれを、一六九一年の一二月中にブリノン夫人を介してボシュエに送付した。一六九二年一月一七日付のボシュエのライプニッツ宛書簡[*043]は、それの受領を報告している。

『規則』の写しが各方面に配付された時、モービュイッソン女子大修道院はルター派の交渉開始を歓迎し、修道院長は秘書ブリノン夫人を通じて写しを一部、モーの司教に急送した。ボシュエは謝意を表したが、その時点では『規則』にそれ以上注意を払わなかった。時が過ぎても何も起こる気配がなかったので、修道院としてもいささか心配になり、ブリノン夫人が再度、ボシュエに書簡を書き送った。ボシュエは件の文書の写しを紛失してしまったことを認めざるを得ず、写しをもう一部送ってもらったのである。

その間、モラヌスは『私見』と題する重要な文書を作成していた。カトリック教会の教義と勤めにルター派が感じている主要な困難が注意深く説明されたこの文書に接して、ボシュエはさっそく興味を示し、それに関する感想を書きとめた[*044]。ボシュエはモラヌスの『私見』とそれに対する自分の感想の双方を自らフランス語に翻訳し、一六九二年八月二八日、ライプニッツ宛に発送する。その送り状の文面によれば、送付の直接の理由は、ハノーファー公妃が合同計画に参加できるようにというボシュエの配慮にあった。*045 ボシュエはこの送り状のなかでも、合同計画にとって障害となる事柄を率直に指摘しており、その意味で送り状自体も重要と思われるが、具体的な内容に関してはのちに触れることにする。

ドイツのプロテスタントに対するローマ・カトリック教会の代弁者の立場を明快に示した文書としては、ボシュエが一六九二年の四月から七月にかけてモーで書いた感想『「プロテスタント教会をローマ・カトリック教会と合同させる方法についての私見」と題する文書について』(*De scripto cui titulus: Cogitationes Privatæ de methodo reunionis Ecclesiæ Protestantium cum Ecclesia Romano-Catholica*)がある(ボシュエ自身による仏訳の表題は『モラヌス師の文書に関するモーの司教の考察』(*Réflexions de M. l'Évêque de Meaux sur l'écrit de M. l'Abbé Molanus*)であるため、以下、『考察』と略記)。以下、主にこれらの文書に照らして、新旧両教会の合同をめぐる当時の問題状況、および各当事者によるその問題状況の把握の仕方をさらに解明してみることにする。

さて、ライプニッツが教会合同の規準と見なしてつねに立ち戻っていた『規則』とは、どのような見解を盛り込んだ文書であったか。この文書は一〇箇条の規則から成り、なかにはさらにいくつかの細則で構成されている部分もある。まず、その骨子と思われる箇所を引いておく。

> この普遍的合同は可能であり、それ自体としてみれば、あらゆる国々にとっても各個人にとっても、精神的かつ物質的な満足の源泉となるであろう。それゆえ、全キリスト教徒は、神の法と人間の法及び帝国の議会の法に従い、状況に応じて能うかぎりこの合同の実現に寄与専一でなければならない。また、誰が反対しようとも、異端者と反逆者についても論じなければならない。(「規則一」)*046

この合同に到達するためには、真理を否定することも、その真理を発見する方法をなおざりにすることも許されない。全能なる主は言われる、『平和と真理を愛せよ』(Zachar, VIII. 19) と。(「規則二」)[*047]

けれども、対立する党派の人々のためにすべての真理を発見することは必要ではなく、当を得てもいないし許されてもいない。彼らにすべての誤りを明白に放棄するよう強いることもまた然り。現在の如き状況の下では、二つの党派の聖職者たちにそのようなことを要求すれば、要するに民衆の心のなかで聖職者たちの権威が著しく失墜するのは必至である。そうなると、合同計画を根底から覆すことになろう。(「規則三」)[*048]

合同に達するためには、二つの党派が、啓示され明確に示されたあらゆる箇条に関して潜在的に一致しなければならない。言い換えれば、信仰上の同じ諸規則に、また論争の同じ究極的な裁定者に服するという点で、明白に一致しなければならない。〔中略〕これらの規則がいかなるものであり、また、この裁定者はいかなるものであるかと問われれば、聖霊の導きと内的決定および神の外的な言葉 (la direction et la décision intérieure du Saint-Esprit et la parole extérieure de Dieu) がその第一の規則であり、普遍的教会 (l'Église universelle) によって与えられるこの同じ言葉の解釈が第二の規則であると答えよう。(「規則四」)[*049]

さらに、教会統治のある一般的形式について意見が一致しなければならず、また、良心ないし人格を虐げる可能性のある一切のものを追放する仕方を確立しなければならない。イエス・キリストが自らの信仰を全世界に広めたもうた時、皆との合一と意見の一致を命じられた。現にローマ・カトリック教徒は〔中略〕この点に関してはプロテスタントと意見が一致している。こうした意見の一致を得るためには汎公会議（les conciles généraux）が必要である。精神の多様性は日ごとに新しい問題を生じさせるに相違ないからである。ところが、キリスト教諸国家は今日、無数の異なった君主によって分割されているので、教会統治に関して、少くとも一般的にある種の一体性と従属関係をあらかじめ確立しなければ、一つの汎公会議に結集したり、その公会議の歩みを然るべき方向に導いたりすることは不可能である。（「規則七」[*050]）

プロテスタントの間で、あるいはプロテスタントに対抗して、きわめて活発な議論のテーマになっているか、もしくは、ローマ・カトリック教徒の学派のなかで毎日討議されてさえいるいくつかの問題に関して、同じ流儀で振舞わなければならぬと要求しているのではない。二つの教会の双方によって信仰箇条として決定されているわけではないこれらの問題は、討議に委ねてもよい。しかしながら、いくつかの点に関して、牧人たちの沈黙から、彼らが信仰箇条をなおざりにしているとか疑っているとかいうことを結論づけないためには、とりわけ和解に着手する時は、人々に次のことを理解させる必要があろう。すなわち、人はそれらの点に関してまだ完全に和解するまでには至っていないが、このような場合に使徒たちや普遍的教会がつねに行ったことを行う決心を、平和に対する愛に基づいて固めているということである。それゆえ、ローマは人々に聖盃の使用を回復させ、君主に諸権利を委ね、聖職者の妻帯を認め、彼らの叙階を堅固なものにしなければならない。また、プロテスタントの側としては、彼らが去った西方ローマ教会に戻り、団結して古くからの指導者に服さなければならない。ただし、福音主義の自由（la liberté évangélique）を棄て去ることなくである。（「規則九」)[051]

信仰の根本規則はいかなるものであるか、とあなた方は問うだろう。既述の如く私は次のように答えよう。聖霊は主として信者を彼ら自身の内面へと導くところのものであり、外面について言えば、神の言葉が諸決定の唯一の基礎であるということになんら障害はない、と。われわれが根本的と呼ぶ規則はこの二つだけである。この二つにいわば従属する下位の規則を第三番目として付け加えよう。すなわち、共通の同意の下に採択された聖書解釈がそれである。この解釈は〔中略〕古代および現代の教会の宗式によって権威づけられたものであるか、あるいは、公正かつ自由に開催される新しい世界公会議(un nouveau concile œcuménique, tenu légitimement et librement)によって是認されるであろう解釈である。(「規則十」)[052]

以上、『規則』のなかからその骨子と思われる部分をあえて長く引用してみた。この文書が原則論と情勢論とを織りまぜたものであることは、いま引用した部分に徴するだけでも明らかであろう。敷衍して言えば、この文書全体を貫いているのは、「良心」の担い手としての「人格」のありようを重視し、原則的にはどこまでも「福音主義の自由」の堅持を目指しつつ、それでもなお教会合同を通じてヨーロッパの平和を実現するためには、ローマ・カトリック教会への歩み寄りも辞さぬという方法意識なのである。

さしあたりとくに注目しておきたいのは、引用文中の「普遍的教会」と「汎公会議」という表現である。「普遍的教会」といっても、必ずしも既存のローマ・カトリック教会を指しているわけではなく、また「汎公会議」もけっして、ローマ・カトリック教会が絶対的な権威を認めてきた従来の特定の公会議——例えばトリエント公会議——を意味しているのではない。つまり、「普遍的教会」にせよ「汎公会議」にせよ、実現されるべき新しい共同性として未踏の方向に構想されているのである。そのような方向性を、『規則』という文書を通じて打ち出したところに、プロテスタント側の自己主張があった。可能なかぎりローマ・カトリック教会に譲歩して、宗教上の対立を和解へと導き、そうすることで、ヨーロッパの平和と、ヨーロッパ的連関網に組み込まれたドイツの安全とを同時に確保しなければならない。『規則』が作成された背景に、当代ヨーロッパの国際政治に関するそのような情勢認識があったことは確かである。しかしながら、ドイツのプロテスタントにとっては、これ以上譲れぬ一線があったこともまた確かである。『規則』の言う「普遍的合同」の実現にドイツのプロテスタントが寄与しようとするならば、その試みは、現に在るカトリック教会を相対化し、教会制度の《物神化》に楔を打ち込むことを、少くとも一契機として含むものでなければならなかった。

その意味でこの文書は、教会合同をめぐるライプニッツ個人の言説と共通性を具えていると言えよう。なぜなら、すでに本章2で考察したように、ライプニッツはあるべき《カトリック》を超越的な地平として設定し、その地平から、「位階制度の不断の継続によって認知することのできる可視的なカトリック教会の外的共同体」(=ローマ・カトリック教会)を「一つの特殊な教会」と捉え直す姿勢を示していたからである。ライプニッツが『規則』をきわめて重視したゆえんもそこにあった。

ただ、ハノーファーに結集して『規則』という文書の作成に関与したドイツのプロテスタント神学者たちが、こぞって一枚岩的な見解を保持していたかといえば、必ずしもそうではなかった。このことを物語る文書の一つが、モラヌスが個人的に書いた『私見』である。ボシュエの対応の仕方を明らかにするためにも、この『私見』の内容に多少なりとも触れておく必要があると思われる。

5・ボシュエの対応

モラヌスの『私見』は大きく分けて、「提題（Proposition）」と「説明（Explication）」から成っており、後者はローマ・カトリック教会への六つの「要望（Demande）」、新旧両教会間の「論争」の分析等々を含む。モラヌスは新旧両教会の論争を三つの局面に分類して論じているが、その点については、ボシュエの『考察』の論旨との関連でのちに触れる。まず「提題」を引いておく。

プロテスタント教会とローマ・カトリック教会との合同は可能であるのみならず、その重要性からみて、全キリスト教徒一人ひとりに推奨すべきものである。それゆえ、全キリスト教徒は機会があれば、帝国の政令のなかで説明されている神の法、自然の法及び実定法によって、個別にこの合同に能うかぎり寄与しなければならない。*053

以上が「提題」の全文である。一読して明らかなように、これは『規則』の「規則一」をほぼそのまま踏襲した文章である。このことは、モラヌスが『規則』作成の中心人物の一人であったという事情を考慮すれば、別段奇異ではない。しかし、「説明」に至ると、『規則』の主旨をある方向に徹底した感を抱かせるような叙述が見られる。モラヌスは次のように述べている。

良心を傷つけず（sans blesser la conscience）、二つの教会それぞれの名声、諸原理、教義、諸前提をも傷つけずになされる合同の話を私は耳にしている。この合同は、「平和と真理を探し求めよ」という聖書の言葉に基づいて真理が平和と一致することを目指すものである。それゆえ、誰にも、光を闇と呼んだり闇を光と呼んだりするよう強制する（contraindre）ことなく、この一致において各人が自己の良心の活動に従うままにしておき、あらゆる事柄において真理を顧慮し、誤りと思われる事柄をあらゆる手段を尽くして斥けるべきである。〔中略〕本質的な事柄において予備的な合同（une réunion préliminaire）をしたのちは、一方の側がただちに他方の意見に同意すべきである、ということを、もはや諸々の当事者に要求してはならない。民衆はプロテスタントであれカトリックであれ、端から端へと一瞬のうちに移行することは不可能であり、またそのようなことは必要でもない。[＊054]

各人の「良心の活動」を重視している点はさておき、問題は、モラヌスが「本質的な事柄において予備的な合同をしたのち云々」と表現することによって、何よりもまず合同すべしという考え方を暗に押し出している点である。『規則』は複数のプロテスタントの自己主張をいわば最大公約数的に盛り込んだ文書であるにとどまるのに対して、モラヌスの『私見』は、「私見」という性格上、当然といえば当然かもしれないが、『規則』よりも具体的に踏みこんで合同の方法を提示した文書であるように見える。先取りして言えば、だからこそ、プロテスタントとカトリックとの間に横たわる方法意識の対立相をより鮮明に浮き彫りにする結果ともなったのである。モラヌスは六つの「要望」を述べた箇所で、「プロテスタントは、聖体拝領はつねに永久に二つの形色のもとで執行されなければならぬと確信しているとはいえ、教会の位階制度と公正な公会議に服する意向をもっているプロテスタントを、ローマ教皇は真の教会の構成員として認めること[＊055]」、「ローマ教皇はプロテスタントに、聖体拝領抜きの私的もしくは個人的なミサを受け入れるようせかさぬこと[＊056]」、「ローマ教皇は全面的に、プロテスタント教会が神の前での罪人の義認（justification）

に関する教義を保持するに任せること[057]」などを具体的に挙げている。しかしながら、「二つの形色」のもとでの「聖体拝領」や「神の前での罪人の義認」は、ルター派プロテスタントにとっては文字通り「本質的な事柄」であったはずである。そうした「本質的な事柄」においてまず「予備的な合同」を行うとは、どういうことなのか。ボシュエが鋭く噛みついたのはその点であった。

とはいえ、ボシュエは『考察』において、モラヌスの『私見』が提示した合同計画が、手続きの順序を変えるだけでよいと言えるほど、和解交渉の開始としては全般的に優れたものであると評価しており、プロテスタントとカトリックとの「論争」をめぐってモラヌスが試みた分析作業に関しても、ボシュエはその分析作業を当初から全否定するような態度に出たわけではない。

因みに、モラヌスは「論争」でとくに問題となっている事柄を次のような三つの局面に分類している。第一の局面は、使用されるさまざまな言葉の多義性に由来するものである。例えば、祭壇のサクラメントが「犠牲（un sacrifice）」であるかどうか、サクラメントは七つなのか、それとも二つだけなのか、罪は本当に「義認」によって取り除かれるのかどうか、といった問題がそれに当たる[058]。第二は、プロテスタント教会とカトリック教会のいずれにおいても肯定と否定とが「許容される（toléré）」類いの問題。死者のための祈り、聖処女マリアの無原罪の懐胎など、七つの実例が挙げられている[059]。そして第三は、両教会が真っ向から対立するように見える問題であり、主として化体、聖人への祈願、画像崇拝、煉獄、神権に基づくローマ教皇の裁治権などを含む八つの実例に即して問題点が叙述されている[060]。ここでその詳細に立ち入る余裕はないので、ボシュエの対応の仕方を明らかにするのに必要と思われる範囲で、手短かに言及するにとどめておく。

先ほど述べたように、モラヌスが「論争」の第二の局面に位置づけている問題のなかに、死者のための祈りと聖処女マリアの無原罪の懐胎という教義がある。死者のための祈りに関して、モラヌスは、それが全ローマ教会と一部のプロテスタント教会によって是認されていると指摘する。アウクスブルク信仰告白はその祈りが合法的であることを宣言しているが、まだそれを認めていないプロテスタントもいる。それゆえ、公会議において、平和のためにこの祈りに同意するようプロテスタントに求めなければならない。[*061] これに対するボシュエの返答を要約すれば、もし一部のプロテスタントが死者のための祈りを是認し、残りのプロテスタントも、その祈りがルター派によって是認されていることに同意すれば、カトリック的信念との一致は促進されることになる、というものである。[*062]

また、聖処女マリアの無原罪の懐胎という教義に関して、モラヌスの見るところでは、ローマ教会にはそれを是認する者と拒否する者がいる。プロテスタント教会全体は、この教義を拒否している。それゆえ、平和のために後者の見解に忠実であるようカトリックに求めるべきである。[*063] このようなモラヌスの言説を支えているのは、一方の教会で、ある見解を是認する者と拒否する者とがいる場合、その見解よりも他方の教会全体で是認されている見解の方を選ばなければならない、という論法である。[*064] これに対してボシュエは、ローマ教会の一部だけでなくローマ教会全体が聖処女マリアの無原罪の懐胎を、どのように考えてもよい問題であって信仰には関わらないと見なしている、と答えた。約言すれば、ボシュエは、言葉の多義性に由来する問題や肯定・否定両方の考え方が許容される類いの問題に関しては、モラヌスの分析に強いて異を唱えるようなことはしていない。ところが、新旧両教会の間で真っ向から対立するように見える問題となると、事情は異なってくる。

モラヌスは、そうした問題の一つとして「化体(la transsubstantiation)」を取り上げ、おおよそ次のような考え方を披瀝する。「イエス・キリストの身体の現存(la présence réelle du corps de Jésus-Christ)」を認めているプロテスタントの間では、「現存」の方法はさほど重要な関心事ではない。ルター自身、偶像崇拝の危険がないかぎり、「現存」の方法を比較的小さな誤りないし詭弁と見なしていた。プロテスタントはこの問題に関しては、聖別によってパンとぶどう酒に何らかの変化が生ずることは認めている。しかしながら、彼らは普通、そのような変化は偶然であると考えており、したがってパンの実体は変化しないまま、通常のパンであることをやめて聖なるパンになり、最も神聖な使用、すなわちキリストの身体の拝領に供せられる。ルター派のなかには、実体的な変化を是認した者もいたが、モラヌスとしては彼らと見解を同じくすることはできなかった。モラヌスの考えでは、「パンはキリストの身体である」という聖職者たちの不変の言葉を受け入れるところに問題解決の途があった。何らかの驚嘆すべき変化によってパンがキリストの身体になるということで意見が一致しさえすれば、ローマ・カトリック教徒は平和のために、聖体における「化体」の様式の問題を、不可解で説明不可能なままにしておくことが求められている、とモラヌスは主張する。パンはキリストの身体であるという表現を否認せず、そうした表現が古代では遍く受け入れられ、古代教会の博士たちのなかでその表現を喜んで承認しないような者はほとんどいなかったことを認めるよう、プロテスタントにも求めなければならない。[*065] モラヌスはそう考えた。

この「化体」の問題の捉え方に看取されるモラヌスのいわば棚上げ方式に、ボシュエは激しく反論する。すでに指摘したように、なるほどボシュエはモラヌスの『私見』を全般的には肯定的に評価している。しかし、じつはボシュエにとっては、信仰の根幹に関わる事柄を一時的に棚上げしてまでも、とにかく「予備的な合同」を推進しようとする「順序」の設定方法こそが問題であった。ボシュエ自身に語らせよう。

じつを言えば、まず信仰に関わる事柄から始めないということは、ローマにおいてもすべてのカトリック教会においても、奇異に感じられる。実際、著者〔モラヌスを指す――引用者注〕が例えば化体、犠牲、聖人への祈願、聖画等々に関して提案している和解は、実現できるかできないかのいずれかである。もし実現できなければ、この計画全体が無益なものとなるであろう。もし実現できるならば、信仰に関わる事柄から始めなければならないことは容易に理解される。この点を分りやすくするには、著者の考える計画の順序を考察しさえすればよい。その順序とは、著者が予備的と呼ぶところの合同を初めに行い、この合同において、相互の諸原理を傷つけずに同意しうると著者が主張する六つの要望を出すという条件のもとで、ローマ教皇を教権と認め、次に、教義について和解的なやり方で意見の一致をみるために結集し、最後に、意見の一致をみることができなかった点に関する決定を公会議に委ねる、というものである。[*066]

ボシュエから見れば、信仰そのものに関して論争しているかぎり、ローマ教皇を教権と認めることなど不可解な話である。何も意見が一致していない状態にあって、互いに異なった信仰告白をもっていることは確実であるのに、ローマ教会の共同体にプロテスタントを受け入れてくれるよう提案することも、それに劣らぬ厄介事である。[*067]「義認」に関するルター派の教義もまた問題であると言わざるを得ない。ルターの主張によれば、「義認」は「聖化〔成聖〕(la sanctification)」とは別の独立したものとなることは確かである。その結果、「人は悔改め〔悔悛〕(la pénitence)とは独立に義とされる」ことになり、さらには、「義認」が善き意図、すなわち善き行為への決意と改心に先行することになる。善き行為への決意と改心はすべて終始一貫、「聖化」に帰属するからである。このようにルターの教義を確立するということは、信仰心の土台をひっくり返して、人は義とされてのちにはじめて神を愛するのだと教えるに等しい。このことは、ルターやアウクスブルク信仰告白によって承認された同じ原理から引き出される帰結なのである。[*068] このような信仰の本質に関わる事柄の検討から始めずに、「著者が提案しているように合同することから始めて、次に、諸々の重要な事柄を吟味する」という方法は、「順序の転倒」以外の何ものでもなかった。[*069] ここに至って、モラヌスの方法意識とボシュエのそれとの間に大きな隔たりが生ずる。

しかし、そのように言っただけでは、おそらく事態の半面しか表現したことにはなるまい。むしろ、モラヌスを含めたドイツのルター派プロテスタントとカトリックとの間に潜在的に横たわっていた懸隔が、件の『私見』を一契機として、より正確に言えば、ボシュエが『私見』に接したことを一契機として、顕在化したにすぎないというのが真相であろう。

ボシュエが一六九二年八月二八日付で、モラヌスの『私見』（仏語訳）と自分の『考察』をライプニッツ宛に発送したことは、前節で簡単に触れておいた。ここでその送り状の文面に照らして、ルター派プロテスタントに対するボシュエの自己主張をいま少し辿ってみよう。ボシュエは、合同計画にとって障害となる事柄を率直に指摘する。

> 包み隠さず申し上げますと、合同計画に見られるもっとも大きな障害の一つは、多くのプロテスタントに目につく思想にあります。彼らは、キリスト教教義の単純さというまことしやかな口実のもとに、彼らが精緻で抽象的で形而上学的と呼ぶあらゆる秘儀を教義から取り除き、宗教を通俗的な真理へと変えてしまいます。このような思想が私たちを奈辺に導くか、あなたにはお分りでしょう。ですから私は、事柄の本質に関して二つのことをこの思想に対置しなければなりません。まず第一に、福音というものは、明らかにこの上ない崇高さに満ち溢れているということ、キリスト教教義の単純さは、この崇高さを拒んだり貧弱なものにしたりするところにではなく、もっぱら啓示されるもののなかにきちんと踏みとどまるところに存するのであり、それより先へ進もうとしたり遅れをとったりしてはならないということです。第二に、キリスト教教義の真

の単純さは、原則的かつ本質的に、「昨日はそう信じていた。ゆえに、今日も同じように信じなければならぬ」という この確たる事実によって、信仰に関する事柄においてつねに決心するところに存する、ということです。[*070]

さらにボシュエによれば、三位一体とか恩寵といったもっとも高度な諸問題が提起されるようになった時、教会はそれらの問題に関する決定を、信仰においても祈りにおいても儀式においても、教会全体が一致団結して行う勤めにおいても、すでに不変であると見なしていた。ボシュエは言う、「こうした方法はカトリック教会では今なお存続しておりますし、キリスト教の真の単純さを所有しているのはカトリック教会です。カトリック教会に入ることのできない人々は、神の国から遠く隔たった所にいて、結局は、崇高な秘儀の信仰を各人の自由(la liberté d'un chacun)に委ねようとする偽りの単純さに陥ってしまうのではないかと心配して然るべきなのです」と。[*071]

ボシュエは、以上のようにカトリック教会の立場を主張して、合同計画に臨むプロテスタントの思想を手厳しく批判したのち、書簡の末尾で、「昨日はそう信じていた。ゆえに、今日も同じように信じなければならぬ」という「確たる事実」を、念の為少し言い換えて、「恒常的な二つの事実(deux faits constants)」をライプニッツに提示している。

一つは、「すでに確立されたと考えられている教義をそのまま主張するのとは別のやり方で、ある決定がなされた例は、カトリック教会には一つも見当たらないということ」、いま一つは、「すでになされた決定が後世の人々によって貧弱なものにされてしまった例などは、なおさら見当たらないということ」である。[*072] ボシュエの言う「事実」の存立を論理的に支えていたのは、少くとも次のような二重の意味での連続律である。すなわちそれは、ある歴史的時点での《現在》の信仰が《過去》の信仰に基づいて不断に規定されるという意味での通時的な相における連続律であると同時に、その通時的連続律の一局面を成す《現在》のカトリック教会という共同体のなかで、「各人の自由」の行使による個別的な分断を許さぬ共時的な相における連続律である。ドイツのルター派プロテスタントの教会合同計画に接したボシュエの対応ぶりを如実に示すのが、そうした二重の連続律を存立機制とする「事実」の顕揚にほかならなかった。この「事実」が、ヴァーティカルな連続律に依拠する位階制度によって担われてきたことは言うまでもない。

それならば、ボシュエはライプニッツが過去の公会議、それもとくにトリエント公会議の世界性・普遍性に対して強い疑念を表明したことを、どのように受けとめたのであろうか。次節ではその点を考察する。

6．争点としての《公会議》

ライプニッツとボシュエとの間で交わされた議論の主要な論点はトリエント公会議であった、と言っても過言ではない。アウクスブルク信仰告白の支持者たちにとって、トリエント公会議の諸決定は教会合同に対するもっとも深刻な障害であった。ライプニッツはハノーファーの図書館で文献を丹念に調べ上げ、フランス政府に関する公的な記録文書のなかから、フランスの王権だけでなくフランス司教団がトリエント公会議をそれとなく非難している決定的な証拠を見つけた。ボシュエが断固としてガリカン教会の原理に則っているかぎり、証拠を突きつけられればそれを認めざるを得ないだろう、とライプニッツは考えたのである。*073 すでに本章2で引用した一六九一年九月二九日付のブリノン夫人宛書簡には、明らかにそうしたライプニッツの目算が表現されている。

教会合同に対する障害を取り除くことに腐心していたライプニッツは、さらに一六九二年四月一八日付のボシュエ宛書簡で、ローマ・カトリック教会が公会議において一度決定した事項をあとになって留保し、それを未決事項にした一つの実例を引き合いに出す。ボヘミアの「聖盃派（calixtins）」に関する問題がそれである。ボヘミアのフス派が一五世紀の初頭、平信徒のためにパンとぶどう酒という二つの形色による聖体拝領を主張したことから、彼らは両形色論派（utraquistes）と呼ばれるようになり、また、彼らはその祭儀において聖盃を使用したことから、聖盃派とも呼ばれるようになった。聖盃は初期の教会では使用されていたが、その後、聖体拝領のさいにキリストの聖血をこぼしてそれを汚す恐れがあるという理由で、聖盃の使用は禁止され、パンのみによる陪餐が慣行となった。この慣行に反対したのがフス派、とくにその穏健派である。*074 一四一五年、コンスタンツ公会議（1414–18）が聖盃派を非難して以来、彼ら聖盃派は苛酷な状況に追い込まれるに至ったが、それから二〇年もたたぬうちに、バーゼル公会議（1431–32）が聖盃派を招喚し、コンスタンツ公会議での決定を留保したのである。

一四三六年七月五日、バーゼル公会議の教皇特使たちは、ボヘミア人との間で締結された条約に関して「議定書」（Executoria）を下した。次に引くのはその一節である。

> 二つの形色のもとでの聖体拝領に関してであるが、われわれは〔中略〕われらの主イエス・キリストの権威とその真の妻たる教会の権威にかけて、ボヘミア人、モラヴィア人の男女両性に、彼ら自身の慣習に従って二つの形色のもとで聖体拝領を行う許可を与える。彼らは教会との合同および平和を誠実に理解し、聖体拝領の方式を除けば教会の信仰と典礼に従っていることを諸事実によって証明している。この点に鑑みて、戒律の最終的な議論は聖なる公会議に委ねる。カトリック的真理がいかなることを信ずる義務を負わせるかは、その公会議が決定するであろう。*075

この「議定書」によれば、二つの形色のもとでの聖体拝領が、それを誇りをもって受け入れる人々にとっては合法的で有効であり、また有益であるからというのが、「許可」を与えた理由であった。[*076]

この「議定書」に基づく協約に関してライプニッツは、作成年月日は明らかでないが、一つの意見書を書いている。「この協約はバーゼル公会議によって、さらには教皇エウゲニウス四世によってさえも承認された。とくに注目すべきは、コンスタンツ公会議がすでに宣告した事柄は十分知られていたにもかかわらず、戒律に関する問題、すなわち、二つの形色のもとで聖体拝領を行うことが全キリスト教徒に命じられているかどうかが、協約書の中では未決定のままに据え置かれ、将来の公会議の決定に委ねられたということである。これは、コンスタンツ公会議の権威を承認しないボヘミア人への配慮からなされた。[*077]」ライプニッツははじめにこう述べたのち、論点をトリエント公会議へと移し、言葉を続ける。「今日、ローマ教皇は同じ権利をもっており、それゆえ、プロテスタントをローマ・カトリック教会へ再統合するに際して、トリエントでの決議を留保し、論争で問題となっている幾つかの点を、トリエント公会議の下した決定や非難を考慮せずに将来の汎公会議の拒み難い裁定に委ねることが可能である。この方法は、暴力も流血もなしに離教を根絶するのに適した唯一の方法であるように見える。[*078]」

ライプニッツは、このようにバーゼル公会議がコンスタンツ公会議での決定を留保したという点に、トリエント公会議の《公会議》としての普遍性に疑義を呈する自説の根拠づけになりうる、格好の前例を見出した。以後、ライプニッツは、事あるごとに聖盃派の扱いに関するバーゼル公会議の前例を援用する。[*079]

さて、ライプニッツは、一六九二年四月一八日付のボシュエ宛書簡では次のように述べている。

聖盃派はコンスタンツ公会議の権威を少しも認めず、その公会議の決定に同意しませんでした。教皇エウゲニウスとバーゼル公会議はこの件を不問に付し、さらに、コンスタンツ公会議の決定に服することを聖盃派に要求せず、教会による将来の新しい決定にその問題を委ねたのです。教皇エウゲニウスとバーゼル公会議は次のような条件をつけたにすぎません。すなわち、合同した聖盃派は二つの形色それぞれのもとでイエス・キリストの全体が共存ないし現前することを信じなければならず、したがって、一つの形色のもとでの聖体拝領が完全無欠で効力をもつことを認めなければならないとしても、その合法性を信じるよう強制されはしない、ということです。公会議の代表者たちとボヘミア並びにモラヴィアの聖盃派諸国の代表者たちとの間で取り交わされたこれらの協約は、バーゼル公会議によって批准されております。教皇エウゲニウスはこれを喜び、ボヘミア人への書簡でその旨を伝えておりますし、さらにレオ一〇世もずっとのちになって、上述の協約を是認すると言明し、フェルディナント〔ボヘミア・ハンガリー王（在位1526–64）、神聖ローマ皇帝（在位1558–64）――引用者注〕はこの協約を支持することを約束しました。しかしながら、それはほんのひとにぎりの人々にすぎません。〔中略〕現在、ヨーロッパ南部と対立しているのは北部のほとんどすべてです。ゲルマン語圏の諸国民の大部分がラテン語圏と対立しております。と申しますのも、ヨーロッパはギリシア語、ラテン語、ゲルマン語、スラヴォニア語という四つの主要言語に分割することができるからです。ギリシア語圏、ラテン語圏、ゲルマン語圏は教会において三大党派を形作っており、スラヴォニア語圏は別の諸地域に分かれております。フランス人、イタリア人、スペイン人、ポルトガル人はラテン系でローマ・カトリック教徒です。イギリス人、スコットランド人、デンマーク人、スウェーデン人はゲルマン系でプロテスタントですし、ポーランド人、ボヘミア人及びロシア人はスラヴォニア系です。〔中略〕ロシア人――トルコの支配下にあって同じ言語を話す諸国民をも含めて――とポーランドを承認している人々のかなりの部分はギリシア正教の儀式に則っております。[*080]

ライプニッツは一五世紀に遡って公会議の歴史を掘り起こし、さらに、ヨーロッパの現状を、特に言語圏の分立と宗教的相違との連関に注目して分析したうえで、ボシュエにこう問いかけた。「ゲルマン語圏の大部分が、少くともボヘミア人と同程度の心遣いを受ける資格がないかどうか、お考え下さい。〔中略〕いくつかの意見をめぐってしばらくは確執が続くに違いないとしましても、ローマにとっても公共の利益にとっても、多くの諸国民と仲直りした方がよくはないでしょうか。[*081]」

ライプニッツはその後、同年七月一三日付のボシュエ宛書簡で再びボヘミアの聖盃派の件に言及し、[*082]ボシュエの返事を待った。同月二七日付でボシュエから返事が届いたけれども、そこでは、「コンスタンツとバーゼルの公会議について貴方が提示された事柄は個別に検討するつもりです[*083]」と述べられていたにすぎない。そうこうするうちに、ボシュエから、モラヌスの『私見』の仏語訳とボシュエの『考察』が、その送り状とともにライプニッツのもとに届いた。ライプニッツがこれらを一括して受け取ったのは、ボシュエが発送してから二ヵ月後、バラティという伯爵を介してである。これらの文書の主旨は前節で明らかにした通りであるが、『考察』には、じつはライプニッツの問題提起に対する応答も含まれていた。以下、ボシュエの叙述に即して、カトリック教会の側からの応答、正確に言えば反論の一端を明らかにしてみよう。

ボシュエは、ライプニッツが提起した問題を、大要、次のように考察している。

聖盃派の問題を議論し吟味するに当たっては、その問題がコンスタンツ公会議以後、依然として未決定で留保の状態にあるかのように討議するのではなく、教導、宣言、説明の形式によって、カトリックにとって決定済みの真理を堅固にし、教会の条理を聖盃派に知らせて、彼らに教会の精神・意思を共有させるやり方をとらねばならない。その論拠は四つの文書に求めることができる。一つは、一四三一年一〇月一五日の日付をもつボヘミア人への「招喚状」である。この招喚状は、ボヘミア人が公会議に出席して自分たちの言い分を述べるよう勧め、満場の聴衆がそれに耳を傾けるよう配慮することを約束してはいるが、その約束も、彼らボヘミア人が公会議の裁定を聖霊の裁定として聞き入れさえすれば、という条件つきであった。基礎をなすものは「公会議の不可謬性」であり、そのことは、公会議の諸決定を留保しておこうとすることからはかけ離れている。もう一つ別の文書は、同じバーゼル公会議の「回答書」である。異議を唱えられたバーゼルの神父たちは、その文書において何よりもまず、公会議の不可謬性に疑いをさしはさむことは聖霊に対する冒瀆的言辞を弄するものだと答えており、公会議の諸決定を留保しておくことを望んでいるように見えるどころか、反対に、その諸決定を決して放棄しないと宣言している。[*084]

さらにボシュエの分析によれば、バーゼル公会議がつねにコンスタンツ公会議の世界性を前提していたことに疑いの余地はない。バーゼル公会議の決議および手続きのいっさいは、世界性を具えたコンスタンツ公会議の決議を留保するようなことがあれば、自殺行為になるだろう。コンスタンツでなされた他の諸決議はさておき、少くとも二つの形色のもとでの聖体拝領に関する決議だけは、バーゼルで留保されたと考える人間が出てくる可能性があるので、バーゼルの神父達は次のように宣言している。すなわち、バーゼル公会議において聖霊が決定する事柄を聞きにくるようボヘミア人に勧めたとき、その意図は、「コンスタンツでフス派に対して言い渡された裁定は、変化することなどありえぬ聖霊によって命じられたものであり、その同じ聖霊があらゆる公会議を支配しているがゆえに、コンスタンツでなされたと同じように、ここバーゼルでも裁決されるであろう」と言明することにあった、と。[*085]

聖盃派の問題についてボシュエはおおよそこのように反論した。ボシュエが、通時的な相における連続律、換言すれば、時間的な前後関係をもつ二つの公会議の連続律の保証を「聖霊」に求め、そのことを立論の根拠に据えて、ライプニッツの問題提起を突っぱねていることは明らかであろう。ボヘミア人をバーゼル公会議へ招いたのは、「決定済みの事柄に疑義をさしはさむためではなく、彼らを教育し、彼らに問題を説明し、彼らを誤謬から救い出して納得させる、端的に言えば、異端者を打ちのめしてカトリックの信仰を不動のものとするため」にほかならなかった。*086

それならば、トリエント公会議についてはどうか。ボシュエは同じく『考察』のなかで次のように主張する。

第一に私は、信仰に関する事柄においては、この公会議がローマ・カトリック教会全体で受け入れられていることに、疑いの余地はないと思う。そのことは認める必要がある。なぜなら、フランスがある理由から宗規の全体を受け入れたわけではないということを口実にして、フランスは信仰に関する諸決定を受け入れていないと思い込んでいる人々がいるからである。しかし、フランスが公会議の会期中およびそれ以降の時点で公会議に対して行った抗議はすべて、王国の上席権、特権、自由、慣例にのみ関わるものにすぎず、信仰上の諸決定に何ら関わるものではないということは、無数の公的な文書による立証が可能な確かな事実である。フランス司教団は公会議において、信仰上の諸決定に難なく同意した。*087

ライプニッツは当初、ローマ教会に対する相対的独立性を保持してきたガリカン教会の立場を肯定的に評価することによって、フランス教会をなんとしても和解交渉の場に参画させようとした。けれども、トリエント公会議を争点として持ち出したライプニッツの目算は、この段階ではこれといった成果をもたらしたとは思えない。なるほどボシュエは、教皇権至上主義者の教説は拒絶した。[*088] ガリカン教会の有名な「四ヶ条の宣言」（一六八二年三月一九日付）が準備される過程で、トゥルネーの司教とボシュエが、教皇権の制限に関するガリカン教会の信念を明示する困難な仕事を委託されたさいにも、ボシュエはトゥルネーの司教とともに、教皇の不可謬性という教説を否定している。しかしながら、ボシュエは教皇座と教皇座の占有者とを区別し、教皇座そのものの完全無欠さは認めていた。[*089] つまりボシュエは、「教皇座ソレ自体（sedes）と教皇座ニアル者（sedens）とを区別し、教皇個人のどの決定にも不可謬性を認めることは拒絶する一方、教皇座の「永遠性」を肯定した」のである。[*090]「ある教皇の一時的な過ちは、本人自身あるいは後任の教皇により、速やかに是正されるであろう。このような過ちは、「異端を知らない」ローマ教会の信仰を損なうことはない」。[*091] 教会はどこまでも無謬であり、公会議の不可謬性は、とりもなおさず教会の不可謬性に基づく。これがボシュエの不動の信念であった。

ボシュエは、「教会の決定に従う用意はできているが、それなりの理由があって、ある公会議を正当と認めない人々は本当に異端者であるかどうか」というライプニッツの問いに、断固たる調子で、「然り」と答える。ボシュエによれば、その種の人々は教会の決定に従う用意があると主張しているとはいえ、じっさいには教会の決定に異議を申し立てているのだから、「頑固者（opiniâtre）」と呼ぶほかない。信仰の領域での「頑固者」とは、「自分の見解（son sentiment）」に徹底的に固執し、教会全体の見解よりも自分の見解の方を選ぶ人間のことであり、「異端者（hérétique）」とはまさにそのような「頑固者」を指す。[*092] ライプニッツは、「あるこれこれの公会議」に疑義をさしはさむことは「事実に関する問題（une question de fait）」にすぎないと考えたが、ボシュエから見ると、このような考え方は教会の下す裁定のいっさいを、その「事実」なるものを口実にして無にするに等しく、信仰に反するこれ以上重大な誤謬はなかったのである。[*093]

ライプニッツは一六九二年一一月一日付のボシュエ宛書簡で、『私見』と『考察』の受領の報告かたがた次のように述べている。

> 貴方が恐れていらっしゃるプロテスタントの側での障害について申しますと、彼らは信仰を通俗的な思想へと矮小化し、秘儀を取り除く傾向があると貴方はお考えですが、そのような傾向はこちらの先生方には見出せません。彼らはそのような傾向から程遠く、むしろ反対に、そちらのスコラ学者と同様、過度の精緻さに陥っております。「昨日はそう信じていたから、今日も同じように信じなければならない」ということに対しては、申し上げるべきことがあります。もし人がたまたま一昨日は別な風に信じていたとすれば、私たちはどう言えばよいのでしょうか。今日にもっとも近いところに位置する意見をつねに規準としなければならないのでしょうか。[*094]

ボシュエの言う「昨日」とか「今日」が比喩的表現にすぎぬことを承知のうえで、ライプニッツがあえて反論を試みたのかどうか、断言はできないが、教会の不可謬性を立論の根本前提とするボシュエが論争の相手であるかぎり、これでは反論にはなりえないであろう。このライプニッツの論法はむしろ詭弁の感さえ抱かせるが、ライプニッツとしては、ローマ・カトリック教会が強固に主張するトリエント公会議の無謬の権威に、いかにして揺さぶりをかけるかで必死だった。なぜなら、宗教上の対立を克服することなしには、ヨーロッパにおける平和の実現もおぼつかないだろうとライプニッツは考えていたからである。しかし、ボシュエにはボシュエの自己主張があった。教会の教義は、政治的な問題を扱うときのような妥協と譲歩という方法によって扱うことはできない。教義を説明することはできるが、その中身を薄めてはならない。世俗的な問題ならば、人々は意のままに決定しうるのに対して、信仰上の問題となると、そんなことは不可能である。教義は神の啓示に基づくからだ。トリエントで決定された事柄は、教会がけっしてそこから退くことのできない既定の事実なのである。[*095]

新旧両教会の合同計画に関する両派間の論争のいわば第一段階は、一六九一年から九四年にかけてであるが、その間、モービュッソン女子大修道院の動きもきわめて活発であった。ボシュエはこの修道院の中心人物ブリノン夫人から何通かの書簡を受け取っている。一六九四年七月一八日付のボシュエ宛書簡でブリノン夫人は、ルター派は宗教的動機ではなく政治的動機によって支配されていると断言し、ライプニッツ個人についても、彼がプロテスタントのもとを離れるかどうかはおおいに疑問であると述べている。[*096]というのも、ブリノン夫人は、もしライプニッツがカトリックへ改宗すれば、それによって獲得する神的な影響力を行使して全ドイツ人を彼は改宗させるだろうと考えて、ライプニッツに改宗をしきりに勧めていたのであるが、ライプニッツから色よい返事がなかなか得られなかったからである。ブリノン夫人は一六九四年二月、ライプニッツに書簡を送り、ライプニッツが改宗を遅らせていることで、彼自身の救済にとって重大な危険を招き寄せていると主張し、謙虚さを以って来るならば、教会は愛と寛大な心でライプニッツを迎え入れるだろう、と改宗勧告を試みた。[*097]

ブリノン夫人がライプニッツから返事を受け取ったのは、その一年後である。文面の概略はこうだった。夫人が自分で真実と信ずるものに熱意を抱いている点は是とするけれども、夫人が真実と考えるものがつねに真実であるとはかぎらない。夫人の見るところでは、彼女は教会の内部におり、ライプニッツは離教の状態にある。しかし、一つの教会が別の教会によって破門された時、あるいは一個人が彼の所属する教会によって破門された時でさえ、その破門は不当であるかもしれない。となると、破門された教会もしくは個人は、破門されたからといって「普遍的教会（l'Église universelle）」の内部にいることをやめるわけではない。[*098] ライプニッツはそう切り返した。

ブリノン夫人の改宗勧告と、それに対するライプニッツの反論は、教会合同計画に臨むルター派プロテスタントが引き受けざるを得なかった確執の一端を物語るものであろう。ライプニッツが一六九二年七月三日付で出したブリノン夫人宛書簡に、「彼ら〔ボシュエとペリッソンを指す――引用者注〕があらゆる党派的見解（tous les sentiments de parti）に与することを免れればよいのですが」[*099]という表現が見られる。ライプニッツはここで、ボシュエとペリッソンに対する批評にかこつけて、暗にブリノン夫人にも物申したかったのかもしれないが、それは推測の域を出ない。いずれにせよ、ライプニッツが「党派的見解」の克服を目指していたことは確かである。現存のローマ・カトリック教会を《物神化》して不寛容な党派的観点から信仰を《強制》しがちな宗教意識の基盤に楔を打ち込み、《教会》観念そのものを組み換えていくこと、そしてそれを通じてヨーロッパ全体の平和とドイツの安全を同時に確保すること、《公会議》を争点とする論議へとライプニッツを駆り立てたのもそのような志向であったと言えよう。ブリノン夫人の眼には、ルター派が宗教的動機ではなく政治的動機によって支配されていると映ずるほどに、新旧両教会の合同計画を推進しようとするルター派の宗教的動機は、政治的動機と密接不可分の関係にあったのである。

7．論争の中断から再開へ

新旧両教会の合同を主題とするライプニッツとボシュエとの論争は、一六九四年を境に中断し、九八年末から九九年のはじめにかけての時期に再開される。論争中断の理由は何であったか。本節ではとくにその点を考察する。

ライプニッツは、一七〇五年一二月一四日付のトマス・バーネット宛書簡で、この論争を次のように振り返っている。「ペリッソン氏の死後、モーの司教は文通の継続を望みながらも、あまりに断定的な口調になり、私が自分の良心と真理を裏切ることなしには見過ごせないような教説を主張して、物事を度が過ぎるほどに推し進めようとしていました。そのため私は、力強く毅然たる態度で司教に答え、司教と同じくらい高飛車な口調になりました。[*100]」一七〇五年といえば、ペリッソンとスピノーラだけでなく、ボシュエもすでにこの世を去っており、[*101]そういう事情も手伝ってか、新旧両教会合同のための動き全体がほとんど立ち消えになってしまっていた。これはそうした段階で書かれた書簡ではあるけれども、ライプニッツが和解交渉の渦中にあって感じていた苛立ちの一端は、その文面から確かに読み取れる。和解交渉があまり進展を見せないことへの苛立ちがライプニッツの側で募り始めるのは、一六九四年頃からであった。[*102]しかしそれでもライプニッツは、トリエント公会議を争点として持ち出すことをやめない。それを示す二つの書簡を引いておく。いずれも一六九四年の七月にハノーファーで書かれたものであり、一つは、ボシュエ宛(七月一日付)、もう一つはブラウンシュヴァイク公爵夫人宛(七月二日付)である。

「私たちの方で認めている重要な条項は、世界的な公会議(conciles œcuméniques)と序列ある統一に従うということです。逆に貴方の方に求められている重要な条項は、合同に到達するために私達がトリエント公会議を世界的なもの(œcuménique)と認めるべきだと主張しないこと、そしてトリエント公会議の手続きを正当と認めるべきだとも主張しないことです。[*103]」ライプニッツはボシュエに交換条件を提示しているのであるが、ライプニッツの言う「世界的な公会議」が将来において実現されるべき公会議であって、けっしてトリエント公会議でないことについては、もはや縷言を要しないであろう。ボシュエがこの交換条件をのんでくれるという成算が、はたしてライプニッツにはあったのだろうか。それはさておき、すでに指摘したように、世俗的な事柄に関するローマ教皇の容喙を排除し、教皇に対する相対的独立性を保持してきたフランス教会のガリカニスムが、ライプニッツには、新旧両教会の和解交渉を進展させるための格好のとっかかりと思われた。だからこそライプニッツは、フランス教会、なかでもその重鎮であるモーの司教ボシュエへの働きかけを続ける必要があったのである。[*104]

ブラウンシュヴァイク公爵夫人宛書簡でも、ほぼ同じ趣旨の主張が繰り返されている。

トリエント公会議の教理がフランスで受け入れられていることは、私も認めています。しかし、その教理は神的な教理としては受け入れられていませんし、信仰上の教理としても、したがってまた世界的な公会議の教理としても受け入れられていません。そこに含まれる多義性が多くの人々を誤らせているのです。彼らは、フランス教会はトリエントの教理を普通は承認しているという話を聞くと、フランス教会は世界的なものとしてのこの公会議の諸決定に従っているのだと思い込んだり、フランス教会はこの公会議がプロテスタントに対して宣告した破門をも承認していると思い込んだりします。しかしけっしてそのようなことはありません。私自身、多くの事柄に関して、この公会議と同じ見解をとっています。けれども、そうであるからといって、この公会議の権威を認めているわけではありませんし、この公会議による破門も認めていません。[*105]

この書簡全体の基調をなしているのは、トリエント公会議がフランスでは信仰の規則として受け入れられたことを自分はなぜ認めないか、という理由の説明である。ライプニッツは過去の歴史のなかに、自分自身の主張を裏付ける例証を探し求め、それをいくつか指摘したのち、公爵夫人宛の書簡を次のように結んでいる。

私は以上のことを、この公会議に対する軽蔑の念から申し上げているのではありません。この公会議の諸決定は、概して、きわめて賢明に下されたものです。しかし、プロテスタントたちがこの公会議を認めないのは確かですから、普遍的教会がもたらす平和への希望をもち続けるには、フランス教会が、その平和を取り計らうのにもっとも適した状態に留まることが大切です。その平和は、もしそれが良心に害を及ぼすことも愛徳を傷つけることもなく獲得されうるのでしたら、疑いもなくこの世でもっとも望ましいものの一つでしょう。[*106]

このようにライプニッツは、和解交渉の進展にとってフランス教会の動向が重要な鍵を握っていると見て、ボシュエに対する働きかけを続けようとしたが、ボシュエはといえば、トリエント公会議の権威を受け入れることが必要不可欠であると言明したのちは、しだいに手紙を書かなくなる。一六九四年にボシュエが合同問題に関して書いた書簡は、四月一二日付のライプニッツ宛の一通だけである。[*107] しかも、これといった目新しい論点をボシュエがその書簡で提示しているようには見えない。『モラヌス師の文書に関するモーの司教の考察』に対して、モラヌスがどんな反応を示すか、ボシュエは知りたく思い、ライプニッツにもその旨を伝えたが、肝心のモラヌス自身からはなかなか返事が届かなかった。九五年と九六年の二年間、ボシュエは沈黙を守り、少くとも表面上はブリノン夫人だけが活動を続けた。[*108]

ブリノン夫人は、一面では、ルター派の側での謙虚さの欠如と彼らの政治への執着を前にして、教会合同計画の進展に疑いをもちながらも、他面では、教会合同への熱烈な願望を抱いていた。彼女はライプニッツに、教会合同を論ずる場合は「哲学者」としてではなく、「真のキリスト教徒」として、「謙虚で従順な教会の子」として振舞ってほしいと頼み、[*109] ボシュエにも書簡を送り、ライプニッツが彼女宛に書いてくる事柄に答えるのは、自分よりむしろボシュエの仕事であると言ってボシュエに敬意を表し、ライプニッツとボシュエとのやりとりについて知らせてくれるよう求めた。[*110] ブリノン夫人は、事の成行きをできるかぎりモービュッソン夫人に報告するために、その材料をボシュエから入手したかったのである。教会合同の問題はブリノン夫人の心を片時も離れなかったらしく、トリエント公会議の権威をどう捉えたらよいかについて、彼女はソルボンヌの神学者たちに意見を求めたりなどもしている。[*111]

ところで、ライプニッツ、モラヌス、ペリッソン、ボシュエらの間で進められてきた交流が中断したのはなぜか。その理由を、ボシュエは一六九九年一月一日付のライプニッツ宛書簡でこう述べている。

「この交流が、貴方が真の理由をご存じないまま私の方で突然中断してしまった、と貴方はそれとなくおっしゃっているように見受けられます。はっきり申し上げておきますが、突如勃発した戦争以外のことにその理由を求める必要はありません。戦争中、私は宗教に関する精神の合同を簡単に論じられるなどとは思っておりませんでした。[*112]」神が平和をもたらしている現在、教会合同計画について交流を再開することができるかもしれない。そうした希望を抱かせてくれる神の無限なる善意を、ボシュエは賛美する。

この文面に照らしてみるかぎり、ボシュエは論争中断の理由をもっぱら「戦争」がもたらした禍に帰している。ここに言う「戦争」とは、時期的にみてファルツ継承戦争(1689–97)を指していると考えられる。これは、周知のように、ルイ一四世がドイツの選挙侯ファルツ公の領土に対し、王弟妃の継承権を主張して企てた侵略戦争であった。そうした動きに対抗すべく、イギリス・ドイツ・スペイン・オランダその他の諸国がアウクスブルク同盟を結成し、フランス王の侵略を阻止した。一六九七年、オランダのライスワイクで締結された講和条約によって、この戦争は終結する。オランイェ公ヴィレムがイギリス王ウィリアム三世として承認されたのも、この講和条約においてであった。

さて、ボシュエの釈明をそのまま受け取るならば、論争中断の理由はファルツ継承戦争だったということになる。しかし、本当にそうだったのだろうか。ボシュエが一六九四年四月一二日付で書いた短い書簡のなかに、こういう一節がある。「不愉快で苛酷な私達の戦争について申しますと、それが私たちの願望の成果を遅らせるかもしれないとはいえ、戦争は、平和を愛する諸個人が物事を準備する妨げとなるものであってはなりません。[*113]」これは先に引用した書簡の言葉と食い違ってはいないか。ファルツ継承戦争の最中である九四年の時点では、ボシュエは当為を語っていただけであって、戦争終結後の九九年になってからの発言内容と食い違っているとしても、いちがいに不自然とは言えない、という解釈も成り立つかもしれない。数年の間に客観情勢が思わぬ方向に推移し、それが個人のものの見方に変化をもたらすといったことは十分に起こりうるからだ。しかし、疑問は残る。戦争も理由の一つであったとは言えるであろうが、論争中断の真の理由は、ボシュエ自身の発言にもかかわらず、別のもっと根深いところにあったのではないか。

論争が中断したのは、ガケールも指摘しているように、自由検討の権利を擁護しようとするライプニッツと、教会の不可謬性および公会議の権威を主張してはばからないボシュエ、この二人の思想の原理的対立に起因する噛み合わぬ議論に、少くともこの時点では互いに嫌気がさしてきたからではなかったかと思われる。[*114]事実、一六九三年にボシュエがライプニッツ宛に書いた書簡には、最後通告ともとれるような言葉が見出されるのである。ライプニッツが、「プロテスタントをローマ・カトリック教会へ統合するにさいして、トリエントでの決議を留保し、論争で問題となっているいくつかの点を、トリエント公会議の下した決定や非難を考慮せずに将来の汎公会議の拒み難い裁定に委ねることが可能である」と考えて、トリエント公会議の《公会議》としての世界性・普遍性に疑義を呈したことは、前節までの考察で粗略ながら明らかにした。そういうライプニッツの態度に対して、ボシュエは、「あなた方がトリエント公会議の諸決定は留保の状態にしておくことができると仮定なさりたいようでしたら、合同への希望をもつ必要などまったくありません」[*115]と答える。同年八月一五日付の書簡でも、ボシュエは中断の意思をはっきり表明している。

貴方がトリエント公会議に関して私に送って下さった〔中略〕回答に対しては、次のようにお答えします。トリエント公会議が、私たちの側では、けっしてそれ抜きでは済まない既定の論点であることをご確認下さい。貴方がわざわざ私に書いて下さったお手紙に関しては、申し上げるべきことが多々あると思っていますが、事態が解明のある段階にまで至った時は、こうした論争に限度を設けなければなりません。[*116]

ボシュエの考えでは、「教会が誤ることはありえない」[*117]。「教会の不可謬性」、これこそが「キリスト教徒合同の唯一の堅固な原理」なのである。[*118]「堅固な原理を確立せずに堅固な合同を確立することができる」などと考えるのは馬鹿げている。[*119]それならば、教会を信ずるとはどういうことか。「「私はカトリック教会を信ずる」ということが意味するのは、カトリック教会が存在していることを私は信ずる、ということだけではありません。私はカトリック教会が信ずる事柄を信ずる、ということでもあるのです。さもないと、カトリック教会自体を信じないことになり、カトリック教会が存在するということを信じないことになります。その存在の根底、いわば実体は、カトリック教会が全世界に向かって言明する信仰だからです。[*120]」ボシュエはそのように言う。

さらにボシュエによれば、「たとえどんなにわずかでも教会の諸決定が弱められれば、神の約束は否認され、それとともに啓示の全体も否認される」[*121]。プロテスタントがトリエント公会議に異議を申し立てるのなら、彼らはカトリック教会全体に反対を唱えることになる。ボシュエにとって、トリエント公会議への服従を伴わぬいかなる恭順も、うわべだけのものであり、無益なものでしかなかった[*122]。この公会議の諸決定を撤回したり留保したりすれば、合同にとっての抗し難い障害を生み出すだけであろう。私たちは、「私たちの原理を放棄する義務を負わせることなく私たちと共に合同に到達しようと望む人々」をもっぱら相手にしているのだ[*123]。ボシュエはこのように断固たる口調で自己の思想的立場を主張する。

一方、ライプニッツはどうであったか。ライプニッツはボシュエに対して次のように応答する。「原理に従うことと、他の人々が原理を放棄しないのを承諾することとの間には、確かに違いがあるように私には思われます。トリエント公会議がローマ教会の原理であり、「アウクスブルク信仰告白」がプロテスタントの原理であると仮定しましょう（私は二次的な諸原理について語っています）。双方の側の優れた人々は、道理に適ったやり方で考えることのできる合同は、互いに自分たちの諸原理〔中略〕を放棄するよう義務づけられることなく行われうるものでなければならない、と判断していたのです[*124]。」プロテスタントにせよカトリックにせよ、たとえ一次的な原理でなくとも相手の拠って立つ諸原理を互いに尊重すべきだ、という点に関するかぎり、ライプニッツの見解は、ある意味でボシュエのそれと一致していた。しかしライプニッツには、ボシュエが自己の見解に固執すればするほど、プロテスタントに原理の放棄を迫ってくるように感じられたのである。

ライプニッツはブリノン夫人にも、教会合同にとっての障害を書き綴っている。

モー殿が他の秀でた人々にはない几帳面さを示されたのは確かです。そのせいで私たちは苦しみましたし、

> また何らかの不都合が生じる可能性があります。しかし、これが単なる誤解に終わることを願っています。と申しますのも、もしトリエントの全決定について完全な同意が得られるとお考えでしたら、合同よ、さらば、ということになるからです。[125]

ライプニッツにしてみれば、「トリエントの全決定について完全な同意が得られる」という前提を自明視することなど、自己の良心を裏切らないかぎり不可能であった。合同にとってこれほど妨げとなる前提はない。しかしそれでも、トリエント公会議においてであれ、アウクスブルク信仰告白においてであれ、そこで決定された諸原理を最初から放棄するよう互いが相手に強制したりしなければ、プロテスタントとカトリックとの合同が実現する見込みはまだ残されている。少なくともライプニッツは、その期待だけは手放さなかった。活動を中断すべきか、継続すべきか。和解交渉を継続するとしたら、そのためには何をなすべきか。神学と教会法典の両方に精通している法律家たちをフランスで見つけ出し、ボシュエに補佐役としてつける必要があるのではないか。そういった点についての教示をモラヌス、リューネブルク公爵その他各方面の人物に乞いながら、[126] ライプニッツはやがて新しい問題を提起する。

8．聖書の「正典性」に関する応酬

ライプニッツは一六九九年四月二三日付のボシュエ宛書簡で、新しく聖書の「正典性（canonicité）」の問題を提起する。本節では、この「正典性」の問題およびそこから引き出されたいくつかの関連問題をめぐる応酬を検討してみよう。ただ、ライプニッツは新たな問題提起に先立って、「平和的な合同」に達するための道を三つに分類し、それまでの両者の論争を総括しようとしているので、まずその点を瞥見しておきたい。

ご記憶のことと思いますが、平和的な合同に達するには三つの道を把握していなければならないという判断が下されていました。

その第一は、ある論争に関する表明という道（voie de l'exposition）です。きちんと理解すれば、人は意見の一致をみることができるということを示すのです。そうした論争はたいてい真の論争と考えられて、ひどい喧騒を惹き起こしたり大きな害を及ぼしたりしますけれども、じっさいには言葉の上でのことです。〔中略〕

第二の道は、敬意を払うという道です。一方の側が他方に譲歩し、ある点について他方の言い分を認める場合がそうです。もしそれが教義であれば、そういったことは十分な立証によってしか実現できません。しかし、私たちは今この問題に立ち入るつもりはありません。もしそれが信仰生活の実践であれば、教化と平和にとってもっとも良いと思われる事を行うことによって、人々は時には互いに譲歩することができますし、また譲歩すべきです。〔中略〕

第三の道は、捨象もしくは留保（l'abstraction ou suspension）という道です。意見の一致をみることができなかったり、すぐには同意できなかったりするいくつかの問題点を捨象し、さほど重要な問題点でないときは、永久にであるにせよ、将来の世界的な公会議の決定までであるにせよ、それらを脇に置くというやり方によるものです。この道は、一定の許された場合に、上記二つの道の長期化を避けるためにその手助けとならなければなりません。[*127]

暗にボシュエの対応ぶりを非難しているのが感じられる文章だが、それはともかく、ライプニッツはこのような総括を踏まえて、トリエント公会議が決定を少々急ぎすぎたと思われる問題点の一例として、聖書を構成するあらゆる書の権威の同等性を取り上げる。

聖書のうちユディト書、トビト書、両マカバイ書等々は、聖ヒエロニムスほか古代の教父たちの見解によれば、正典として広く受け入れられていたのではなく、単に教会の教訓的な書としてのみ受け入れられていました。ところがトリエント公会議は、それらの書を、神的な権威が認められている他の書と同等のものとして通用させようとしています。〔正典として受け入れられてはいなかった〕それらの書の権威に依存している信仰箇条などは一つもありませんから、私たちはトリエント公会議に与する手段を思い浮かべることができませんし、また、そのように与する必要性も何ら指摘することができないのです。[*128]

またしても「トリエント公会議」である。この公会議の権威に疑問を呈示していること自体は、論争が中断する以前の段階と同じであるが、かつて外典とされていたいくつかの書がトリエント公会議で正典として位置づけられたことを問題視しているところに、それまでにはない目新しさが見られる。

ライプニッツがこのように聖書の正典性の問題を取り上げるに至ったについては、プロテスタントの側からすればそれ相応の理由はあった。ラテン語訳聖書ウルガタを完成したヒエロニムス（c.340–420）は、ヘブライ語聖書だけを正典として認めることを主張し、ローマ教会もその主張に沿ってトリエント公会議までは、聖書のなかのギリシア語で書かれた部分とヘブライ語聖書との区別を認めていたが、トリエント公会議の第四会議（1546）は、ウルガタに含まれるすべての文書に正典としての資格を与えた。しかしプロテスタント教会は、ヘブライ語聖書だけを正典として認め、セプトゥアギンタ（ギリシア語訳旧約聖書）とウルガタのうち、ヘブライ語聖書に含まれているものを、正典と区別して外典または偽典として扱うようになる。[*129] ライプニッツの発言は、確かにそういう歴史的経緯を踏まえたものであった。ライプニッツはこの正典性の問題を契機に、九九年の終わり頃、重要な問題をさらに提起する。

次に引くのは、一六九九年一二月一一日付のボシュエ宛書簡の一節である。ヴォルフェンビュッテル公爵アントン・ウルリッヒが、ヴェロン神父の著作『信仰の規則について』(*De la règle de la foi*)を読み、そこに見出したという諸問題を手がかりにして、ライプニッツはボシュエに、信仰に関わる事柄とそうでない事柄とをどのようにして区別すればよいか、信仰箇条には重要なものとそうでないものとがあるかどうか、を問う。

信仰に関わる事柄とそうでない事柄とを区別する(distinguer ce qui est de foi, de ce qui ne l'est point)企ては、あなた方の意図と、あなたが表明という方法(la méthode de l'exposition)と呼んでいるものとに十分合致しているように思われます。それに、私たちの論争の大部分から余計なものを取り去るには、双方が互いに述べ合っている事柄が、信仰に関わる事柄でないのを認識させることほど有効なことはありません。しかしながら、殿下〔アントン・ウルリッヒを指す――引用者注〕は本書に視線を向けられ、そこに多くの困難を見出されたのです。と申しますのも、第一に、信仰に関わる事柄の諸条件も、そういう事柄を認識できる諸原理も、十分示されていないように殿下には思われるからです。しかも第二に、信仰箇条には段階があって、他と比べてより重要なものがあると思われるのです。

殿下が私に言葉少なに伝えられたことを、あえてもっと詳しく説明いたしますと、上述の諸条件および諸原理についてては、いかなる信仰箇条でも、疑いなく神が啓示した真理であるに相違ないと申し上げましょう。しかし問題は、神がそれをかつて啓示しただけであるか、今なお啓示しているかどうかということ、そして、かつての啓示はすべて聖書のなかにあるのか、あるいは少くとも使徒伝承に由来するかどうか、ということです。[*130]

ライプニッツはそう述べたのち、「聖書によって十分啓示されているわけではなく、使徒伝承も看取されない多くの事柄が、今日、信仰に関わるものとして通用している」ことを指摘し、その点を、さらに聖書の正典性の問題と絡めて論じている。ライプニッツが提起している問題をボシュエの応答と突き合わせる前に、いま少しライプニッツ自身に語らせよう。

プロテスタントが外典(apocryphe)と見なしている諸書の正典性は、古代教会の権威ある人々によって信じられていたことに反して、あなた方の共同体では信仰に関わる事柄として今日通用しています。ですから、もし人が新しい啓示を認め、神は自らの教会を助け給うので神はつねに、暗黙の受容ないし不文法によるにせよ、世界的な公会議の明白な教理決定ないし法令によるにせよ、良き相手を選ばれるのだと言うなら、どのようにして信仰に関わる事柄を知ることができるのでしょうか。〔中略〕もし新しい信仰箇条を定める権利を教会に認めるとすれば、カトリック信仰のしるしとして通用していた永続性を放棄することになりましょう。[*131]

プロテスタントが外典と見なしているものを、カトリック教会は新しく正典の位置に据え、その正典性を信仰に関わる事柄として扱っている。それはカトリック信仰の永続性に背馳するのではないか。だとすれば、信仰に関わる事柄とは一体、何なのか。ライプニッツが抱いた第一の疑問は、ほぼこのように要約できよう。第二の問題、すなわち、信仰箇条には重要度の点で段階があるかどうかについても、ライプニッツは、一七世紀にラティスボンヌの討論会でプロテスタントとジェズイットが言い争った一件を引き合いに出し、プロテスタントにとってはさほど重要とは思えない真理を、ジェズイットのある神父が信仰箇条として位置づけたことを念頭に置いて、次のように言う。「そうなりますと、啓示されたものではないと人々が信じさえすれば、無視できるだけでなく、罰せられずに否定することさえできるような信仰箇条が無数にあることを認めなければなりません。〔中略〕今、問題なのは、必要不可欠であるほどに根本的であり、したがって自らの救済を危険に晒すことなしには、無視したり否定したりできないような信仰箇条がないかどうか、そして、それらの箇条を他の箇条からいかにして識別するかを知ることでしょう。[*132]」ライプニッツはボシュエにこう問いかけた。

これに応えたのが、一七〇〇年一月九日付および一月三〇日付のボシュエのライプニッツ宛書簡である。まず一月九日付の書簡の文面に照らして、ボシュエの対応ぶりを見てみよう。

ボシュエはモーで認めたこの書簡において、教理の永続性、言い換えれば、教会の永続的で満場の同意が、信仰上の真理の無謬の規則を形作っていることを明らかにし、プロテスタントによって外典と見なされている聖書中の諸書が、教会ではつねに正典として承認されてきたことを説明している。ボシュエは、「貴方は何よりも先に、いかなる信仰箇条も神によって啓示された真理であるにちがいないと想定していらっしゃいます。その点については、私は難なく同意します[*133]」と前置きして、ひとまず歩み寄りの姿勢を示しながらも、ライプニッツの問題提起に対して次のように反論する。

私は躊躇なく答えますが、神はカトリック信仰に属する新しい真理などというものは啓示なさっておりませんし、貴方がきわめて適切におっしゃるように、カトリシテ（catholicité）の規則として通用していた永続性の規則（la règle de la perpétuité）に従わなければならないのです。つまり、教会はこの規則をけっして放棄してはいないということです。

ここでは使徒伝承の権威について言い争うことが問題なのではありません。〔中略〕しかし、トリエント公会議が永続性の規則を認めていることは、貴方に指摘しておかなければなりません。同公会議が、公会議自ら保持しているのは「聖書もしくは〔中略〕手から手へと渡るようにしてわれわれの所にもたらされた不文伝承のなかに含まれているもの」以外の何ものでもない、と宣言する時、その規則を認めているのです。したがって、私たちがいかなる新たな啓示も認めないことを確実だと見なさなければなりませんし、神によって啓示されたいかなる真理も手から手を経て私たちにもたらされたことが、トリエント公会議の明白な信仰であること、これも確実だと見なさなければなりません。〔中略〕このような規則に従うならば、世界的な公会議が何らかの真理を決定する時は、それら公会議は新しい教義を提示するのではなくて、つねに信じられてきた教義を言明し、その教義をより明晰でより正確な言葉で説明するにすぎないということを、人は間違いないことと見なすべきなのです。*134

カトリック信仰に属する真理で新しいものは何ひとつなく、教会は永続性の規則から逸脱することはできない。信仰上の真理というものは、教会全体の満場一致の永続的な同意を得て今日に至った真理である。人々が公会議に結集しているか各地に散らばっているかは、問題ではないのだ。ボシュエはこのように、カトリック信仰を支える「永続性の規則」に則ってライプニッツの疑問を斥け、さらに、プロテスタントが外典としている諸書の正典性についても、「まったく議論の余地のない事実」を24項目にわたって列挙し、その「事実」に依拠して、問題の諸書がカトリック教会ではつねに正典として認められてきたことを証明しようと試みる。その骨子と思われる部分を辿っておこう。

プロテスタントが外典とするいくつかの書が正典のなかに収められたのは、「新しい啓示によるのでもなければ新しい奇蹟によるのでもありません。これらの手段はすべて、疑わしいか特殊であるかのどちらかであり、したがって、信仰の伝承と証言を打ち立てるには不十分です。それらの書を正典の列に加えたトリエント公会議は、それらが一二〇〇年近く前に正典のなかにあったことを見出したのです[*135]」。なるほど、それらの書を正典として位置づけない教会がかつてはいくつもあったし、聖ヒエロニムスなどのように、教義を確立するためにそれらの書を受け入れようとはしない学者が何人もいた。しかし、そうした特殊な意見に倣った者はいなかった。それに、特殊な意見があるからといって、教会のもっとも高潔でもっとも堅実な神学者たちが、権威をもってそれらの書を引用することができないなどということもなかった[*136]。「canoniqueという言葉は、つねに一様な意味をもっているわけではありませんから、一つの書がある意味で正典であることを否定したとしても、それが別の意味では正典であることを否定するものではありません。」一つの書がヘブライ人の正典のなかにあるとか、キリスト教徒の間では反対なしに受け入れられているとかいうことを否定したとしても、ほぼ全体に共通する読み方がその書に権威を与え、その書が全世界的に使用されていれば、その書が根底では教会の正典に含まれることに変りはないのである[*137]。何らかの書を新しく正典と認めることは、「カトリック的真理のしるし」である「伝承の永続性」に少しも抵触するものではない。「恒常的かつ永続的であるためには、カトリック的真理は進展せずにはいません。カトリック的真理は、ある場所よりも別の場所で、ある時代よりも別の時代に、いっそう明晰に、いっそう判明に、いっそう普遍的に知られるのです。聖書信仰の継続と永続性を確立するには、他のいかなる真理の場合とも同じように、カトリック的真理がつねにそれと認められさえすれば事足りるのです。[138]」

ボシュエはこのような反論を展開したのち、「これを読む人々の心を開くことは神が為さるべきことです[139]」と述べて、ひとまず筆を擱いている。ライプニッツが一六九九年一二月一一日付の書簡で提起したもう一つの問題、すなわち、信仰箇条には重要度の点で段階があるかどうかという問題については、ボシュエは今引用した書簡の続きとして書いた別の書簡で答えている。一七〇〇年一月三〇日付の書簡がそれである。

ボシュエは次のように答える。

私はすべてを三つの命題に帰します。第一に、根本的な箇条(des articles fondamentaux)とそうでない箇条があるということ、すなわち、その認識とその明白な信仰が救済に必要不可欠であるような箇条と、そうでない箇条とがあるということです。第二に、それらを互いに識別する諸規則があるということです。第三に、神によって啓示された箇条は、たとえ根本的でないにせよ、それでもやはり重要(important)であり、とりわけ教会がそれらを定義したのちは分裂の種を蒔かずにはおかない、ということです。[140]

ボシュエはこれら三つの命題を提示し、教父達の教えや古代における信仰生活の実践に照らして各命題を説明している。その手続きを支えるのは、伝承に変化なしという論理にほかならなかった。カトリックの教理のどの部分をとってみても、新しいものは何も提唱されてはいない。「四世紀の最も著名な学者たちも、私たちと同じように語り、考えていました。それに続くすべての世紀にあれほど尊ばれた権威を軽蔑することは許されていません」[*141]とボシュエは言う。

ボシュエは聖ヒエロニムスの見解を、誰もそれに追従しない特殊な見解として一蹴したが、ライプニッツはその点に固執する。「猊下、私は自分の良心を傷つけることなしには貴方に議論の勝利を譲れないのを遺憾に思います。と申しますのも、題材を注意深く検討した結果、聖ヒエロニムスの見解は、そちらの側では、とりわけトリエントで行われた現代の改革まで全教会の見解であったことは間違いないように思われるからです。」[*142]ライプニッツはこのように述べて、聖書の正典性についての再論を展開した。しかしながら、それに対するボシュエの返答は、相変わらず教会の諸決定の不可謬性・不変性を顕揚する言葉に満ちていた。

教会の下す何らかの判断において、何事かを変えなければならないという前提に立って論争を鎮めようと企てても無駄である。ボシュエはそう言いたかった。そんな前提に立てば、宗教は堅固なものを何一つもたなくなるだろう。「宗教の安定性を好む者は皆、私たちとともに、ひとたび与えられた教会の諸決定は不可謬で不変であることを基礎に据えなければなりません。私が述べたのはそういうことですし、まったく真実であるのもそういうことです。」[*143]これは一七〇〇年六月一日付のライプニッツ宛書簡の一節である。この短い書簡の末尾でも、同趣の主張をボシュエは繰り返す。「再度貴方にお願いします。教会が誤りを犯し信仰に関する自らの決議を変えることがありうるという前提に立てば、教会が永久に変異しうるのを防ぐ何らかの良い手段を貴方がおもちかどうか、神の前で真面目に検討していただきたい。」[*144]要するにボシュエにとって、信仰に関する教会の決議を変更しうると主張することほど、危険な所業はなかったのである。

ライプニッツは、教会が永久に変異しうるような状態に陥るのを防ぐ何か良い手だてがあるかどうか、神の前で真面目に検討するようボシュエが強く迫るのも、もっともなことだと思った。だが、無条件にそう思ったわけではない。ライプニッツがボシュエの言い分に耳を傾けるのも、次のような前提に立つかぎりでのことだった。すなわち、信仰に関する教会の決議を変えたり、その決議を誤りと認めたりすることではなく、「ある場合には、またある点では、教会の諸決定の力を留保することができるか、もしくは留保されていると見なすことができる」という前提である。[*145]

二人の論争が再開された時点でのライプニッツの発言を、ここで想い起こす必要があろう。ライプニッツは、「平和的な合同」に達するための三つの道を挙げていた。その第三の道が「留保」である。この論争全体を通じて、ライプニッツが「留保」というやり方をどれほど重視していたかが理解されよう。ライプニッツはボシュエに問いかける。「どうしてすべての事を極端な方向へもっていくのですか。カトリシテのまさしく偉大な諸原理と唯一両立しうると思われる道を、どうして忌避するのですか。[*146]」ボシュエの洞察力を考慮すれば、言い過ぎになるのではないか。ライプニッツにはそういう懸念があるにはあった。しかしライプニッツは、問題の重要さを思えば、まだまだ言い足りないのではないか、ということもそれに劣らず心配だった。ライプニッツはいささか悲観的な口調でボシュエに決意を表明する。

私は自分の為しうるかぎりの事をいたします。成功しなくても、とにかく私はけっしてたじろぎません。神がその聖なる意図を叶え給う時、私は自らの義務を果たしているでしょうから。[*147]

けれどもボシュエは、ライプニッツが何と言おうと、ライプニッツが提示するやり方を受け入れることなど到底できなかった。一七〇一年八月一二日付のライプニッツ宛書簡で、ボシュエはライプニッツの問いかけをにべもなくはねつけている。「解決策を探さなければならない、とあれほどたびたび貴方に指摘した大きな困難は、合同について語る場合、私たちが治そうと努力している分裂よりももっと危険で、もっと取り返しのつかぬ分裂へと私たちを陥らせることのないような手段を提示する、ということです。私が貴方に提示している宣言の道 (la voye déclaratoire) は、そうした不都合を免れさせてくれますが、貴方が提示される留保 (la suspension) は、反対に、脱け出すことのできない分裂の奈落へと私たちを投げ込んでしまうのです。[*148]」

二人の議論は、はっきりと平行線を辿り始める。ここまで来れば、以後、教会合同計画にはどんな進展が期待できようか。ライプニッツは、一七〇〇年五月一四日付および同月二四日付のボシュエ宛書簡で、カトリック教会が新しい教義を打ち立てていると言えるゆえんを一二五項目にわたって長々と説明し、[*149] 一方、ボシュエは、一七〇一年八月一七日付のライプニッツ宛書簡で、これまた六二項目に及ぶ反論を展開する。[*150] そういった具合に、二人の間で対話の努力は確かに続けられた。しかし、双方の重要な論点は、すでにそれまでの段階でほぼ出尽くしてしまっていたのである。

9. 計画のゆくえ

新旧両教会の合同をめぐってライプニッツとボシュエとの間で交わされた往復書簡としては、一七〇二年二月五日付のライプニッツのボシュエ宛書簡が、現在まで残る最後のものである。この書簡でライプニッツは、ボシュエの六二項目に及ぶトリエント公会議擁護論[151]に逐一反論し、次のように述べて筆を擱く。自分が真理と信ずるものを裏切らないためには反論せざるを得ないことを分ってほしい[152]、と。ボシュエがこの書簡を受け取ったかどうか、受け取ったとしてそれに返事を書いたかどうかは不明である。いずれにせよ、新旧両教会の合同を主題とする二人の対話は、ここに終わりを告げた。

この合同計画はなぜ挫折したのであろうか。これについては、いくつかの理由が考えられる。まず考えられるのは、理論的次元での対立である。確かにライプニッツは、「和解と妥協の人」であり、「その思考はどんな場合にも、異なる物の間に妥協点を見つけ、ひとつの障害をいくつかの無限小の障害に還元して、そこに調和をうちたてた[153]」。この思想的営為の特徴は、簡潔に言えば、非連続的なるものの連続化への意欲である。モナドという個体存在の内に、意識化されない「微小表象」の領域を見出したことも、そうした意欲のもたらした成果の一つと言えよう。しかも、「表象」を指す「一における多の表現」は、多様性への志向と多様性の一なるものへの還元の志向とが表裏一体を成して、個体存在の内部だけでなく広大な存在連関の動態的なありようをも射程に収めている。多様性は多様性として尊重しつつも、連続律に則って表面的な対立や差異の根底に能うかぎり調和を見出そうとする点で、ライプニッツほど徹底的であった思想家は少ない。「健全な者にはすべてが健全[154](Omnia sana sanis.)」。これがライプニッツの座右の銘であった。

しかしながら、これまでの考察から明らかなように、自由検討の権利を守ることに関してだけは、ライプニッツの側に妥協の余地はまったくなかった。方伯がライプニッツにカトリックへの改宗をしきりに勧めた時、ライプニッツはどんな反応を示したか。たとえ「教会」の神学者たちが否認しようとも、自分が「証明をもっていると信ずる哲学上の見解」を包み隠しておけるものではないと主張して、改宗の勧誘を拒み通したのである[155]。自己の見解を変えることは、ライプニッツにとって、「現在享受している精神の真の安らぎと良心の平安」を放棄するに等しかった。

これに対してボシュエは、「教会」の不可謬性と絶対的権威を断固主張する。自己の見解に固執し、「教会」全体の見解よりも自己の見解を選ぶ人間は、「異端者」と呼ぶほかない。「教会」はつねに無謬であるがゆえに、公会議の諸決定にはいかなる誤りもありえないのだ。したがって、公会議にわずかでも疑義をさしはさむならば、「教会」の下すいっさいの裁定が無に帰してしまう。これが、ボシュエの言説を支える不動の理論的前提であった。この原理上の対立を和解に導くことは、はたして可能だったのだろうか。すでに引用した一七〇五年一二月一四日付のトマス・バーネット宛書簡の文面を、ここで思い起こす必要があろう。「自分の良心と真理を裏切ることなしには見過ごせないような教説」をボシュエは主張している。少くともライプニッツにはそう思えたのである。

ライプニッツとボシュエとの理論上の対立については、いま一つ言及しておかなければならないことがある。それは、「寛容（la tolérance）」という概念の捉え方をめぐる対立であった。

ライプニッツは一六八七年一一月、教会合同に関する覚書を作成し、それを方伯に手渡した。ライプニッツがローマへの旅の途中、方伯のもとを訪れたときである。その覚書の冒頭でライプニッツは、「今なお猖獗を極め、キリスト教圏に多大な損害を与え、多くの霊的・世俗的な悪を惹き起こした西方教会の大分裂を除去すべく提示されたあらゆる方法のうちで、ティナの司教殿、現在はノイシュタットの司教殿〔ロハス・イ・スピノーラを指す――引用者注〕が幾人かのプロテスタント神学者〔モラヌスもその一人――引用者注〕と協議してきた方法が、もっとも理に適っていると思う」[*156]と述べている。この「方法」とは、教皇がプロテスタントを異端と非難するのを引っ込めてプロテスタントの教会組織を尊重するならば、それを交換条件としてプロテスタントは教皇の権威を認めるだろうというものであった。[*157]これによってもたらされる暫定的な平和が、今度は、その後の議論が和解的精神でなされるための諸条件を生み出すであろう。そう考えるライプニッツにとって、「寛容」こそが和解交渉の出発点となるべきものであった。

当の覚書でライプニッツは、「相互的寛容という道と世俗的平和という道（*la voye de la tolérance* mutuelle, et d'une paix civile）から始める必要がつねにある（しかしこの道は、医者が最も差し迫った症状の治療から始めるように、悪〔苦痛〕の原因を取り除くというよりはむしろ悪を軽減する）」と述べ、「この道はさておき、厳格さという道（*la voye de la rigueur*）は、幾世代にもわたって存続してきたマラーノが証拠立てているように、必ずしも適法、安全、効果的なわけではないことは衆目の一致するところであろう」云々と続ける。[*158] ここで注目しておきたいのは、ライプニッツが「寛容」を、達成すべき目標ではなく、議論や相互理解への第一歩でしかないと捉えていることである。このように言えば、ライプニッツにおいて「寛容」は消極的な意義しかもたなかったと見えるかもしれない。けれども別の側面から見るならば、「寛容」は、宗教的差異を克服するための和解交渉にとってまさに必要不可欠な基礎的原理にほかならなかった。「合同を望むに先立って、精神を和らげるために諸権力はまず相互的寛容に関して同意すべきである。[*159]」この一歩なくしては、安定した平和は言うに及ばず、いかなる成果も期待できないであろうとライプニッツは考えていた。[*160]

覚書で言及されている「マラーノ」は、ユダヤ教の信仰を密かに保持しているのではないかと疑われたスペインの改宗ユダヤ教徒に与えられた蔑称であり、「厳格さという道」は非キリスト教徒の強制的改宗に関するカトリック教会の標準的な取組みであった。しかし、ダスカルの指摘を踏まえて言えば、一七世紀末にはマラーノ問題はもはやさほど現実的な問題ではなかったから、ライプニッツはもっと切迫した問題をここで仄めかしていると想定するのが比較的無理のない見方であろう。[*161] その問題とは、当時フランスのカルヴァン派に対してこの「厳格さという道」が適用されつつあったことである。ライプニッツは、『「強いて入らしめよ」というイエス・キリストの言葉に関する哲学的註解』で信仰の強制を批判したピエール・ベールと同様、このやり方を非難した。件の覚書が書かれる二年前の一六八五年に、それまで「ユグノー」に信教の自由を認めていたナント勅令をルイ一四世が廃止して、プロテスタント弾圧を強化したこと、[*162] そしてこの勅令廃止に少なからず関与していたのがボシュエであったことは、覚書の歴史的背景を考えるうえで軽視できない事実である。ルイ一四世は、ナント勅令廃止の直前、ボシュエを説教者に選ぶ。「強いて入らしめよ」という言葉をテクストとして取り上げたその説教に、宮廷の人々はいたく感動したと言われている。[*163] ルイ一四世のフランスは、まさしく「カトリック一色のフランス（La France toute catholique）」であった。[*164]

ボシュエは、『プロテスタントへのいましめ、第六』（*Sixième Avertissement aux Protestants*）で、いかなる形態の寛容にも反対し、カトリックの宗教は「あらゆる宗教のなかでもっとも厳格でもっとも不寛容な宗教[*165]（la plus sévère et la moins tolérante de toutes les religions）」であると公言してはばからない。ボシュエにとって寛容は、異端に対する弱さでしかなかった。それは単なる弱さではなく、咎めるべき弱さなのである。寛容というものが、人が用心しなければならない毒であるのは、教義に変異を持ち込んで宗教を衰弱させるからにほかならない。[*166]

一七世紀末当時、一般に「教会内寛容（la tolérance ecclésiastique）」と「世俗的寛容（la tolérance civile）」とが区別され、前者は、教会において異説が唱えられたとしても、教義の根本に関わるものでなければ、それを教会は寛大に扱うことを意味した。これに対して後者は、国家の利益・安寧に反するような教義を教えるのでないかぎり、いかなる宗派であっても国家は処罰しないということを意味し、宗教の相違に関わりなく世俗社会の法律の恩恵に浴する権利も含んでいた。[*167] しかしながらボシュエは、教会内寛容と世俗的寛容を区別すること自体を拒絶する。世俗的寛容は、変異を正当化するために、言い換えれば、真理からの隔たりと真の宗教の歪曲のしるしである異端を生み出すために、教会内寛容が拠り所とする口実でしかなかったのである。*168

こうした理論的次元での対立に加えて、合同を実現するための手順に関する対立もあった。ローマ・カトリック教会は、プロテスタントを受け入れる前に、彼らプロテスタントが「教会」に従うことを要求し、ルター派のプロテスタントは、「教会」に従うに先立ってまず「教会」に受け入れられることを望んだ。*169ライプニッツは「留保」という方式を繰り返し提示し、モラヌスは「予備的な合同」の考え方を披瀝したが、ボシュエから見れば、これらはいずれも、信仰の根幹に関わる事柄を一時的に棚上げするやり方でしかなく、容認しがたいものであった。

よしんばこれらの対立に何らかの妥協点が見出されたとしても、合同計画のさらなる進展は期待できない厄介な事情が、現実政治の局面で出来していた。イングランドの王位継承問題がそれである。

一七〇一年二月五日、イングランド議会は「王位継承法（Act of Settlement）」を採択する。これはジェームズ二世の子孫（カトリック教徒）の王位継承権を拒否するための法令であったと言ってもよい。*170すなわち、カトリック教徒もしくはカトリック教徒と結婚した者、またはローマ教会と和解した者はすべて王位継承権を有しないこと、ジェームズ二世の娘アン（国教徒）の死後は、新教徒であるドイツのハノーファー選帝侯妃ゾフィーまたはその子孫がイングランド王位を継承すべきことなどが、その主要条項であった。*171ドイツのハノーファー家がなぜイングランドの王位継承権を獲得したかといえば、ハノーファー公ゲオルク・ルートヴィヒの母ゾフィーが、かつてのイングランド王ジェームズ一世の孫娘だったからである。

ライプニッツは、ゲオルク・ルートヴィヒの父エルンスト・アウグストの時代から、ハノーファー公の司法枢密顧問（一六九六年以降）であった。学者であり自由人である前に、ライプニッツはハノーファー公の外交官として、つまり臣下として活動していた。*172言うまでもなく、臣下であるかぎり主君の利害関心に従わざるを得ない。ゲオルク・

ルートヴィヒがイングランド王位の継承権を有するに至った以上、「王位継承法」に抵触する教会合同計画をライプニッツが推し進めるならば、主君の政治的立場に重大な不利益をもたらすことになろう。そんな計画をゲオルク・ルートヴィヒが歓迎するはずはなかった。それでなくとも、この新選帝侯は父とは対照的に、ライプニッツの諸々の活動に少しも関心を示さず、ライプニッツに対して批判的な態度をとり続けた。ライプニッツは、「かつてエルンスト・アウグストから得ていたような寵に浴することもなければ、自らの多岐にわたる活動に対する庇護を得ることもなかった」[*173]のである。

現実政治の局面での問題はといえば、ボシュエの背後にあって教会合同を妨害したルイ一四世の存在も忘れてはなるまい。教会合同のあり方について、ボシュエはドイツのルター派プロテスタントと異なった考えをもっていたにせよ、合同のための対話を続けたことは確かである。しかしこのフランス王は、教会の合同ではなく、むしろ分裂を欲した。ドイツの諸侯の宗教的対立が克服されて国内統一が実現するよりも、諸侯が新旧両教派に分裂したままである方が、侵略には好都合だったからである[*174]。

以上列挙した、教会合同計画の挫折の理由と考えられる事柄のうちどれが優勢であったかは断言できかねるが、宗教的問題と政治的問題が複雑に絡み合っていたことは容易に看取されよう[*175]。この合同計画は終始一貫、宗教的かつ政治的な問題であり続けたのである。できるかぎりローマ・カトリック教会に譲歩して宗教上の対立を和解へと導き、そうすることで、キリスト教文化圏としてのヨーロッパ全体の平和と、ヨーロッパ的連関網に組み込まれたドイツの安全とを同時に確保する。これがライプニッツに課せられた喫緊の課題であり、またライプニッツ自身の意欲するところでもあった。

その意欲には、しかし、合同計画の実現にとって障害になりうるような要因が潜んでいた。なぜならライプニッツは、公会議の諸決定の留保を主張し続けた点にも示されているように、既存のローマ・カトリック教会を「ある特殊な教会」として相対化しうる新たなカトリシテ（普遍性）の地平を未踏の方向に構想していたからである。ガリカン教会独自の立場は堅持しつつもカトリック教会という「一」なる共同体の永続性を絶対視するボシュエは、そうした永続性と対立するライプニッツの志向をついに許容することができなかった。ライプニッツは一六九二年の時点でブリノン夫人に、ボシュエも含め「彼らがあらゆる党派的見解に与することを免れればよいのですが」と語っていたが、その願いは叶わずじまいとなった。

信仰とは、有限者としての人間が心の拠り所あるいは魂の救いを求めて何かの絶対性を信ずることである。そして、人間が絶対的な何ものかへの信に基づいて、宗教という一種の共同的意思の体系を生み出す。それゆえにであろうか、特定の信仰形態がしばしば、自己聖別的で不寛容な共同性として立ち現われ、その外部にいると見なされた個人は、このいわば物神化された党派的共同性との闘いを余儀なくされることになる。ライプニッツがルター派の意を体して臨んだ教会合同のための和解交渉は、信仰上の《差異》を認めない不寛容な党派的共同性との闘いの軌跡を思想史にしるしている。《差異》が差別も排除もされずに同等に共存しうる世界を構想することは、見果てぬ夢なのか？　これは一七世紀末の西欧で展開された教会合同の試みが時空の隔たりを超えて今日のわれわれに投げかけている問いである。

＊001——Yvon Belaval, *Leibniz: Initiation à sa philosophie*, Paris, 1975, p.48; E. J. Aiton, *Leibniz: A Biography*, Bristol & Boston, 1985, p.23.（E・J・エイトン『ライプニッツの普遍計画——バロックの天才の生涯』（渡辺正雄・原純夫・佐柳文男訳）、工作舎、一九九〇年、四六頁。）

＊002——この「論証」の内容については、永井博『ライプニッツ』、勁草書房、一九五八年、六四-六七頁、参照。

＊003——Aiton, op.cit, p.26.（エイトン、前掲書、五〇頁。）

＊004——ポール・アザール『ヨーロッパ精神の危機』（野沢協訳）、法政大学出版局、一九七三年、二七四-二七五頁。

＊005——神観に関するライプニッツの思想的立場については、粗略ながら、拙稿「ライプニッツ研究ノート——「理性」の位相をめぐって——」『紀要』第五四号、法政大学教養部、一九八五年で考察を試みた。

＊006——『フォイエルバッハ全集第七巻　ライプニッツの哲学』（船山信一訳）、福村書店、一九七三年、二八六頁。

＊007——永井、前掲書、七〇-七五頁参照。

＊008——同書、一四七-一四八頁参照。

＊009——François Gaquère, *Bossuet et Leibniz: La réunion des Eglises en échec (1691–1702)*, Beauchesne, 1966, pp.33–37.

＊010——Maria Rosa Antognazza, *Leibniz: An Intellectual Biography*, Cambridge University Press, 2009, pp.339.

＊011——Gaquère, op.cit, p.42. *Œuvres de Leibniz*, publiées pour la première fois d'après les manuscrits originaux avec notes et introduction par Louis Alexandre Foucher de Careil, T.I, 2e édition, Paris, 1867; Réimp. Hildesheim・New York, 1969, pp.63–64. 以下、このフシェ・ド・カレイユ版著作集はFCと略記し、各巻数はローマ数字で記す。

＊012——FC I, p.65; Gaquère, op.cit, p.43.

＊013——FC I, pp.234–236.

＊014——*Ibid.*, p.237.

＊015——Ibid.

＊016——*Ibid.*, p.199.

＊017——Ibid.

＊018——Aiton, op.cit, p.182.（エイトン、前掲書、二六一頁。）

＊019——Antognazza, op.cit, p.339.

＊020——*Ibid.*, p.340.

＊021——FC I, p.199. Gaquère, op.cit, pp.83–84.

＊022——FC I, p.199. Gaquère, op.cit, p.86.

＊023——Gottfried Wilhelm Leibniz, *Sämtliche Schriften und Briefe*, Erste Reihe, Vierter Band, Akademie-Verlag, S.320. 以下、このアカデミー版ライプニッツ全集第一部門の各巻からの引用に際しては、AIと略記し、そのあとに巻数とページを記す。なお、ここでライプニッツの言う、「位階制度の不断の継続によって認知することのできる可視的なカトリック教会の外的共同体」とは、E・カッシーラーが、「物という形で固定され」た「客観的に伝達しうる救済利福による宗教的媒介の体系」と規定した物的秩序を指す（『自由と形式』（中埜肇訳）、ミネルヴァ書房、一九七二年、一〇頁）。

＊024——Ibid.

＊025——*Ibid.*, S.321.

＊026——Aiton, op.cit, p.124.（エイトン、前掲書、一八二頁。）

＊027——FC I, pp.245–248. *Œuvres Complètes de Bossuet*, publiées par des prêtres de l'immaculée conception de Saint-Dizier, Tours, Cattier, 1862, t.6, pp.260–261. 以下、この全集からの引用に際しては*Bossuet*と略記（t.4–t.6はいずれも一八六二年の出版）。

＊028——FC I, p.248. Bossuet, t.6, p.261.

＊029——*Bossuet*, t.4, p.410.

＊030——*Bossuet*, t.5, p.2.

＊031——アザール、前掲邦訳、第四章「ボシュエの戦い」参照。

＊032——*Bossuet*, t.4, p.720.

＊033——*Bossuet*, t.5, p.406. これと同趣旨の記述は『変異史』の序文にも見られる。ボシュエによれば、「異端、すなわち特殊な意見をもつ者（celui qui a une opinion particulière）の特性は、自分自身の考えに執着するということであり、カトリック教徒、すなわち普遍的な者の特性は、自分の見解よりも教会全体の共通の見解を選ぶということである」（*Bossuet*, t.4, p.414）。

＊034——*Bossuet*, t.4, p.377.

＊035——William John Sparrow Simpson, *A Study of Bossuet*, spck, London, 1937, p.17.

＊036——*Ibid.*, p.26.

＊037——アザール、前掲書、二七八頁。

＊038――この点については、本書第二章および第四章参照。

＊039――Sparrow Simpson, op.cit., p.142.

＊040――アザール、前掲書、二七九頁。

＊041――この文書をボシュエはフランス語に翻訳している。そのフランス語訳（一六九一年）の表題は、《*Règles touchant la réunion générale des chrétiens*》である（Gaquère, op.cit., p.50）。『規則』からの引用に際しては、このボシュエのフランス語訳に依拠した（*Bossuet*, t.6, pp.134–145）。

＊042――ボシュエはこの文書もフランス語に翻訳しており、その表題は《*Pensées particulières sur le moyen de réunir l'Eglise protestante avec l'Eglise catholique romaine*》である。この『私見』からの引用に際してもボシュエ訳に依拠した（*Bossuet*, t.6, pp.145–165）。

＊043――FC I, p.308.

＊044――Sparrow Simpson, op.cit., pp.171–172.

＊045――FC I, p.384. *Bossuet*, t.6, p.281.

＊046――*Bossuet*, t.6, pp.134–135.

＊047――*Ibid.*, p.135.

＊048――Ibid.

＊049――*Ibid.*, p.136.

＊050――*Ibid.*, p.138.

＊051――*Ibid.*, pp.140–141.

＊052――*Ibid.*, p.142.

＊053――*Ibid.*, pp.145–146.

＊054――*Ibid.*, p.146.

＊055――*Ibid.*, p.147.

＊056――Ibid.

＊057――*Ibid.*, p.149.

＊058――*Ibid.*, pp.151–157.

＊059――*Ibid.*, pp.157–159.

＊０６０——*Ibid.*, pp.160–164.
＊０６１——*Ibid.*, p.157.
＊０６２——*Ibid.*, pp.202–203.
＊０６３——*Ibid.*, p.158.
＊０６４——*Ibid.*, p.157.
＊０６５——*Ibid.*, p.161.
＊０６６——*Ibid.*, p.211.
＊０６７——Ibid.
＊０６８——*Ibid.*, pp.211–212.
＊０６９——*Ibid.*, p.211.
＊０７０——FC I, p.385. *Bossuet*, t.6, p.281.
＊０７１——FC I, p.386. *Bossuet*, t.6, p.282.
＊０７２——FC i, p.387. *Bossuet*, t.6, p.282.
＊０７３——Sparrow Simpson, op.cit., pp.175–176.
＊０７４——『キリスト教大事典　改訂版』、教文館、一九六八年、七八〇頁、参照。
＊０７５——*Bossuet*, t.6, p.274.
＊０７６——*Ibid.*, p.276.
＊０７７——*Ibid.*, pp.276–277.
＊０７８——*Ibid.*, p.277.
＊０７９——Cf. Gaquère, op.cit., p.115.
＊０８０——*Bossuet*, t.6, p.272.
＊０８１——Ibid.
＊０８２——*Ibid.*, p.280.
＊０８３——Ibid.

＊０８４――*Ibid.*, p.214.
＊０８５――*Ibid.*, pp.214-215.
＊０８６――*Ibid.*, p.215.
＊０８７――*Ibid.*, p.216.
＊０８８――エメ＝ジョルジュ・マルティモール『ガリカニスム――フランスにおける国家と教会』（朝倉剛・羽賀賢二訳）、白水社、文庫クセジュ、一九八七年、一〇九頁。
＊０８９――Sparrow Simpson, op.cit., p.69.
＊０９０――マルティモール、前掲書、一一一頁。
＊０９１――同書、111頁。なお、Sparrow Simpson, op.cit., p.69にも同趣旨の指摘がある。
＊０９２――*Bossuet*, t.6, p.218.
＊０９３――*Ibid.*, pp.219-220.
＊０９４――Gaquère, op.cit, p.136. なお、Bossuet, t.6, p.282では一〇月一日付と記されている。
＊０９５――Sparrow Simpson, op.cit., p.176.
＊０９６――*Bossuet*, t.6, p.307.
＊０９７――FC II, pp.23-27.
＊０９８――Sparrow Simpson, op.cit., p.177. FCII, pp.81-82. 日付は一六九五年二月一八日か二八日。
＊０９９――*Bossuet*, t.6, p.279.
＊１００――ゲルハルト（C. J. Gerhardt）版『ライプニッツ哲学著作集』（*Die philosophischen Schriften von Gottfried Wilhelm Leibniz*, Olms）第三巻、三〇三-三〇四頁。以下、本著作集はGPと略記。
＊１０１――ペリッソンは一六九三年、スピノーラはその二年後の九五年、ボシュエは一七〇四年に亡くなっている。
＊１０２――Jean Baruzi, *Leibniz et l'organisation religieuse de la terre d'après des documents inédits*, Darmstadt, 1975: Réimpression de l'édition de Paris 1907, p.342.
＊１０３――*Bossuet*, t.6, p.306.
＊１０４――本章1参照。
＊１０５――*Bossuet*, t.6, p.305.

＊106——*Ibid.*, p.306.

＊107——Baruzi, op.cit., pp.340–341.

＊108——*Ibid.*, pp.342–343.

＊109——FC II, p.24. 一六九四年二月一一日付。

＊110——一六九五年六月二五日付。FC II, p.97. *Bossuet*, t.6, p.308.

＊111——一六九四年七月一八日付。FC II, p.73–74. *Bossuet*, t.6, pp.307–308.

＊112——FC II, p.236–237. p.192.

＊113——Gaquère, op.cit., p.175. この書簡はFC IIにも*Bossuet*, t.6にも収められていない。

＊114——Cf. Gaquère, op.cit., p.189.

＊115——*Bossuet*, t.6, p.298.

＊116——FC I, p.504–505; cf. Baruzi, op.cit., p.338.

＊117——*Bossuet*, t.6, p.298.

＊118——*Ibid.*, p.295.

＊119——*Ibid.*, p.298.

＊120——*Ibid.*, p.295.

＊121——*Ibid.*, p.296.

＊122——Baruzi, op.cit., p.328.

＊123——*Bossuet*, t.6, p.298.

＊124——*Ibid.*, p.300.

＊125——一六九三年一〇月二三日付。FC I, p.520. Gaquère, op.cit., pp.166–167.

＊126——一六九八年一一月八日付及び同月一七日付のアントン・ウルリッヒ宛書簡（FC II, pp.202–204, 208–214）、一六九九年二月二四日付のモラヌス宛書簡（FCII, p.246）、同月二八日付のリューネブルク公爵宛書簡（FC II, pp.247–250）等々参照（Cf. Baruzi, op.cit., pp.346–349）。

＊127——FC II, pp.268–269. Gaquère, op.cit., pp.196–197. この書簡について、FCは日付なしとするが、五月八日以前と注記。Gaquèreは一六九九年四月二三日付とする。本稿ではこれに従った。なお、同書簡は*Bossuet*, t.6には収められていない。

＊128――FC II, pp.270–271.

＊129――この点については、『キリスト教大事典』、六二二–六二三頁、参照。

＊130――FC II, p.279. *Bossuet*, t.6, pp.308–309.

＊131――FC II, p.280. *Bossuet*, t.6, p.309.

＊132――FC II, p.281. *Bossuet*, t.6, p.309.

＊133――FC II, p.283. *Bossuet*, t.6, p.309.

＊134――FC II, pp.283–284. *Bossuet*, t.6, p.310.

＊135――FC II, p.286. *Bossuet*, t.6, p.311.

＊136――FC II, pp.290–291. *Bossuet*, t.6, p.312.

＊137――FC II, p.293. *Bossuet*, t.6, p.313.

＊138――FC II, p.292. *Bossuet*, t.6, p.313.

＊139――FC II, p.297. *Bossuet*, t.6, p.314.

＊140――FC II, p.300. *Bossuet*, t.6, p.315.

＊141――FC II, p.305. *Bossuet*, t.6, p.317.

＊142――一七〇〇年四月三〇日付、ライプニッツのボシュエ宛書簡。FCII, p.310–311. *Bossuet*, t.6, pp.318–319.

＊143――FC II, p.374. *Bossuet*, t.6, p.319.

＊144――FC II, p.375. *Bossuet*, t.6, p.320.

＊145――FC II, p.378. *Bossuet*, t.6, p.335.

＊146――FC II, p.380. *Bossuet*, t.6, p.336.

＊147――FC II, p.381. *Bossuet*, t.6, p.336.

＊148――FC II, p.390. *Bossuet*, t.6, p.338.

＊149――FC II, p.318–373. *Bossuet*, t.6, pp.320–334.

＊150――FC II, p.400–430. *Bossuet*, t.6, pp.340–350.

＊151――FC II, p.400–430. *Bossuet*, t.6, pp.340–350.

＊152——FC II, p.433.

＊153——アザール、前掲書、二八四頁。

＊154——GP I, 406. 一六九二年一月のフシェ宛書簡。

＊155——本章2参照。

＊156——A I, 5, S.10; FC II, p.1.

＊157——Cf. *Gottfried Wilhelm Leibniz: The Art of Controversies*, translated and edited, with an introductory essay and notes by Marcelo Dascal, Springer, Dordrecht, 2008, p.247.

＊158——A I, 5, S.11; FC II, p.2. なお、傍点を付した箇所は、AIでは隔字体、FCではイタリック体である。

＊159——一六八五年三月、ライプニッツの方伯宛書簡。*G. W. Leibniz: Textes inédits*, d'après les manuscripts de La Bibliothèque provinciale de Hanovre, publiés et annotés par Gaston Grua, PUF, Paris, 1948, p.190.

＊160——Cf. Dascal, op.cit, p.xxvii.

＊161——Cf. Dascal, op.cit, p.259.

＊162——ナント勅令がカルヴァン派に信教の自由を保障する布告であったとは言っても、カルヴァン派がすでに定着している地域で説教が行われることを同派に認めたにすぎず、影響力の及ぶ地域を拡大したり、カルヴァン派の勢力下にある地域の内部においてさえ新しい教会を建設したりすることは認めなかった（Cf. Dascal, op.cit, p.xxv）。この点も含めて、ナント勅令については、本書第二章および第四章参照。

＊163——Cf. Sparrow Simpson, op.cit., p.142.

＊164——これについては、プロテスタントからカトリックへ改宗したジャン・ゴートロー（Jean Gauthereau）の著作『ルイ大王のもと、カトリック一色のフランス』（*La France toute catholique sous le règne de Louis le Grand*, 1684）の標題で使われている表現を、ピエール・ベールが自著の標題『ルイ大王のもと、カトリック一色のフランスとは何か』（*Ce que c'est que la France toute catholique sous le règne de Louis le Grand*, 1686）に借用したという経緯がある（『ピエール・ベール著作集第二巻　寛容論集』（野沢協訳）、法政大学出版局、一九七九年、六一五頁、八〇八頁、参照）。

＊165——*Bossuet*, t.5, p.189.

＊166——Cf. *La tolérance*, Textes choisis & présentés par Julie Saada-Gendron, Flammarion, Paris 1999, p.63.

＊167――Cf. Antoine Furetière, *Dictionnaire universel, contenant généralement tous les mots français, tant vieux que modernes, et les termes des sciences et des arts*, Tome IV, La Haye, 1727; Nachdruck, Olms, 1972.

＊168――Cf. *La tolérance*, p.63.

＊169――Cf. Gaquère, op.cit., p.252.

＊170――*Ibid.*, p.255.

＊171――大野真弓編『イギリス史〈新版〉』、山川出版社、一九九〇年、一八三頁、参照。

＊172――Cf. Gaquère, op.cit., p.257.

＊173――エイトン、前掲書、三一一頁。

＊174――永井、前掲書、一五七頁、参照。

＊175――Cf. Gaquère, op.cit., p.248.

第四章 《狂信》と《理性》――ヴォルテール『寛容論』再考――

本章は、一八世紀フランスの思想家ヴォルテール（François-Marie Arouet Voltaire, 1694–1778）の著作『寛容論』（*Traité sur la tolérance*, 1763）に注目し、当代フランス社会にはびこる狂信的な不寛容に対抗して理性の立場から寛容が平和的共存の原理として強く希求された点を考察する。[*001]

ここに言う不寛容とは、許容されるべき多様な価値観を社会から暴力的に排除しようとする態勢もしくは行為を意味する。西欧の歴史に限定して振り返れば、そうした排除の動きを公然と示してきたのが、精神の平安のみならず身体の安全をも奪う宗教的迫害であった。かつてキリスト教徒の間で行われた魔女狩り、一五世紀末からイベリア半島で猖獗を極めた異端審問、一六世紀半ばカルヴァン派の拠点ジュネーヴで執行されたミカエル・セルヴェトゥスの焚刑等々が想起される。このような宗教的次元を内包する不寛容は、「光明の世紀」が訪れても暗渠に潜むかのように負の命脈を保ち、ひとたびその差別と迫害の標的となった人びとは平穏な暮らしを蹂躙され、筆舌に尽くしがたい不幸に見舞われた。

一七六一年一〇月一三日夜、南仏ラングドック州の州都トゥールーズ。同市の布地商人ジャン・カラス（プロテスタント）の家の二階で、当夜の来客コベール・ラヴェスをまじえた夕食が終わると、長男マルク＝アントワーヌが食卓を離れて階下へ降りて行った。しばらくして次男ピエールが客を送りに二人で降りたところ、彼らは首にロープを巻きつけた長男の死体を発見した。これがいわゆる「カラス事件（L'Affaire Calas）」の発端である。

トゥールーズのプロテスタントの家庭で変死人が出たのを機にどのような状況が出来したか。民衆がカラス家のまわりに集まり、そうこうするうちに「下層民のなかの誰かが、ジャン・カラスは自分の実の息子マルク＝アントワーヌの首を絞めたのだと叫んだ。この叫びが繰り返されているうちにあっという間にあらゆる人の口からも聞かれるようになってしまった。殺された当人はその翌日改宗の宣誓をするはずになっていた、家族の者やラヴェス青年がカトリックに対する憎しみからマルク＝アントワーヌを絞殺したのだ、とつけ加える連中も出てきた。次の瞬間、これを疑う者はもういなくなった」[*002]。

司法当局がこのような流言に煽られて、同夜カラス家にいた人物たちを拘束するのにさほど時間はかからなかった。トゥールーズの市参事《カピトゥル》が勢い込んで慣例や規定に反した訴訟手続きを進め、カラス夫妻、次男ピエール、当夜の客ラヴェスおよび召使を投獄してしまう[*003]。この事件の審理は当初、市役所の判事が担当したが、のちにトゥールーズ高等法院[*004]の手に委ねられる。その審理の過程でジャン・カラスの自白を引き出すべく厳しい訊問、数次にわたる拷問が行われた。しかしカラスは自己の無実を訴えつづけ、高等法院は決定的な証拠を見出せぬまま死刑判決を下す。実子殺しの容疑で逮捕された父親は、一七六二年三月一〇日、身の潔白を叫びつつ処刑された。

ジャン・カラス以外の被告に対しては、一七六二年三月一八日、ピエールの終身追放、他の三名の無罪という判決がそれぞれ下された。ジャン・カラスの名誉回復と全被告の無罪が勝ちとられるのは、ようやく一七六五年三月九日のことであるが、そこに至るまでにはヴォルテールを中心とする活発な言論活動があった。

スイスとの国境に近いフェルネーに秘密委員会を設置したヴォルテールは、宗教上の「狂信」に起因すると考えられるこの冤罪事件に自己の精髄を傾注し、「理性」への全幅の信頼に立って世論を喚起することによって、被告の名誉回復のために奔走する。齢七〇に達しようとする「フェルネーの長老」が遂行した、社会の「狂信」「偏見」に対する果敢な思想闘争の軌跡が著作『寛容論』には刻まれている。

1．「寛容」という観念について

ヴォルテールは『寛容論』で、「不寛容（intolérance）」を正当化するための先例を過去に求めることに対する反証として、ギリシア人やローマ人は「寛容（tolérant）」であったと縷々述べてはいるが（『寛容論』第七、八章）、不寛容な当代フランス社会の現実に挑んでいたヴォルテールの戦略的な意図はその記述から汲み取れるとしても、そうした古代の人びとは「寛容（tolérance）」という観念を当の言葉で考えていたわけではない。寛容は、ヨーロッパがルネサンス期に経験する新たな宗教的状況のなかで出現した近代的な観念なのである。[*005]

さしあたりフランス語のtoléranceを例に取ると、この言葉の歴史はそれだけでトレランスという概念の多義性を示している。ラテン語を用いていた著述家たちにおいては、tolerantiaは試練における粘り強さや、諸々の不都合、逆境あるいは自然的な諸要素に耐える力を意味した。「耐える・我慢する」という意味の語toleroは、人が自分に対してなす努力を指す。医学的な語彙はこの意味で用いられ、有機体のトレランスは、病的な兆候なしに薬や一定の化学的・物理的作用体の働きに耐える能力のことである。トレランスはまず人が諸事物に対して維持する関係に関わっており、それが他者との関係の形態を示すのは意味の転移によるが、やがてトレランスが固有の意味を獲得するのはこの方向においてである。[*006] トレランスが、自他の間にみられる思考様式の差異の認識に立って《他者》の立場を容認する態勢を意味するようになるのは一七世紀末のことであった。[*007]

フランス語の一七世紀的用法を示す文献の一つに、一六九〇年に初版が出版されたフュルティエールの『汎用辞典　一般的なフランス語の古語・新語及び学問・芸術用語をすべて収録』がある。同辞典の一七二七年版によれば、tolérance は、「異端者」をどの程度まで「許容（tolérer）」すべきかという問題をめぐって激論を重ねてきた神学者たちの間で「何年か前から頻繁に使用されるようになった語」である。この語は本来、「許容された事柄」への暗黙の非難を含んでおり、是認できない事柄であっても、思いやりのある態度でそれを「大目に見ること（un support）」を意味する。また、「教会内寛容」と「世俗的寛容」とが区別され、前者は、「教会」において異説が唱えられたとしても、教義の根本に関わるものでなければ、それを主張する者を「教会」は寛大に扱うことを意味し、後者は、国家の利益・安寧に反するような教義を教えるのでないかぎり、いかなる宗派も国家は処罰しないということである。

この記述をふまえるならば、tolérance は、世俗社会でキリスト教の諸宗派あるいはキリスト教以外の諸宗教を信奉する自由だけでなく、教会内における少数意見の許容をも含意していたのであり、しかも、本来是認できない事柄でも大目に見るという、むしろ消極的な意味で使われていた。しかし、宗教戦争の終結後も燻るキリスト教の新旧両教派の対立が各地の世俗権力と絡んで複雑な様相を呈するなかで、寛容の観念は、専横的な権力に抗する個人もしくは少数派の内面的自由に関わる問題として、次第に積極的な意味を担うようになる。こうして寛容は、《他者性》の承認を前提とする多様な価値観の共存という観念をもたらす。

2．事件の背景

寛容という観念の意味変容に対応して多様な価値観の共存を是とする考え方が西欧で広く共有されるまでの道はけっして平坦ではなかったが、その道を少しずつ切り拓いていったのが啓蒙思想である。

一七世紀後半のイギリスに始まる啓蒙思想の潮流は、一八世紀にはフランス、ドイツを経てヨーロッパに広がりをみせた。「光明〔啓蒙〕の数世紀に先行した無知の長い中間時代〔中世〕[*008]」という『百科全書』「序論」の記述に込められた思想的自己主張が示すように、一八世紀は「光明の世紀」「批判の世紀」であり、旧来の因習・偏見・迷信といった蒙昧の闇から人間を解き放とうとする時代の到来であった。このような思想潮流の真っただなかにあったヴォルテールは、『寛容論』で、「あまねく光明を及ぼすべく活動を始めた合理的精神」への期待に促されつつ、同時代の「狂信(le fanatisme)」を次のように告発する。

これは、われわれの時代の出来事なのである。哲学が多大の進歩を成就させた時代に起こったことなのである。しかも百を数える学問の府が温順な風俗を招来させようと筆を執りつつあるときに起こったことなのである。つい先頃からさまざまの成功が理性(la raison)の手中に帰したのに激怒した狂信が、理性に圧倒されながらも、一段と猛り狂ってもがいているように思われる。(八〇頁)

二一世紀の今日、「哲学」がはたして「多大の進歩」を遂げたと言えるかどうか、筆者には分りかねるが、世界各地で頻発するテロ、ヘイトスピーチ等々、人間の尊厳を深く傷つけ生命さえ奪う暴力行為を視野に入れるならば、特定の観念の物神化による他者の差別・排除は、宗教的領域のみならず世俗的領域のさまざまな局面で起こりうる。ヴォルテールはカラス事件を、「いわば晴れわたった日のうららかな陽気に落雷が轟くにも似ている」と表現し、「こうした事件は稀であるとはいえ、だが実際に起こるのである。それは陰鬱な迷信の結果であり、この迷信こそ、虚弱な精神をして、考えをおなじくしない人びとに手当たり次第罪の烙印を押さしめずにはおかぬからである」(二四二頁）と言った。ここに言う「迷信」を党派的憎悪に置き換えてみるならば、その存立機制の解読は現代においても未解決問題であると言わざるを得ない。そうであるかぎり、「これは、われわれの時代の出来事なのである」という言葉は、洋の東西を問わず、現代社会に生きている誰かが明日口にする言葉かもしれないのである。

では、カラス事件の発生基盤はどのようなものであったか。

トゥールーズは一六世紀以来、プロテスタント（カルヴァン派）の勢力が強く、プロテスタントとカトリックとの血腥い抗争が絶えない町であった。ヴォルテールは当地の人びとの行動様式の一端を次のように描く。

この連中は迷信深く、激昂しやすく、彼らは同胞であっても自分らと同じ信仰を奉じない人たちを怪物視している。アンリ三世の死を盛大に神に感謝したのはトゥールーズであり、さらには偉大にして慈悲深いアンリ四世陛下を国王と認めると口にするやからは見つけ次第その喉首を掻き切ると誓いを立てたのもこのトゥールーズでのことである。この町はいまなお毎年、行列とかがり火とで二百年前異端の四千の市民を血祭に上げた日を盛大に祝っている。（七六－七七頁）

じっさい一五六二年五月一七日、トゥールーズで行われたあるプロテスタントの葬儀に端を発するプロテスタントとカトリックの武力衝突に際して、カトリック側が休戦――実は偽装休戦――を申し出たためにプロテスタントは武装を解除し、それに乗じてカトリック側はおよそ四千人のプロテスタントを殺害、以来トゥールーズ市民は毎年この日を祝ってきた。カラス事件の起きた一七六一年はその二百年祭の前年に当たる。

周知のように、アンリ四世によるナント勅令（1598）は一六八五年一〇月一五日、ルイ一四世の発したフォンテーヌブロー勅令によって撤回された。正式には「和平勅令(L'Édit de Pacification)」と呼ばれるナント勅令は、フランスのプロテスタントに信仰の自由を認めたものだと説明されることがあるが、「国王とカトリック教会がプロテスタントたちに与えた束の間の休戦協定であったとさえいわれる」[*009]のであり、したがって過大評価は避けなければならない。プロテスタントたちには教会堂、安全地帯、政治集会の場、結婚地域〔プロテスタントとして婚儀を行うことが可能な場所〕などが与えられたが、これは裏返せば、指定された場所以外では活動が認められず、安全が保障されていなかったことを意味する。したがってナント勅令は「プロテスタント信徒を一定の領域に閉じこめるための措置」[*010]であり、「ナントの和平は、敵対する二つの宗派の間に単なる妥協案を定め、単なる平和的共存を作り出すにすぎない」[*011]。

しかしそれでも、この勅令が君主の宗教とは別の宗教を奉じる人びとに一定範囲の信仰活動を認めたことは否定できない。このように王の信奉する宗教とは別の宗教を受け入れることは、王の権力が一部の臣民たちの異議申し立てに直面する危険を冒すに等しかった。「一つの信仰、一つの法、一人の国王(une foi, une loi, un roi)」という原則が優勢を占めていた一六世紀のヨーロッパでフランスのケースは特異である。こうした例外は、大筋において、アンリ四世の孫ルイ一四世による撤回まで八七年間続く。[*012]

もっともナント勅令は撤回以前からすでに空文化され、一六七七年頃から国王の「竜騎兵《ラ・ドラゴナード》」[*013]によるプロテスタント迫害は行われており、フォンテーヌブロー勅令はそういう動きの追認にすぎなかったとも言える。[*014]しかしこの勅令が牧師の追放、プロテスタントの亡命禁止、教会の破壊等々の措置によって迫害を強化したことは確かである。

このような動きに対してプロテスタント側は、一七〇二年に反乱(カミザールの乱)を企てたが、それも一七一二年に鎮圧され、差別的な社会体制の下での呻吟を余儀なくされた。職業のなかにはプロテスタントの就職が禁じられているものが一定数あっただけでなく、プロテスタントは洗礼を受けられなかったために市民の身分を剝奪されており、結婚しようとしても内縁関係を甘受せざるを得ず、プロテスタントの子供は非嫡出子と見なされ遺産の譲渡も認められなかった。

ナント勅令の撤回以降、フランス王国には公式にはもはやプロテスタントは存在せず、その代わりに存在するのは「新カトリック（nouveaux catholiques）」（N・Cと略称された）のみである。しかし、ミサを受けること、告解すること、聖体を拝領することを控えていたこれらいわゆる新カトリックが、じっさいには「自称改革派宗教（R・P・R〔religion prétendue réformée〕）」の信徒であることは誰もが知っていた。

一八世紀フランスにおけるプロテスタントの活動の態様はきわめて複雑である。プロテスタント信仰を禁止するフォンテーヌブロー勅令は文字通りに実施されていたわけではない。例えば、ジャン・カラスは生地の主任司祭によって洗礼を受け、のちにトゥールーズではなくイル・ド・フランスのある村の教会で合法的に結婚した。彼は自分の六人の子供にカトリックの洗礼を受けさせている。息子四人はイエズス会のコレージュで学業を修めたが、それでもなお彼らは、ただひとり（三男ルイ）を除いて「ユグノー」であり続けた。*015

ラングドックのようにプロテスタント人口が稠密な地方では、知事はプロテスタントに対して諸規則を厳格に適用することはできなかった。当局の暗黙の無関心にも助けられ、やがてプロテスタントの宗教生活は、アントワーヌ・クールを中心とする「荒野の教会」のもとで再組織される。一七四四年には国内の教会会議の招集さえ可能になったが、この信仰復興運動はカトリック側の反撥と当局による運動鎮圧劇を招き寄せ、一七四四年以降、ラングドックの情勢は緊迫の度を強めた。憲兵隊が「荒野の教会」狩りに踏みきったのである。一〇年もたたぬうちに二千名が捕えられ、一七四五年と四六年には二百名のプロテスタントが漕役船（ガリー船）送りの刑に処せられたという。

このようにカラス事件の一〇年前の段階ですでにカトリックとプロテスタントとの抗争が再燃していた。[*016]

そうした宗教的対立に加えて「七年戦争」による経済的逼迫が市民の生活を襲っていた。一七五六年に始まったこの戦争では、シュレジェンの帰属をめぐるプロイセンとオーストリアの対立を軸として、プロイセンはイギリスと、オーストリアはフランス、ロシアと同盟を結んで戦い、これと並行して、イギリスとフランスは激しい植民地争奪戦を繰り広げた。その過程でフランスは北米やインドでほぼすべての植民地を失い、大西洋でもイギリスに制海権を握られるなど、大きな打撃を受けることとなる。国家の財政を圧迫された影響はラングドックにも及び、生活の窮乏化に苦しむ多数の農民が都市に流入し、失業者・浮浪者の増大に拍車をかけた。トゥールーズも例外ではなく、町には被抑圧感情が恐るべき抑圧装置にいつ転化してもおかしくない不穏な空気が漂っていたようである。[*017]さらに敵国のイギリスとプロイセンは新教徒が多数派を占める国であったことも、他の諸事情と複合して民衆の感情にある種のバイアスを生み出す可能性を孕んでいた。[*018]

ジャン・カラス逮捕の前後に、これと類似した事件――「ロシェット事件」と「シルヴァン事件」――が起きたという事実に照らしてみても、ヴォルテールが直面していた問題の根深さが察せられよう。前者は一七六一年九月一三日、「荒野の教会」の牧師ロシェットがプロテスタントのために結婚式を執行した罪で逮捕され、翌年二月一九日にトゥールーズで処刑された事件、後者は一七六二年一月四日、トゥールーズから七〇キロメートルばかりのところにあるカストルで、当地の土地監督官シルヴァン（プロテスタント）の娘エリザベートが古井戸から死体で発見され、一家が殺害の嫌疑を受けた事件である。要するにカラス事件は決して孤立した事件ではなかった。これら一連の事件を惹き起こした不寛容な社会的諸関係を、やがてヴォルテールは思想闘争の対象として見据えていく。

ヴォルテールの作品におけるtoléranceの初出は一七三三年九月一四日付のヴェルネ宛書簡とされるが、それがヴォルテールの中心的な言葉の一つになるのはカラス事件からであり、『ラ・アンリアッド〔アンリ四世頌〕』(1728)にも『哲学書簡』(1734)にもないこの言葉を、以後、ヴォルテールは「プロテスタントの境遇の改善を要求するための切り札にする」。[*019] 後世の人間に、「ドレフュス事件以後、フランスでは何かが変わるように、カラス事件以後、人間精神の内部で何かが変わったと言っても過言ではない」[*020]とまで言わしめたカラス事件とは、ヴォルテールにとってどのような思想的意味をもっていたのであろうか。

3・ヴォルテールの動機

まず、ヴォルテールがこの事件に関心をもつに至った動機を明らかにしておこう。一七六二年三月二二日付ル・ボー宛書簡にはこう記されている。

あなたはおそらく、わが息子を絞殺したかどでトゥールーズの高等法院によって車責めの刑に処せられたひどいユグノーのことをお聞きになったでしょう。しかしながら、この聖なる改革派の男は立派な行為をしたと信じていたのです。なぜなら、彼の息子はカトリックになろうとしていたので、この行為は背教を防ごうとするものであったからです。[*021]

これはヴォルテールが当該事件に初めて関心を表明した書簡であるが、この時点ではさまざまな流言を疑ってはいなかったのであろう。だが、それから数日のうちに新たな情報がもたらされたためか、三月二五日付のベルニス枢機卿宛書簡では慎重な態度が示されている。

自分の息子の首を吊ったかどで車責めの刑に処せられたあのカラスの恐ろしい事件を、私がどのように考えるべきか、なにとぞ御教示くださるよう猊下にお願いする次第です。というのも、当地では彼はまったく潔白であり、いまわのきわに神を証人にしたと言われているからです。〔中略〕トゥールーズの高等法院かプロテスタントのいずれかを、われわれは恐怖の眼差しで見なければなりません。[*022]

ヴォルテールがなぜこの事件をこれほどまでに気にし始めたかといえば、そこに「人間本性」に背馳する恐るべき「狂信」を読み取ったからである。その間の事情をヴォルテール自身は次のように語る。

あなたはカラスの車責めの刑について確かな情報をおもちですか。彼は無実だったのでしょうか、それとも有罪だったのでしょうか。いずれにしても、これはもっとも啓発された世紀のもっとも恐るべき狂信です。

（三月二七日付、カーン宛書簡[*023]）

カラスが有罪であろうと無実であろうと、人間本性の名誉を傷つけるこの恐ろしい事件についての情報を、ショワズール伯に頼んで入手して下さいませんでしょうか。確かにどちらかの側に恐ろしい狂信があります。

（三月二七日付、ダルジャンタル伯宛書簡[*024]）

このように慎重に情報を分析しようとしていたヴォルテールは、やがて何か決定的な情報を得たとみえて、四月四日には、百科全書派との仲介者であるダミラヴィルにカラスの無実を確信した旨の書簡を送る。この書簡は百科全書派の人物たちの間で回覧されることを想定してしたためられたものであった。ヴォルテールは一五七二年八月二四日のサン・バルテルミーの祝日にパリで起きたプロテスタント(ユグノー)虐殺にも言及し、こう書いている。

親愛なる皆さん、トゥールーズの判事たちが、この上もなく無実な人間を車責めの刑に処したことは明白です。そのため、ほとんどラングドック全体が恐怖に慄いています。われわれを憎み、われわれと戦っている外国の国民は激しい憤りを感じています。サン・バルテルミーの日以来、これほど人間本性の名誉を傷つけたものはありません。非難の叫び声を上げるのです。[*025]

ジャン・カラスの無実を確信するに至ったヴォルテールは、幾人かの協力者を得て秘密委員会を発足させ、ジャン・カラスの名誉回復運動に挺身する。ヴォルテールは知人、宮廷の有力者、さらにはプロイセンのフリードリヒ大王、ロシアのエカテリーナ二世にも書簡を送り、またこの書簡攻勢と並行して、家族の請願書・供述等を代筆して小冊子を出版するなど、国内の世論のみならず全ヨーロッパの国際世論をも喚起しようと努めた。そうした活動の一環として『寛容論』は書かれたのである。

著作『寛容論』の特質は、管見によれば、「理性」への全幅の信頼に基づいて「狂信」批判を遂行した点にある。以下、その論理構成を明らかにしてみよう。

4・超越的地平としての「自然」

ヴォルテールの狂信批判においては、「自然（la nature）」が人間界を相対化する超越的な地平の意義をもつ。言い換えれば、自然は、神という超越者と同定することはできないにせよ、人間理性に対してやはり一種の超越性を保持し、現存する秩序の変革への思想的ヴェクトルを根拠づけている。その自然が人間に向かって発する言葉はこうである。

> お前たちは無知なのだから、互いの知識をもちより、互いに許し合わねばならぬ。お前たちのことごとくがそろっておなじ見解をもつことは到底ありえないが、もしそんな場合にたった一人の者が見解を異にしたとしても、お前たちはこの者を大目に見なければならない。なぜなら、この者にそのように考えさせているのは、ほかならぬこの私だからだ。私はお前たちが大地を耕すためとて二本の腕と、その身を処するためとて理性のささやかな閃きとを授けた。私はお前たちの心の中に、この生涯を耐えうるためにお互いに助け合うように憐憫の情の芽を植えつけておいた。〔中略〕この幼い芽が尊いことに留意して、党派のおぞましい狂乱によって自然の声をすり替えてはならない。（二三三頁）

ヴォルテールは、人間の身体の労働とその手の働きをまさしく人間自身のものと捉えるロック流の自然権思想をふまえて立論し、人間界における「見解」の多様性とその多様性への寛大さを配慮する主語として自然を定立している。個々人が「党派のおぞましい狂乱」に抗して自立する胚芽を彼らの内面に植え付けた主体、それが自然なのである。そして、ヴォルテールによれば、「自分の手で耕した土地からの収穫物が自分のものであるという権利」、すなわち「自然の権利（le droit naturel）」は、「自然が全人類に示す権利」にほかならず、「人間の権利（le droit humain）」はどのような状況であろうとも、この「自然の権利」の上にのみ確立されうる（一一五頁）。このように、人為的秩序に対する自然の超越性は、人間の労働によって生ずる本源的所有権の類的普遍性に根ざしたものであった。

ヴォルテールによれば、既存の法律が「三百代言のような争い」しか惹き起こさないときには、それを超えた類的普遍の場面で発せられる自然の声に、各人がその内面で耳を傾けなければならない。なぜなら、「正義」に基づく「裁きの場」は自然のほかに存在しないからである（二三四－二三五頁）。こうしてヴォルテールは自然を、社会秩序のありようを裁きうる発語の主体として超越的な地平に位置づける。

しかしそれならば、自然は神に取って代わったのだろうか。神の声ではなくて「自然の声」という表現が用いられていることは、神が自然の背後の色あせた想定物と化したことを意味するのだろうか。

端的に言えば、ヴォルテールは神の存在をけっして疑ってはいない。それどころか、地上の人間世界が味わう不幸を慰藉してくれる最高存在にして造物主たる神の存在は肯定する立場を保持している。『寛容論』とほぼ同時期に執筆された『哲学辞典』（*Dictionnaire Philosophique*, 1767）が示すように、ヴォルテールは「原罪」の教義に対しては仮借ない批判を加えるのであるが、[*026] 少なくとも最高存在にして造物主たる神の存在は肯定する立場を保持している。

またヴォルテールは、一七五五年一一月のリスボン大地震の惨状を知り一気呵成に書き上げて刊行した長篇詩『リスボンの災厄に関する詩篇、または「すべては善い」という公理の検討』（1756）では、神の善意とこの世における数多の悪の現存、この相容れない事態を人間はどう考えればよいのかと、悲痛な言葉を書き記した。しかしそれでも、神の存在そのものへの信頼は揺らいではいない。[*027]

周知のように、近代西ヨーロッパにおいては、キリスト教神学の合理化・人間学化の進行とともに、「有神論（théisme）」に代わって「理神論（déisme）」が漸次有力な立場となっていく。「有神論」は、神を人格的・意志的存在と見なし、宇宙創造ののちも絶えず世界と人間精神に働きかける摂理・啓示・奇跡の主体と捉える立場であり、これに対して、「理神論」は、神の発動性を宇宙創造に限定し、創造されてのち宇宙は神から独立して自己展開する力をもつと考える立場である。そうしてみると、ヴォルテールの神の捉え方は広義の「理神論」に属すると言えよう。*028「無神論（athéisme）」はヴォルテールの是認するところではなかった。また、もっぱら「自然」にのみつき従う方向で宗教を否定するやり方も、彼は斥けた。

ヴォルテールは『寛容論』で次のように述べている。

はなはだ誠実さに欠けているか、はなはだ狂信的な人がいて、私にこう言ったとしよう。なぜあなたは、わざわざわれわれの愚行や過失を事細かに述べたりするのか。なぜ、われわれのまやかしの奇蹟や偽りの聖人伝を打破しなければならないのか。これらは一部の人の信仰の糧である。なくては困る愚行も存在するのだ。〔中略〕こういう人がいれば、私は次のように答えるであろう。まことの奇蹟の上に築かれている信仰を揺がすのに用いているこうした一切のまやかしの奇蹟、福音の真理につけ加えられたこれらの辻褄の合わないすべての聖人伝、これらが、人の心に宿っている神への信仰の根を絶ってしまうのである。知識を深めたいと望みながら、そのために十分時間をさけずにいるあまりに多くの人びとがこう言っている。「私の宗派の指導者たちが私を欺いた。だから宗教はまったく存在しないのだ。誤謬の腕に縋るよりは自然の腕に縋るに如くはない。人間の作り出した欺瞞より自然の掟に従うほうがよい。」不幸にも、さらに極端に走る人びともいる。すなわち、自分らが欺瞞によって規制されていたのを知って、真理の規制までも斥け、無神論に向う人びとである。他の連中が悪辣で残忍だったために、堕落に走ってしまうのである。（一四五–一四六頁）

ヴォルテールによれば、これが「あらゆる宗教的詐欺行為、あらゆる迷信の行着くところ」なのである。したがって、「カトリックはいくらかのプロテスタントを虐殺し、またプロテスタントのほうもいくらかのカトリックを殺害した、だから神はまったく存在しない」とか、「この上なく非道な犯罪を行うのに告白、聖体拝領、一切の秘蹟が利用されてきた、だから神はまったく存在しない」といった推論は、「愚かな論法」でしかなかった。

それならば『寛容論』の著者はどのように推論するのだろうか。「私なら逆の結論に到達するであろう。だから神は存在するのであり、われわれがたびたびその姿を見誤り、神の御名においてたびたび犯罪を重ねてきたこの束の間の生のあとで、神がわれわれのこうした幾多の恐ろしい不幸を慰めて下さるのだ、と。それというのも、〔中略〕誤った宗教的熱狂がもたらした一切の不幸を見るにつけ、人間はこの世で長く地獄の苦しみを味わってきたと言えるからである。」（二四六頁、傍点引用者）人間に不幸をもたらす犯罪が地上に満ち満ちていたがゆえに神が求められた、ということなのだろうか。

ともあれ、ヴォルテールにおける《自然的なるもの》への信頼はどこまでも神の存在を前提としていた。自然が人間理性に対する超越的な地平として存立しえた理由もそこにあると思われる。ヴォルテール自身は必ずしも諸概念を体系的に分節化しているわけではないが、少なくとも『寛容論』においては、神・自然・理性、これら三者それぞれの占める位置が重層関係を成しており、神の存在を前提とした自然の類的普遍性への信頼が、さらに地上的人間理性への信頼と重なり合っている。

5．「理性」への信頼と「公衆」像

❶フランス社会の後進性の自覚――イギリス思想へのまなざし

ヴォルテールによる狂信批判の構図をさらに明らかにするためには、『哲学書簡』以来ヴォルテールの内部で持続していたと考えられるフランス社会の後進性の自覚に多少なりとも触れておく必要がある。

イギリスの思想・文化の紹介に紙数を費やした『哲学書簡』は、じつは、カトリック教会が精神上の絶対的権威として君臨するフランス社会への痛烈な文明批評の書であった。カトリック教会が魂の救済への通路を占有し、司法制度の不備と相俟ってプロテスタントを迫害し続ける社会に生きていたヴォルテールにとって、イギリスの思想・文化は、自国のそれの進むべき方向を過《あやま》つことなく指し示してくれる、いわば羅針盤であった。「イギリス人は自由人として、自分の気に入った道を通って天国へ行く」（「第五信」）[*029]、「もしイギリスに宗派が一つしかなかったならば、その専制は恐るべきものになるだろう。もし宗派が二つあれば、それらは互いに喉を切り合うだろう。しかしそこには宗派が三十もあるので、みんな仲よく暮らしている」（「第六信」）[*030]という『哲学書簡』の叙述に看取される信仰の自由、諸宗派の平穏な共存への羨望も、フランス社会の後進性の認識を物語る。次に引く『寛容論』の一節にも同様の現実認識が認められる。

> ニュートンが証明した事実を受入れるのに、フランスは六十年を要した。種痘によって自分らの子の生命を救うことに、フランスはようやく踏みきったところである。農業の正しい原理を実施に移したのもつい先頃でしかない。人間愛の正しい原理を実施に移すのはいつの日であろう。（一四四頁）

『哲学書簡』の「第十一信」、「種痘について」はカトリックの僧侶たちの偏見に対する攻撃であったが、そうした偏見はフランス社会が抱える根深い問題の一つの現われにすぎなかった。再審運動に向けて踏み出したヴォルテールの眼前には、「神慮」の代弁者を僭称する特定宗派の権力支配の跳梁があった。なかでもプロテスタント虐殺の二百年祭を間近に控えたトゥールーズでは、「カラス一家が車責めの刑に処されるならば、その処刑台こそお祭にとって最大の飾りになりだろう」(八〇頁)とまで公然と言われるありさまだったという。宗教戦争が燻り続けるラングドックに、世紀の光明はまだ射し込んではいなかった。

このような足下の現実を見据えていたヴォルテールは、寛容の制度的定形化に貢献したジョン・ロックの思想的遺産への関心を読者に呼び起こそうとする。

いま一つの半球に目を向けてみたまえ。賢者ロックがその立法者であるカロライナを見てみたまえ。法律が認可する公の宗教を設立するには、一家の父親七人の請願があればよいのである。こうした自由が認められているからといって、混乱は何ら起こりはしなかった。〔中略〕筆者がこの事実を報告するのは、寛容が行きつく最大限のゆきすぎが、まったく取るに足りない紛争すらも惹き起こしていないことを示したいと思ったからにすぎない。(一〇六頁)

ヴォルテールは、トゥールーズ高等法院やカトリック教会を過度に刺激しないよう注意を払っていたからなのか、ロックの遺産をそのまま自国で活かせるとまでは主張しないが、少なくとも自国の現状に対する批判の一端は前段の引用から読み取れる。当のロックは反動的な「クラレンドン法典」が施行されて間もない一六六九年頃、北米カロライナ植民地のための「カロライナ基本憲法」の起草作業に参画し、教会を組織する自由、礼拝の方法の自由等を謳った幾つかの条項を書き、その後さらに、自己の寛容思想の集大成ともいうべき『寛容についての書簡』(1689)を執筆した。[*031] ヴォルテールはこの『書簡』も読んだふしがある。[*032] というのも、『寛容論』で理性の担い手たる「公民(citoyen)」の権利を擁護する一節の末尾に、「ロックの寛容に関する優れた書簡をみよ」という注をヴォルテール自身が付しているからである。(一四七頁)

ヴォルテールが接したと推測されるロックの寛容思想は、大要、次のような内実を具えていた。すなわち、「国家」と「教会」それぞれの関わるべき領域を峻別し、「教会」への「国家」の介入を排除すると同時に、「国家」から宗教性を剝奪して「国家」を中性化すること、そしてそのことを根本前提としつつ、魂の救済という局面における「私人」相互間及び「教会」相互間の自立的平等性を是認することとである。一八世紀中葉のイギリス人が享受していた信仰の自由は、少なくともそうした寛容思想の遺産を着実にふまえる方向で形成されたものであった。

これに対して当代フランス社会は、人間理性の無力を感じさせるほどに過ちに満ちていた。それにもかかわらず、あるいはむしろそうであるがゆえに、ヴォルテールは理性を信頼して第一歩を踏み出そうとする。なぜなら、「理性は緩慢ではあるが、まちがいなしに人間の蒙を啓いてくれる」からだ。「理性は日々フランス国内で、商人の店舗に、貴顕の館にと浸透しつつある。それゆえ、この理性の果実を大切に育てなければならない。」(二〇七頁)理性は、「柔和で、人間味に富み、寛容へと人を向わせ、不和を解消させ、徳を揺ぎないものにするのである」。(二一一頁)ヴォルテールの狂信批判はそうした出立への意欲に裏打ちされた営為なのである。

❷新たな「公衆」像

このような理性の立場からの狂信批判は、信仰の強制に対する批判を不可欠な要素として含む。ヴォルテールは、幾何学上の事柄と宗教上の事柄との相違を次のように指摘する。「ユークリッドは難なくすべての人間に幾何学の諸真理を呑込ませるのに成功した。なぜであろうか。それは、「二たす二は四」というあのささやかな公理から、必然的に引出される明白な結果でないような真理は一つもないからである。形而上学と神学との混合体〔宗教〕にあっては、これとまったく同様というわけにはいかない。」（二〇九‐二一〇頁）こうした相違を無視し、かつ、例えば「強いて入らしめよ」という言葉を「文字通りに」受け取って信仰を強制するならば、それは「自然の声」に耳を傾けぬ所業であった。

ヴォルテールが聖書中の譬喩的表現の一つとして取り上げている「ルカによる福音書」一四章一六‐二三節は、前世紀のピエール・ベールが『「強いて入らしめよ」というイエス・キリストの言葉に関する哲学的註解』(1686)ですでに問題視した箇所である。ベールは「迫害者がそれに与える字義どおりの意味」を、委曲を尽して反駁した。その反駁を行うに当たって彼が立脚した原理は、「罪悪を犯す義務を含むような字義どおりの意味はみな誤りである」という原理であった。*033 ベールによれば、聖書の中に「強制」を正当化するような証言が見出されるとしても、道徳的良心の証言に照らしてみるならば、それを字義どおりに解釈することは断固斥けられねばならない。「形而上学的な光と同じくこの世に生まれるすべての人を照らす公正というあの自然的な観念に、例外なくあらゆる道徳律を従わせねばならない。*034」ヴォルテールはこのベールの「倫理的聖書批判の原理」に、基本的には何も新しく付け加える必要はなかった。*035 ヴォルテールの『寛容論』の歴史的意義は、この基本原理を継承しつつ、「社会の物質的、精神的幸福」（一〇七頁）を実現すべく「読者」への期待と信頼に立って新たな「公衆」像を描き出した点にある。

ヴォルテールは、「寛容は内乱を招いたためしはまったくなく、不寛容は地球を殺戮の修羅場と化してしまった」ことを指摘した後、次のように述べている。「偏見をもたぬすべての読者各位にお願いするが、これらの真理を熟考し、それを手直しし、普遍化させていただきたい。思慮深い読者各位が互いにその思うところを伝え合うとき、筆者はつねにはるかその後塵を拝する結果となる。」(一〇七－一〇八頁) ロックが『人間知性論』(1690) の冒頭に付した「読者への手紙」[*036]を思わせる文章である。「知性」の自主的使用による真理探求の意義を説くロックの「読者への手紙」がそうであるように、ヴォルテールの文章には、真理の受託者たるべき「読者」への期待と信頼が息づいている。

再審運動の過程で公刊された、事件に直接関わる小冊子は少なくとも七篇を数えるが、じつはそのうち六篇はいずれもジャン・カラスの家族の名のもとにヴォルテールが代筆したものである。例えば「ピエール・カラスの供述」では、「光をもたらす理性が今日私どもに憐れみを寄せてくれています。名誉と恥辱の判定者たる公衆が、亡き父の名誉恢復を認めています。顧問会議は、関係書類をただお目通し下されば、公衆による判決を追認あそばされるでありましょう」(五六頁) と、理性の担い手たる「公衆 (le public)」への信頼を前面に押し出す。

フランス社会にはびこる「偏見」「党派心」「狂信」が惹き起こした不正な裁判を筆鋒鋭く批判するヴォルテールらの活動は、やがて「世論 (le cri public)」を喚起し、カラス再審への途を開くことに成功した。これは「文人たちが政府を動かすという新しい現象」であり、「世論という新しい観念」の出現であった[*037]。

一七六三年三月七日、国王顧問会議はカラス再審の請願を採択し、トゥールーズ高等法院に裁判書類の送付を命じる。フランス革命前のアンシャン・レジーム下では、今日の如き破毀院 (Cour de cassation) は存在しなかったが、宮廷・政府・教会の最高位にある人物たちを構成員とする国王顧問会議に被告人が請願して、会議が請願委員に事件の再審査を委ね、請願委員が改めて判決を下すという道が残されていた。裁判権は国王から高等法院に委譲されていたけれども、国王は必要に応じて顧問会議を開き、高等法院の決定に干渉できるような制度があったのである[*038]。一七六三年八月に審理を開始した顧問会議は、翌年六月四日、原判決を破棄、そして一七六五年三月九日、一四名の地方長官を含む四〇名の請願委員によって構成される法廷がジャン・カラス無罪の最終判決を下した。

ヴォルテールは、「訴訟の判決は国王顧問会議によって署名がなされるはるか以前に、全公衆によって下されていた」(八六頁)と言う。このカラス事件は、「党派性にとらわれず、しかも同情心厚い人びとをして、公衆に寛容、慈悲、憐憫についていくつかの考察を示す計画の実行に移さしめるに至った」。ヴォルテールによれば、「これは理性が「自然の本来的属性」と呼ぶところのものである」。(八八頁)

このようにヴォルテールは、真理の探求を担いうる存在として読者・公衆を想定し、彼らによって世論の力が形成されることを期待し信じてやまなかった。そしてこの期待・信頼を公衆は裏切らなかったのである[*039]。

ただ、ヴォルテールが彼の言う「下層民(la populace)」を読者・公衆に含めていたかどうかは疑わしく、一定層の人びとをある種の差別的な眼で見ていたことは否めないが、ヴォルテールだけがそうであったというよりは、当時共有されていた発想の現われと考えるべきではなかろうか。社会の最下層で暮らすことを余儀なくされていた人びとが、ワインの澱を意味する言葉(la lie)で表現される箇所さえ『寛容論』には散見する。しかし、二一世紀のわれわれの見方をそのまま過去に持ち込むと、かえって当の思想の歴史的意義を捉えそこなう恐れがある。したがって、ある思想を深い所で条件づけていたその時代特有の用語法というものを認識しておかねばならず、過去への入射角には細心の注意を払う必要があろう。

ヴォルテールはパリの法曹ブルジョワ(公証人)の家に生まれ、そういう出身階層にふさわしく社会的地位の上昇を志向するなかなかの野心家であった。そのような事情を考慮すれば、ヴォルテールの意識のありようを、形成期ブルジョワジーの自己主張の一端と見ることができよう。そこにヴォルテールの思想的限界も読み取れるかもしれないのだが。

しかし、一八世紀後半のフランス社会の動向に即して語るならば、ルネ・ポモーが指摘したように、人間精神の内部の何かが、フランス社会の何かが、着実に変わり始めたことは確かである。トゥールーズ高等法院は国王からの司法権の独立を盾に取り、しかもカトリック教会と野合しつつ、カラス復権運動に対して強い抵抗を示したけれども、ジャン・カラスの名誉回復が実現したことによって世論の力に屈し、以後、プロテスタントを漕役刑に処するのを止める。そうして、フォンテーヌブロー勅令もその実効性に終止符を打つ。[*040] ヴォルテールが切望した信仰の自由は、彼の死後、一七八九年の「人および市民の権利の宣言」によって制度的定形化を得る。

『寛容論』へと結実したヴォルテールの思想闘争は、当代フランスの歴史的現実において、その現実に対して遂行された営為であり、しかもそれが新たな公衆像と世論の形成に寄与したという意味では、まぎれもなく歴史的現実そのものの創出の一翼を担う営為であった。不寛容は不幸をもたらすがゆえに寛容の大切さを説き、「社会の物質的、精神的幸福」をめざしたヴォルテールの『寛容論』に接することによって、われわれはフランス啓蒙思想の動態的な現場の一角に立ち会うことができるのである。

以上、『寛容論』の論旨に即してヴォルテールの寛容思想の理論的特質と歴史的意義を粗略ながら考察した。その考察をふまえ、寛容あるいは不寛容という観念をめぐる問題相を素描して、本章の結びとしたい。

6. 結び

管見によれば、考え方を異にする他者に不寛容であってよいのか、と問うばあい、個人もしくは集団が特定の考え方を神聖なものとして絶対化し、それに同調しない人びとに対して差別や迫害を行い、さらには直接的な暴力によって他者の生命を奪うことを不寛容と規定するならば、その問いへの答えは明らかに否である。上述のような行為に対抗して人間の尊厳を擁護するためにこそ、平和的共存の原理として寛容を強く主張しなければなるまい。ヴォルテールがカラス事件と呼ばれる冤罪事件に立ち向かうにさいして携えた強力な武器が、まさしく寛容という観念であった。「不寛容は地上を殺戮の修羅場と化してしまった」というヴォルテールの言葉は、地球上の各地でテロが発生する現実に鑑みるならば、その重みは増すばかりである。

しかし、そのヴォルテール自身が『寛容論』第一八章では、「不寛容が人権として認められる唯一の場合」を取りあげる。「人びとの誤り」が「狂信を教唆」して「社会の平和」を乱し「犯罪」になるケースがそれであり、ヴォルテールは「寛容を受けるに価するためには、まず人は狂信の徒であるのをやめることから始めなければならない」（一九六頁）と言う。これを裏返せば、「狂信の徒」は「社会の平和」を乱すがゆえに「寛容を受ける」に価しないということであり、あえて敷衍すれば、人が狂信的な考えや振る舞いで他者に対して不寛容な所業に及ぶとき、そうした不寛容には不寛容であらざるを得ないということであろう。人間に不幸をもたらす不寛容に対立する不寛容は、多様なるものの共存を価値として是認し、人間の幸福追求の権利を少しでも担保するためには発動するのもやむをえない対抗原理だと言えようか。

したがって、右で引用した第一八章の叙述もふまえるならば、無条件の寛容はありうるのか、という問いも成り立つ。なぜなら、宗教的次元に限らず、どんな言動も許されるとしたら、人間の尊厳を傷つける不寛容な言動も許されることになり、多様な価値観の共存の原理ともいうべき寛容そのものが意義を失うからである。現代のわれわれはこの問題を避けて通ることはできない。[*041]

同じ第一八章でヴォルテールは、「大いなる善のためにささやかな悪を行うのは許されていない」（一九八頁）と述べているが、「大いなる善のため」と称して、「ささやかな悪」どころかとてつもない巨悪を犯すのも、残念ながら人間なのである。ヴォルテールがカラス事件を座視できなかったのは、人間本性に背馳する恐るべき狂信をその事件に読み取ったからであり、そういう文脈では、ヴォルテールにおいて人間の内なる自然、すなわち人間本性は狂信への対抗軸としてこのうえなく肯定的な意味をもつ。しかしながら、「何卒われわれの本性と切離しえない過ちの数々を憐れみをもって御照覧下さいますよう」（二一九頁）という「神への祈り」がいみじくも吐露しているように、人間本性はそれが人間の本性であるがゆえに、過誤と無縁ではない。人間は理性的有限者であるからだろうか、きっかけさえあれば、自ら蒙を啓いて賢明になりうる反面、いくらでも蒙昧になりうる可変性を具えているように思われる。

このような可変性と通底していることだが、一八世紀末に自由・平等・友愛という高邁な理念を掲げる革命の過程で猛威をふるった「恐怖政治」をはじめとして、人類愛を叫びながら隣人を憎悪するといった事態がこれまで幾度となく起きてきたし、起きる可能性はつねにある。ヴォルテールの言葉を借りて言えば、「大いなる善のため」という大義にはしばしば欺瞞が潜んでいるが、大義を振りかざす側はその欺瞞に気づかぬまま巨悪に走りかねない。思うに、テロもその悪の一つであり、人間の生存権そのものを一瞬にして奪い、犠牲者とその遺族に理不尽極まりない不幸をもたらす暴力行為である。もしヴォルテールが、そうした暴力の発生する自国フランスの今日の状況を目にしたならば、はたしてテロに対する報復としての武力行使を、不寛容が人間の権利として認められる希少なケースと見なすのだろうか。それとも、「果てしない不和反目」（二三四頁）を深く憂慮し、人間がささやかながらも幸福な生を求めるための平和的共存への道筋を探るべく、暴力の自己増殖的な相乗作用や憎悪の連鎖を断ち切るすべを見出そうとするのだろうか。テロの発生原因の解明は容易ではなく、いつどこで誰が誰を標的として殺戮を行うか予測できない状況のもとで、ヴォルテールが、罪なき犠牲者やその遺族の存在を前にして何か発言するとしたら、どんな言葉で語りかけるのだろうか。そして、他国のテロリスト集団に感化されたホームグロウンのテロリストを生みだす共和制国家フランスの社会的基盤を、『寛容論』の著者はどう分析するのだろうか。*042

多様な価値観の共存のあり方をめぐって『寛容論』が喚起する問いは幾重にも重なっている。

*001——カラス事件そのものに関する史的考証は本章の主題ではないが、そうした考証については次の諸文献をはじめとする優れた先行研究があり、本章は直接・間接にそれらの諸研究に負っている。René Pomeau, *La religion de Voltaire*, Librairie Nizet, Paris, 1956, nouv. éd., 1969; René Pomeau, *Voltaire en son temps*, nouv. éd., revue et corrigée, Fayard/Voltaire Foundation, 1995, II; Edna Nixon, *Voltaire and the Calas Case*, The Vanguard Press, New York, 1961; José Cubero, *L'Affaire Calas, Voltaire contre Toulouse*, Perrin, Paris, 1993; 高橋安光「カラス事件」『一橋大学研究年報　法学研究』第五巻、一九六四年。

*002——『カラス事件』（中川信訳）、冨山房百科文庫、一九七八年、七七頁。Voltaire, *Mélanges*, Bibliothèque de la Pléiade, Éditions Gallimard, Paris, 1961, p.567. 以下、『寛容論』からの引用は同著作を含む上記文庫に原則として依拠し、頁数のみを示す。なお、引用者自身が上記*Mélanges*を底本にして訳しかえた箇所がいくつかあることをあらかじめお断りしておきたい。

*003——カラス夫妻にはほかに四人の子供——二人の息子ルイ、ドナ及び二人の娘ロジーヌ、ナネット——がいたが、彼らはいずれも当夜の出来事に直接には巻き込まれていない。ルイは一七五七年にカトリックに改宗し、両親のもとから独立して生活しており、ドナは遠方の地ニームで徒弟奉公の身にあった。また娘たちは郊外へ出かけて留守であった。

*004——「高等法院」の原語はparlementである。この語は日本では一般に「高等法院」と訳されており、本稿ではこの慣用に従った。しかし、当時フランスに存在していたこの司法機関は「最高（主権的）法院（Cour souveraine）」とも呼ばれ、「主権者（国王）と肩を並べる」強大な権力を保持していたが、日本語の「高等」は特に最高を意味しているわけではなく、したがって「高等法院」という訳語は拒否さ

れるべきだ、との指摘もある。木崎喜代治『信仰の運命　フランス・プロテスタントの歴史』、岩波書店、一九九七年、二三‐二四頁。

＊005——*La tolérance*, Texte choisis & présentés par Julie Saada-Gendron, Flammarion, Paris, 1999, pp.17–18.

＊006——*Ibid.*, p.15.

＊007——Jean Dubois, René Lagane et Alain Lerond, *Dictionnaire du français classique*, Librairie Larousse, Paris, 1989, p.535.

＊008——ディドロ、ダランベール編『百科全書——序論および代表項目』（桑原武夫訳編）、岩波文庫、一九七一年、八三頁。

＊009——木崎、前掲書、二六頁。

＊010——同書、二五‐二六頁。

＊011——*L'Édit de Nantes*, établi, présenté et annoté par Daniel Thomas, commenté par Jean-Louis Bourgeon, Éditions héraclès, 1998, p.9.

＊012——*Ibid.*, p.10.

＊013——「竜騎兵」については、木崎、前掲書、一〇九‐一一二頁、参照。

＊014——ヴォルテール『ルイ十四世の世紀（三）』（丸山熊雄訳）、岩波文庫、一九八二年、一四〇‐一四二頁、参照。

＊015——*Voltaire: Traité sur la tolérance*, Introduction, notes, bibliographie, chronologie par René Pomeau, Flammarion, Paris, 1989, pp.10–11.

＊016——Pomeau, *La religion de Voltaire*, p.323.

＊017——この点も含めて、「カラス事件」の背景、当時の司法制度のあり方、事件に対するカトリック側の対応等については、前掲の高橋安光「カラス事件」、および、小林善彦「カラス事件」「ヴォルテールとカラス事件」（いずれも小林善彦『ルソーとその時代　増補版』、大修館書店、一九八二年、所収）参照。

＊018——Ole Peter Grell and Roy Porter (ed.), *Toleration in Enlightenment Europe*, Cambridge University Press, Cambridge, 2000, p.166; 小林、前掲書、一九五頁、参照。

＊019——Pomeau, *La religion de Voltaire*, p.334.

＊020——*Ibid.*, pp.333–334.

＊021——Voltaire, *Corréspondence*, VI, Bibliothèque de la Pléiade, Éditions Gallimard, Paris, 1980, p.838.

＊022——*Ibid.*, p.840.

＊023——*Ibid.*, pp.846–847.

＊024——*Ibid.*, p.846.

*025——*Ibid.*, p.858.

*026——因みに、『哲学辞典』の「原罪」の項目では次のように批判されている。「人間たちの最初の父が庭園で果実を食べたという理由で、神が人間を永劫の責苦で悩ますためにあらゆる世代をつくった、と主張することは、神への侮辱であり、最も愚劣な野蛮さで神を告発することである。」原罪の教義は、モーセ五書、福音書、初代教父たちの著書のどこにも述べられていない。この教義は、「放蕩者で改悛者、マネス教徒でキリスト教徒、寛容者で迫害者、生涯を矛盾のうちに過ごした一アフリカ人」アウグスティヌスの「烈しい空想的頭脳」の所産にほかならない、と(『世界の名著 ヴォルテール、ディドロ、ダランベール』、中央公論社、三一八頁。『哲学辞典』は版を重ねているが、「原罪」の項目は一七六七年の版に見られるので、出版年は同年と表記した)。

*027——この点については、直江清隆・越智貢編『災害にむきあう』、岩波書店、二〇一二年、五二-五四頁、参照。

*028——中川久定の指摘によれば、ヴォルテール自身は一七五一年以降、それまでの「理神論者(Déiste)」という語に代えて「有神論者(Théiste)」という語で自己の立場を規定するようになった。この点も含めて「有神論者」ヴォルテールの信仰内容については、中川久定「ジャン=ジャック・ルソーの基本的問題(下)」『思想』第六四一号、岩波書店、一九七七年、参照。

*029——*Mélanges*, p.14.

*030——*Ibid.*, p.18.

*031——本書第一章、参照。

*032——たしかにヴォルテールは『寛容論』のなかでロックの『書簡』の参照を促しており、また、ヴォルテールはロックが関わった「カロライナ憲法草案」にも留意するよう述べてはいる。しかし、ヴォルテールがロックの寛容思想から受け継いだものが何であったかについては、過大評価は避けたほうがよいと思われる。ロックは政治的共同体と宗教的共同体との分離、国家の機能と教会の機能との峻別を説いたが、この議論からヴォルテールが引き出すのは、ルネ・ポモーの指摘によれば、教皇の王位授与権と聖職禄取得納金(annates〔教会聖職禄の保有者が教皇に納付していた賦課金〕)の徴収権をガリカン教会は拒絶するということにとどまる(Cf. *Voltaire: Traité sur la tolérance*, pp.20-21;『寛容論』第三章)。ロックが主張したような政教分離はヴォルテールの目指すところではなかった。反対に彼は教会の国家への従属を弁護し、そうした従属に寛容を保障する手立てを見ている(*ibid.*, p.21)。因みに、教会の国家への従属を主張する点で、ヴォルテールの思想はある意味でスピノザのそれと共通性をもつが、問題は、理論構成のなかで国家への従属をどのように位置づけているかである。スピノザの考えでは、国家から分離された自律的な霊的権力の制度化を許すならば、国家の中に国家を導入し、それゆえに主権を破滅させることになる。国家は教会と並び立つのではなく、教

会の上位に位置する最高権力でなければならない。スピノザにおいて、最高権力としての国家の究極目的は、「支配することではなく、また人間を恐怖によって制御して他者の権利のもとに立たしめることでもなく、むしろ反対に、各人を恐怖から解放し、かくて各人ができるだけ安全に生活するようにすること、換言すれば存在と活動に対する彼の自然権を自己並びに他者を侵害することなしに最もよく保持するようにすること」(『神学政治論　下巻』(畠中尚志訳)、岩波文庫、一九七三年、二七五頁)である。この国家は、あくまでも各人の自然権の保持を究極目的とする最高権力として論理的に位置づけられており、現存の国家ではない(この点については、次の二つの拙論を参照されたい。「スピノザ研究――『神学政治論』における「自由」の概念(一)」『国際教養学部紀要』第一巻、富山国際大学、二〇〇五年、および、「スピノザ研究――『神学政治論』における「自由」の概念(二)」『国際教養学部紀要』第二巻、富山国際大学、二〇〇六年)。これに対してヴォルテールは、カラス事件の被告たちの名誉回復を図るべく、現存する国家の機関としての国王顧問会議に訴えるのである。ヴォルテールは、当時のフランス社会で所期の目的を首尾よく果たすには、これが最も現実的なやり方であると考えていたのではないか。

＊033――『ピエール・ベール著作集第二巻　寛容論集』(野沢協訳)、法政大学出版局、一九七九年、九一頁。

＊034――同書、九四頁。

＊035――エルンスト・カッシーラー『啓蒙主義の哲学』(中野好之訳)、紀伊国屋書店、一九六二年、二〇四-二〇五頁、参照。「強制」批判という点では、ヴォルテールとベールは共通している。しかし両者の間には二つの点で重要な違いがあることも見逃してはならない。一つは、「無神論者」の捉え方、もう一つは「良心」の位置づけである。
ベールは有徳な「無神論者」の社会が成立しうることを主張したが、ヴォルテールはそもそも無神論を認めない。ヴォルテールの神観が広義の「理神論」であることはすでに述べた。『寛容論』で「無神論」が一種の「堕落」と捉えられている。「私の宗派の指導者たちが私を欺いた。だから宗教はまったく存在しないのだ。誤謬の腕に縋るよりは自然の腕に縋るに如くはない。人間の作り出した欺瞞より自然の掟に従うほうがよい。」不幸にも、さらに極端に走る人びともいる。すなわち、自分らが欺瞞によって規制されていたのを知って、真理の規制までも斥け、無神論に向う人びとである。他の連中が悪辣で残忍だったために、堕落に走ってしまうのである。」(『カラス事件』、一四五-一四六頁)ヴォルテールは「あらゆる宗教的詐欺行為、あらゆる迷信の行着くところ」としてこのように語り、「幾多の恐ろしい不幸」を慰めてくれる神の存在を力説する(同書、一四六頁)。

『寛容論』第二〇章でも、ヴォルテールは、「人類にとっては、信仰をもたぬ生活よりは、迷信が危害を加えるおそれがなければ、ありとあらゆる迷信に抑えつけられているほうが無論望ましい」という言葉に続けて、「人類はつねに束縛を必要としてきた。そして、牧神や森の精や水の精に生贄を捧げるのはお笑い種であったが、無神論に身を投ずるよりは、神のこうした幻像に祈りを捧げるほうがはるかに分別があり、また有益でもあった。もし無神論者が議論好きで、乱暴で、力を振りまわすようなら、血を好む迷信家とおなじく忌わしい厄介者となるであろう」（同書、二〇四頁）と述べている。このように、条件付きながらも「迷信」が「無神論」よりずっとましなものとして捉えられている。

もう一つの違いについても見ておこう。ベールにおいて各人の良心は、他のあらゆるものに対して優位を占めるほどの権威をもつ。「良心はわれわれを内部から照らし出す神的光明であり、神がそれによって人間に原初的な原理と義務を教える無言の啓示である。自己の良心に従う義務の普遍性は、良心の声に従うという同じ義務を他者のうちに認めることを可能にして、各良心の権利の相互性を基礎づける」（*La tolérance*, p.31）。

しかし、ヴォルテールはベールのように「迷える良心（la conscience errante）」の権利は主張しない。ヴォルテールが持ち出すのは「もっと外面的な基準」である（*Voltaire: Traité sur la tolérance*, p.22）。ヴォルテールは言う、「私はここでは諸国民の利益についてのみ論じているのである。神学に対しては、当然そうあるべき敬意を払いながらも、この論考においては、社会の物質的、精神的幸福にその考察を限定しているのである」（『カラス事件』、一〇七頁）と。このようにヴォルテールにおいては、寛容を要求するのは「諸国民の利益」であり、至高の価値をもつのは「社会の物質的、精神的幸福」なのである。

*036——ロックは「読者への手紙」で、「知性（understanding）の自主的使用の意義を読者に次のように語っている。「施物籠に頭を下げず、もらった意見の切れはしに甘んじてぼんやりくらさずに、自分自身の考えを働かせて真理を見出し追おうとする者は（なにを手に入れようと）狩りする者の満足を失わないでしょう。〔中略〕私が頼りにするのは、あなたご自身のお考えで〔本当に〕あるときのあなたご自身のお考えです。が、もしあなたのお考えが他人のを信用した借りものだったら、どんな考えかはどうでもよいことです。〔中略〕あなたがご自分で判断されればその判断は公平だろうと承知しています。そのときは、どんなに批難されても、私は傷つけられず、腹も立たないでしょう。」（『人間知性論（一）』（大槻春彦訳）、岩波書店、一九七二年、一八―一九頁）これと同じような趣旨の文章は、カントの「啓蒙とは何か、という問いに対する答え」（"Beantwortung der Frage: Was ist Aufklärung", 1784）の冒頭にも見られる（『啓蒙とは何か』（篠田英雄訳）、岩波文庫、一九五〇年、七頁、参照）。

*037——木﨑、前掲書、二〇四頁、参照。

*038——小林、前掲書、二二〇頁。

＊039——木﨑、前掲書、二〇四頁、参照。

＊040——『カラス事件』の「解題」(中川信)、参照。

＊041——直江清隆・越智貢編『正義とは』、岩波書店、二〇一二年、一七五－一七八頁、参照。

＊042——なるほどフランスの共和制は普遍的価値の一つとして「平等」を標榜してはいる。しかし、それとは裏腹の現実があることを見落としてはいけない。例えばイスラーム系移民の若い世代(とくにマグレブ出身の若者たち)は就職のさいに差別され不平等な境遇に置かれて、社会のなかで自分の居場所を見つけられないでいる。にもかかわらず、政権は平等主義の看板を固守し、件の若者たちに真剣に救いの手を差し伸べようとはしない。現在の共和制は平等主義と不平等主義の奇妙な混成の様相を呈していると言えるだろうか。そうした状況のなかで、国家の掲げるライシテ(脱宗教性・世俗性)の原則、民衆の情動的なイスラーム嫌悪、さらには大量の失業者の存在などが輻輳し化合して暴力的な排外主義が醸成されつつある。この排外主義の不寛容さは、テロの結果であるのと同程度に原因でもあるのかもしれない。それに、二〇一五年一月に起きたテロ行為の標的にユダヤ食品店の顧客が含まれていたことも、テロリストを生みだす社会的基盤の構造的な複雑さを物語っているように思われる。

第五章

党派性の克服はいかにして可能か——レッシング『賢人ナータン』を中心に——

1．『賢人ナータン』の成立事情

レッシング（Gotthold Ephraim Lessing, 1729–81）は一七七四年から七八年にかけて、理神論者ライマールス（Hermann Samuel Reimarus, 1694–1768）の遺稿「神の理性的崇拝者のための弁明あるいは弁護」（"Apologie oder Schutzschrift für die vernünftigen Verehrer Gottes"）の一部を、執筆者名を伏せたまま「無名氏の断片」（"Fragmente eines Ungenannten"）としてヴォルフェンビュッテル図書館誌『歴史・文学論集』に発表した。[*001] それを機に、「ハンブルクの教皇[*002]（Papst Hammonias）」の異名をとるプロテスタントの牧師ゲーツェ（Johann Melchior Goeze, 1717–86）との間で論争が起ったことは有名である。レッシングがその論争の過程で書いた文章のなかに、次のような一節が見出される。

人間の価値は、だれかある人間が所有しているか、あるいは所有していると思い込む真理にではなく、真理を追求するためにその人間が払った誠実な労苦にある。なぜなら、彼の諸力は、真理の所有ではなく真理の探究によってこそ増大するのであり、彼の常に成長する完全性はそこにのみ存するからである。所有はひとを安楽にし怠惰にし、傲慢にする。もし神が、右手にいっさいの真理を、左手に真理への常に活発な唯一の衝動を――私がいつまでも道に迷うという付言とともに――隠しもち、どちらかを選べと私に語るなら、私はしもべの心をもって神の左手にひれ伏し、言うであろう。「父よ、与え給え！　純粋の真理はまことにあなただけのものですから！」と。*003

ここで率直に語られているのは、レッシングが、神の超越性と対比される人間の有限性の自覚に立って自己に課した、真理探究の方向づけであり、探究的労苦を引き受ける方向での、人間の形成可能性への信頼である。レッシングがこのように、自らは「神」の「右手」ではなく、どこまでも「左手」にひざまずく旨を言明しなければならなかったのは、なぜか。その理由は当代ドイツの歴史的現実にあった。『賢人ナータン』の思想内容の考察に入る前に、まず、一八世紀後半の西欧社会の動向を視野に入れて、レッシングの思想的活動の背景を概観しておきたい。

例えば、すでに一七世紀に二度の革命を遂行したイギリスでは、国教徒でなければ公職に就くことはできないという制約がなお現存していたとはいえ、宗教的超越への通路の選択は個人の自由な判断に委ねられるべきだという考え方が、社会の共有観念になりつつあった。*004 またフランスでは、前世紀以来、カトリック教会が宗教的超越への通路を占有し、司法制度の不備と相俟ってプロテスタントを迫害し続けていた。フランスのこの不寛容な歴史的現実との格闘を通じて、新たな「世論」の形成に寄与した代表的人物がヴォルテールであった。ジャン・カラスというプロテスタントの冤罪事件に深い関心を抱いたヴォルテールは、カラスの名誉回復の運動の先頭に立ち、真理を担いうる存在として「読者」「公衆」を想定し、彼らによって「世論」の《物質的な力》が形成されることを信じてやまなかった。そしてこの信頼を、「公衆」――彼の言う「下層民（la populace）」が除外されていたという問題はあるが――は裏切らなかった。この名誉回復の運動を通じて、人間精神の内部の何かが、フランス社会の何かが、着実に変わり始めたのである。[*005] それならば、レッシングが生きていたドイツの現実はどうであったか。

カント（Immanuel Kant, 1724–1804）は「啓蒙とは何か、という問いに対する回答」（"Beantwortung der Frage: Was ist Aufklärung", 1784）のなかで、当時の「現代」を次のように叙述している。

「我々が生活している現代は、すでに啓蒙された時代であるか」、という問いが提起されるとしたら、その答えはこうである、――「否、しかし――恐らくは啓蒙の時代であろう」。現在あるがままの世情にかんがみると、国民を全体として見た場合、彼等は宗教上の事柄について、もはや他人の指導がなくても自分自身の悟性を確実、適切に使用できるか、或いはせめてそうする見込みがあり得るかと言えば、まだなかなかその域には達していないのである。[*006]

ドイツは「啓蒙」のまさに途上にあるというカントの現実認識には、ある意味でレッシングのそれと相通ずるものがあった。レッシングが「神」の「右手」にではなく「左手」にひざまずくと言明し、真理探究への労苦を自己に課す意欲を示したことは、カントが「啓蒙」を、「人間が自分の未成年状態から抜けでること」と定義し、「悟性」の自主的「使用」への「決意と勇気」を人間がもつべき旨を強調したことと同様、地上的人間精神の使命が奈辺に見定められていたかを端的に物語っているのである。[*007] レッシングの発言もカントのそれも、歴史的現実の対象化の所産であると言えようが、人間の自主的思考に基づく真理探究の営みは、当代ドイツの歴史的現実を規定する極めて根深い問題とさらに対峙しつづけなければならなかった。一七八八年の検閲令と宗教勅令の公布を機に、国家権力と正統派信仰が一体となって価値支配が強化されたため、「国王の個人的信頼を享受し、ケーニヒスベルクで戴冠式の際に国王によって特別に顕彰されていた」[*008]文筆家カントもまた、プロイセンの支配層と衝突することになる。

レッシングの表現活動に話を戻そう。劇詩『賢人ナータン』(*Nathan der Weise, Ein dramatisches Gedicht in fünf Aufzügen*, 1779)の主要登場人物の一人(神殿騎士)は、人々の発想を規定する「迷信」の「威力」を次のように述べている。「わたくし達をはぐくんできた迷信は、わたくし達がそれを迷信と知ったところで、わたくし達に加える威力を失うものではございません。自分達を束縛している鎖を蔑みする者が、すべて自由だというわけにはまいりません。〔中略〕迷信の中でいちばん悪いのは、自分の迷信はほかのに較べれば、まだしも良いほうだと思う迷信でございます。〔中略〕蒙昧な人類が、もっと明るい真理の白日に慣れるまでは、すべての人々を自分免許の迷信だけに引き入れようとするのです。自分免許の迷信だけに……。」[*009]一種の共同的観念ないし社会的形象としての「迷信」の呪縛力を洞察していた人物でなければ、このような台詞を書くことはできなかったであろう。「迷信」は、確かに、それを軽蔑すればどうにかできるような脆弱な観念体系ではない。その呪縛の構造ないし拘束性の存立機制を解き明かすことなしには、「自由」への入口にたどり着くことすらおぼつかないであろう。

しかも、君主—臣民という場面での臣民の「自由」の内実はといえば、当代ドイツにおいては、裁判権や警察権を握った領主たちがプロテスタント教会の物質的援助者であったという事情を考えると、推して知るべしである。

レッシング自身に語らせよう。

> ベルリンにおけるあなた方の思索と述作の自由については、私に何も言わないでほしい。ベルリンにおける自由は、宗教に対して言いたい放題馬鹿をぶちまける自由だけに限られている。ゾンネンフェルス〔拷問の廃止を提唱したオーストリアの啓蒙的著述家——引用者注〕がウィーンで書いたように自由に、別な事につ

いてベルリンで誰かに書かせてみてくれたまえ。いまやフランスとデンマークにおいてさえ行われている通りに、臣民の権利を擁護し搾取と専制に反対して声をあげようとする者を誰か、ベルリンに出現させてみたまえ。そうすれば、あなたはすぐに、今日に至るまでどの国がヨーロッパでもっとも奴隷的な国であるかを経験するでしょう。[*010]

これは、一七六九年、ベルリンにいる友人ニコライ(Friedrich Nicolai)宛に書かれた書簡の一節である。ここには、フリードリヒ二世(大王)治下のプロイセンの首都において、臣民の「自由」がどの程度のものであったかが、きわめて簡潔に表現されている。一七四九年には「一般検閲条例」が布告され、この条例によって神学的著作が検閲の対象に加えられるに至った。ライマールスの遺稿をベルリンで公刊する企てを妨げたのも、この条例である。[*011] レッシングは、真理の所有者の名において宗教的超越への通路を占有する不寛容な《党派性》との対峙を余儀なくされていた。だからこそ、自らは「神」の「右手」にではなく「左手」にひざまずくのだと、言明しなければならなかったのである。

すでに述べたように、レッシングがライマールスの遺稿のいくつかをヴォルフェンビュッテル図書館の雑誌に発表したのを機に、ハンブルクの主任牧師ゲーツェとの間で激しい宗教論争が起こり、レッシングは筆鋒鋭く応戦した。しかし、論争の拡大を恐れたブラウンシュヴァイク当局は、レッシングに論争中止を命じ、さらに無検閲出版の特権をレッシングから剥奪する。それは一七七八年八月のことであった。ゲーツェに対する反駁文のうち、一一篇は一括して『反ゲーツェ』(*Anti-Goeze*)と呼ばれているが、実情を言えば、上述のような理由でレッシングは、『反ゲーツェ』第一一篇をもって論争を打ち切らざるをえなかったのである。そうした事態に直面したレッシングは、かねてより構想をあたためていた五幕劇詩『賢人ナータン』の執筆に着手する。完成は一七七九年であった。

このように、『賢人ナータン』はゲーツェとの論争がきっかけとなって生まれた作品である。レッシングは、当局から目くばせを受けたために論壇での表現活動が制約されたけれども、それでもなお、演劇という場で民衆に自分の意見を述べる努力を続けた。ハインリッヒ・ハイネが指摘したように、「レッシングには芸術もまた自分の意見を発表する道具であった。説教壇や学校の教壇から追放されると、こんどは芝居小屋の舞台にとびあがって、まえよりももっとはっきりと意見を述べ、まえよりももっと多くの聞き手を得たのである」[*012]。レッシングの表現活動は、「独立した作家の社会的・国民的使命のための現実的闘争[*013]」にほかならなかった。『賢人ナータン』はそうした「闘争」の現場のありようを示す作品である。以下、本稿では、主としてこの作品のプロットに即して、レッシングによる《党派性》――特定観念の物神化によって基礎づけられた自己聖別的共同性――批判の試みを考察する。[*014]

2・党派性の一形態

劇詩『賢人ナータン』が提起している問題を分析するに先立って、まず、この作品のあらすじを辿っておくことにする。

舞台は一二世紀末のエルサレム。賢人として名高い、エルサレムの富裕なユダヤ人ナータンは、かつて自分の妻と七人の息子をキリスト教徒たちに虐殺されたが、その後まもなく、不思議なめぐりあわせで、親がキリスト教徒であった生後一、二週間の孤児を一人預り、レーハと名づけて、自分の娘として育ててきた。レーハはナータンを実の父親と信じているが、キリスト教徒である乳母ダーヤは、レーハにまつわる秘密を守ることに「良心」の呵責をつねづね感じている。レーハは、ナータンが商用で旅に出かけている間に、自宅の火事で危うく一命を落とすところを、キリスト教徒の神殿騎士――イスラームを信奉するスルタン、サラディンの捕虜となったが、サラディンの弟に似ているため特別に恩赦された人物――に助け出される。レーハはこの神殿騎士を「天使」と思い、彼に恋心を抱く。神殿騎士は初め、ユダヤ人に対する偏見からレーハを疎んじていた。旅から帰ったナータンが神殿騎士に会い、娘を救出してくれた礼を述べようとした際にも、とりあわなかったほどである。けれども神殿騎士は、ナータンと言葉を交わすうちにナータンの考え方に感銘を受け、自分のそれまでの偏見を反省するとともに、レーハを愛するようになる。

一方、サラディンは貧しい者に惜しみなく施しをするので、財政的に困窮し、ナータンに援助を求めようとする。その際、妹シターに知恵を授けられたサラディンは、ナータンに難問をふっかけて窮地に追い込み、金を出さざるをえなくしようという魂胆で、ナータンを招く。そしてナータンはといえば、騎士を通じてサラディンによる恩赦の件を知り、自分の娘が命をとりとめたのもその恩赦のおかげだと感じ、どんな用向きにも応えるつもりでサラディンのもとに赴く。ナータンはサラディンから、ユダヤ教とイスラームとキリスト教のうちどれが「真の宗教」であるかと尋ねられ、答えに窮するが、三つの指輪の話[*015]――これについては後述する――をして、サラディンの罠を巧みに切り抜ける。ナータンの話にすっかり感激したサラディンは、ナータンに友人になってくれるよう頼み、ナータンはサラディンへの金銭的援助を快く引き受ける。

ところで、レーハを愛する神殿騎士は、結婚の許しをナータンに求めるが、ナータンは神殿騎士の名前を本人から聞いて以来、神殿騎士の父親がレーハの実の父と同一人物ではないかと疑い始めていたため、二人の結婚をすぐには許さない。業を煮やした神殿騎士は、ダーヤからレーハの秘密を打ち明けられたこともあって、ナータンの真意を曲解し、奸悪で熱狂的なキリスト教徒である総大司教に、名前を伏せてではあるが、ナータン家の事情を密告してしまう。総大司教は、キリスト教徒としてすでに洗礼を受けた子をユダヤ教徒として育ててきたユダヤ人は焚刑に処せられねばならぬと、神殿騎士の前でいきまく。事の経緯をあとでサラディンに話した神殿騎士は、サラディンに厳しく諭されて、自分の内部に巣食う根深い偏見に改めて眼を向け、ナータンとレーハをいっそう深く愛する。

ナータンと神殿騎士とレーハは、総大司教の探索の手を逃れて、サラディンとシターのいる所に集まる。そこでの会話を通じて、神殿騎士とレーハが実の兄妹であり、しかも二人がサラディンの弟アサートの子供であったことが判明し、深い感動のうちに各々抱擁を交わす。

以上が『賢人ナータン』のあらすじである。

さて、いま紹介したあらすじに出てくる主要な登場人物のなかで、《党派性》を体現しているのが、レーハの乳母ダーヤとエルサレムの総大司教である。まずはこの二人の人物像に照らして、問題の所在を具体的に明らかにしてみよう。

旅の土産を差し出したナータンに、ダーヤは、「いえ、そのようなものはもう沢山でございます。とにかくわたくしは自分の良心(mein Gewissen)をもうこれ以上ごまかしておけないということ、ここではっきり申上げねばなりません[*016]」と言う。そして、レーハの秘密を黙っていてほしいと懇願するナータンに答える、「はい、黙っております。けれどもこれがもとで旦那様に神罰が当るようなことが起こりましても、わたくしとしてはそれをどうすることもできませんから[*017]」と。ダーヤは、ある意味でナータンの身を案じてはいるのだが、留意しなければならないのは、その配慮の根本に、他宗教の信奉者への対抗において、キリスト教徒としての自己規定に基づく党派的な「良心」がうごめいている点である[*018]。

もちろん、キリスト教徒という自己規定に基づく「良心」は、それ自体としては中性的なものであって、必ずしも排外的な党派性を属性とするわけではない。マックス・ウェーバーは『プロテスタンティズムの倫理と資本主義の精神』(*Die protestantische Ethik und >>>Geist<<< des Kapitalismus*) のなかで、「経済の「資本主義的」形態とその経営上の精神」は一般に「「適合的」関連(>>>adäquate<<< Beziehung)」という関係に立ってはいるが、決して互いに「「法則的」な依存(>>>gesetzliche<<< Abhängigkeit) の関係」にあるわけではないゆえんを指摘している。[*019] これを援用して言えば、キリスト教徒の「良心」と排外的な党派性とは、原理上、決して法則的な依存関係にあるのではない。両者は適合的な関連をもつとは言えるかもしれないが、そのように言えるにとどまる。「良心」が必ず党派性に結びつくという意味での必然的な因果連関が存在するならば、法則的依存関係というカテゴリーが妥当するであろう。しかしながら、事はそれほど単純ではない。

例えばヘーゲルが、「良心」は「最もふかい内面的な、自分だけの孤独性であって、すべての外面的なもの、したがってすべての被制限性が消失している。〔中略〕人間は良心としてはもはや特殊性の諸目的にしばられてはいないのであって、このことはしたがって一つの高い立場、近代世界の立場であり、近代世界がはじめてこういう意識、このような自己投入に達したのである[*020]」と評価したようなあり方も、「良心」には可能であった。「良心」がそうした可能性を宿しているかぎり、「良心」と党派性とは適合的連関をもつにすぎない。けれども、このことを裏返して言えば、両者の間に少なくとも適合的連関は存在しうるということである。ダーヤが体現している、キリスト教徒という自己規定に基づく「良心」は党派性となんら本質的な関わりをもたないと主張すれば、それはまた別の意味での強弁になってしまうであろう。ダーヤの言う「自分の良心」が《自分たちの良心》へと転成して、国家的共同性ないし民族的共同性を補完する強力なイデオロギー装置の機能を果たしてきたことは、これまでの歴史が如実に示している。

もとより、ダーヤという存在がそうしたイデオロギー装置の形成に根こそぎ加担しているわけではない。ダーヤはダーヤなりの善意からレーハの幸福を慮っているのである。しかし、善意はしばしば、善意の主体自身を裏切るような作用を他者に及ぼす。レーハは、「わたくしのところの善くって悪いダーヤ[*021]」という一見、形容矛盾と思われるような評言を、シターとの会話のなかで口にせざるをえなかった。その意味で、少なくともレーハにとってダーヤは両義的な存在であると言ってよい。レーハから見るとダーヤの言動は、他者の内面に土足で踏み込むような傾向をも含んでいた。レーハはその点をダーヤに率直に語っている。「お父様があなたに何をなさったからといって、あなたはお父様が折角わたしの心のなかへ蒔いて下さった浄らかな理性の種苗の間へあなたの国の雑草や花などを持込みたがるのかしら！　ねえ、ダーヤ！　あなたは本当にいい人なんだけど、お父様はわたしという土地にあなたの持込む雑多な花の咲くのをご覧になりたくないのよ。あなたの花がこの土地をいくら美しく飾っても、その為に土地が疲れ、養分が吸い取られてしまうような気がするの。[*022]」

レーハはダーヤをさらに次のようにも批評する。「ダーヤはキリスト教徒で、わたくしを愛する余りに、わたくしを苦しめずにいられないのでございます。神様の御許にまいる唯一の真実な大道を心得ていると妄想する狂信者の一人なのでございます。〔中略〕あの人達は、正道を踏み外していると思う人を、誰彼となく自分の方へ導きたくてたまらないのでございます。——そうせずにはいられない人達なのでございます。何分にも自分達の行く道だけが正しいと真実思い込んでいるのでございますから、別の道を歩むお友達がやがて堕落し、——それも永遠の堕落に陥るのを平気で見ていられる筈はございません。[*023]」ここで俎上に載せられているのがもはやダーヤひとりではないことは明白であろう。神慮の代弁者を僭称し、宗教的超越への通路を党派的に占有しようとする自己聖別的な権力支配のありようが、レーハの言葉に託して的確に描写されているのである。ヴォルテールが『哲学書簡』(*Lettres phi-*

losophiques, 1734）のなかに、「イギリス人は自由人として、自分の気に入った道を通って天国へ行く」という一節を織り込むことによって告発した対象も、やはり一定の党派性の絶対化に基づく権力支配が招来する宗教上の不寛容にほかならなかった。

ところで、そうした権力支配への志向をダーヤ以上に体現しているのが、エルサレムの総大司教である。神殿騎士が、ナータン家の秘密を架空の話としてそれとなく総大司教に洩らすと、総大司教は、「そのユダヤ人には、教会法とローマ法とがかかる瀆神行為、かかる罪業に対して定めたところの刑罰が、即座に加えられねばならぬ」と言い、「キリスト教徒を誘惑して背教に到らしめたユダヤ人」を焚刑に処すべき旨を断言する。[*024] そしてさらに総大司教は、「生れたばかりの不憫なキリスト教徒を、洗礼の絆から無理やり引き離す如きユダヤ人に対しては尚更だ。子供に加えられるところのものは、すべてみな暴力ではないか」といきまく。しかしながら、総大司教は「教会が子供達に加える力は例外である」と捉えており、キリスト教会の言動を神の名においてあくまでも免責している。[*025] 総大司教は神殿騎士に向かって言う、「わしはひとえに神に対する熱情に駆られているのでな。わしに行過ぎがあったにしても、それはまったく神のおん為にすること故、そこのところを宜敷く含んでおいて貰いたい」[*026]と。このようにして免責されるところの、「教会が子供達に加える力」とは、すでに形成されてきた「教会」の無謬性という共同的観念を、新たに作為的に自然化し自明化するための不可欠な「力」なのである。

レッシングが総大司教の言説を中心にして一つの場面を設定したとき、この作品の舞台が一二世紀末のエルサレムであることを考慮すれば、カトリック教会を念頭に置いていたことは確かであるが、それと同時に、一八世紀当時のドイツで《正統》と称されていたルター教会のあり方をも射程に入れていたであろうことは、想像に難くない。ハイネは、「マルチン・ルターはわれわれドイツ人をカトリック教の伝統から解放して、聖書をキリスト教の唯一の根源とした。ところがルター以後に、〔中略〕しつこい字句の解釈がはじまった。ルター以前にはカトリック教の伝統が専制君主であったが、こんどは「聖書の字句」が専制君主になってしまった。さて、われわれドイツ人をこの「字句」という専制君主から解放しようと、もっとも努めたのがレッシングであった」と述べている。[*027]

ルターが切り開いた新たな思想的地平については、E・カッシーラーの犀利な分析がある。『自由と形式』の「緒論」の一節を引用しておこう。

〔中世の政治的・教会的秩序は、〕生活の精神的な意義と精神的な実質をなすものが上から与えられ、隙間なく連続する一連の中間段階を経て、存在の下層へと伝えられるという基本的な信念にもとづいていた。封建制度という国家的・社会的な秩序、階層制《ヒエラルヒー》という教会的な秩序が個人を包みこみ、彼に対して一回限りの決定的な位置を指定する。こういう制限の中に彼の生存の確実性と、全体との連関の可能性とがひそんでいる。〔中略〕個人はこの範囲内で目的を追求しながら、同時に宇宙の統一的な目標《テロス》を実現し、完成しているのである。同様に人格は、与えられた教会の教理と与えられた社会的な拘束の力によって外部から受ける制限を通して、その堅固な形式を得る。この力を廃棄することは、自分自身を再び混沌の中へ投げ返すことを意味する。しかし今やこういう混沌が、実際に、宗教改革の根本理念とともに近代世界の上に侵入してくるように見える。ルターは中世的な信仰論の全体系、確然と規定され、客観的に伝達し得る救済利福による宗教的媒介の体系を廃棄することによって、個人を新しい巨大な課題の前に立たしめたのである。[*028]

個人が世俗的生活に対してもつ諸関係を支えるのは、もっぱら「宗教的な確信という原理」であり、こうした「確信」

は、「自己決定という根源的で自立的な行為」ではなく「超越的な恩寵の作用」がもたらす。しかし、「それがいったん得られたからには、まさにこの点から、精神的な存在の内容と組織全体を独立のものとして建立することが大切」である。[*029]

絶対者との関係においては、意志は自分が拘束されていると感ずるが、まさにそのことによって、それはあらゆる経験的な現実に対する自由、外物と外的権威の強制に対する自由を闘いとるのである。神によって制約されることは、有限な事物とこれから現われる不安定な衝動とに対する無制約性であることが明らかになる。[*030]

このように、出立点におけるプロテスタンティズムの特質は、絶対者による制約が、世俗的現実に立ち向かう個人意志の無制約性へと転換せしめられる、その動態的な転換の地平の創出にあった。ルターの立場を特徴づける、「ただ信仰によってのみ(sola fide)」という原則は、それが地上の個々人の内面的自立性に定位するものであったがゆえに、従来の教会制度の物神性に揺さぶりをかける運動への端緒たりえたのである。

しかし、その運動の展開とともに、ルター主義はやがてスコラ神学的体系化による《教義》の専制を生み出し、《制度》としての呪縛力を具えるに至った。一六世紀の「農民戦争」(1525)がドイツ諸侯の勝利に終わり、諸侯・司教・貴族地主(ユンカー)がルター教会の有力なパトロンとなって以来、すでにルター教会の社会的制度化の物質的基盤は形成されつつあったとも言えよう。[*031] いずれにしても、レッシングの眼前にあったルター教会は、「真理」を「所有」する精神界の「専制君主」として新たな桎梏と化していたのである。だからこそレッシングは、ゲーツェとの論争の過程で、「真理の所有」が人間を傲慢にするゆえんを言明し、また、こう叫ばざるをえなかった。

ああ、あなたなら判断できましょう。あなたがぜひ私の裁判官になってください。世間からは誤解されている偉人、マルチン・ルター先生よ。私はあなたにおねがいしたい。あなたのスリッパをにぎって、あなたの切りひらいてくださった道をわめきたてながら平気でのらくら進んでいくあのいしあたまの連中が、いちばんひどくあなたを誤解しています。――ルター先生。あなたはカトリック教の伝統というくびきから、われわれドイツ人を解放してくださった。さて聖書の字句というこのいっそうやっかいなくびきから、われわれを解放してくれるのは誰でしょうか？　あなたがもし今生きておられたら教えてくださるような、イエス・キリスト自身がおしえるようなほんとうのキリスト教を、ついにわれわれに与えてくれるのは誰でしょうか？[*032]

この「聖書の字句」という「いっそうやっかいなくびき」から宗教信仰を解放しようと試みるレッシングの知のヴェクトルは、「ヨハネのテスタメント」と題する小篇でも貫かれている。「彼と私とのある対話」という副題をもつこの小篇に照らして、レッシングの思想の一端を瞥見しておきたい。

レッシングは、「ヨハネのテスタメント」の直前に書いた論文「霊と力との証明について」を、次のように結んでいる。「私はこれでしめくくり、希望を述べる。ヨハネの福音書が引き離しているすべての人々を、ヨハネのテスタメントが再び結合してくれるように！　このテスタメントは確かに外典ではあるが、そうであるからといって神聖さに欠けるわけではない。[*033]」周知のように、「初めに、言葉があった」という書き出しで始まるヨハネの福音書は、正典として聖書に取り入れられて、教義の形成に寄与した書である。それに対して、レッシングが問題にしている

「ヨハネのテスタメント」とは、老齢を迎えたヨハネが弟子や信徒達に、「主がそれをお命じになったからだ。それが実行されれば、これだけでもう十分だからだ」と言って繰り返した、「子らよ、互いに愛し合え」という短い「遺言」のことである。

「私」によれば、「ヨハネの説教は、学のある、のまさに正反対だった。それは、心の底から出たものだったからね。だからいつも短くて素朴だったし、日に日に短く素朴になっていった。そして最後には、わずか数語になってしまった」。[*034] この「数語」が件の「テスタメント」である。これは「正典」ではないけれども、「私」にとっては「その神々しさに変わりはない」。[*035]「彼」は、「キリスト教の教義に根ざしたものだけが真のキリストの愛といえる」と主張し、徹頭徹尾、《教義》の側の代弁者として振舞うのであるが、《教義》よりも《愛》を根源的なものとみる「私」は、「彼」を「聖書を知ること悪魔のごとしだ」と痛烈に皮肉り、《教義》優位の立場を次のように批評する。「ある「地の塩」たちは、以前はこのヨハネのテスタメントを根本の拠りどころとしていたのだが、今ではヨハネの福音書のほうを拠りどころにするようになった。そして、人々の言うところでは、そのために塩の味が多少甘くなった。[*036]」

レッシングが『賢人ナータン』で、ダーヤ及び総大司教を主要登場人物として設定したときに念頭に置いていたと思われる問題状況については、もはや縷言を要しないであろう。《正統》の名において「真理」を占有し、制度的な《教義》の実定性を自明視する党派的専制は、一表現者レッシングになんらかの態度決定を迫る、一八世紀後半のドイツの生々しい現実であった。レッシングはその現実を自明視することはできなかった。ある考察主体が自分の組み込まれた現実に対して疑問を突きつけることと、問題の発生とは相即する。問題が発生したならば、《現在》という時間的集積の一局面をなす一定の歴史的過去が、ある問題連関のなかで表現者の想像力によって活写されうるのである。

議論の場面を一二世紀末のエルサレムに戻そう。神殿騎士は、レーハとの結婚をナータンが許してくれぬことに業を煮やし、次のようにナータンを非難する。「宗教も所詮は党派(Partei)だということが、今となってははっきり判りました。だからたとえ自分ではいくら一党一派に偏しない(unparteiisch)積りでいても、知らず識らず自分の信奉する宗教の味方をするものです。[*037]」神殿騎士は、《ユダヤ教徒》であるナータンが《キリスト教徒》に対する党派的な反撥から、二人の結婚を許そうとしないのだと思い込んだのである。しかし、神殿騎士がナータンに見た党派性は、真実には、神殿騎士自身の内部に潜む党派性志向の無意識的な投影にほかならなかった。神殿騎士がナータンに向けた批難は、ナータンにではなく神殿騎士自身に向けられるべきものであったことが、筋の展開とともに明らかとなっていくのであるが、それならば、『賢人ナータン』では、この党派性の問題への対応がどのような視座からなされているのであろうか。次節ではその点を検討してみよう。

3. 民族的個別と類的普遍

前節で言及したように、レーハはダーヤを、「あなたの花がこの土地をいくら美しく飾っても、その為に土地が疲れ、養分が吸い取られてしまうような気がするの」と突っぱねたが、この条りには続きがある。レーハは言う、「花の甘酸っぱい香りのなかで、眼まいがし気が遠くなりそうよ。あなたのお頭はそんな香りにわたしよりもずっと慣れているんだわ。それだからといって、その香りに堪えられるほど強い神経がいけないと言うんじゃないのよ。ただそういう香りは、わたしの性に合わないの[*038]」と。

もしレーハがダーヤに、「その香りに堪えられるほど強い神経がいけないと言う」ことによって、ダーヤの考え方を裁断するならば、レーハはダーヤと同じ場面で発語することになりかねない。なぜなら、他者に対するそのような裁断は、それが有限者相互の出来事でしかないという自覚を欠いたものであれば、単なる臆断の悪循環を招来するだけだからである。そうなれば、事態は構造的には少しも変るまい。ただでさえダーヤは、《キリスト教徒》としての党派的良心に基づいて発語する根強い性向をもっていて、他者に対して自己の発想の枠組みを投影しがちなのである。そのダーヤに対してただ反撥するだけならば、いくらレーハが個別の有限者の局面にとどまろうとしても、結局は、相互の共同的観念の真理性を保証する根拠を問う局面へと関係づけられて、その根拠として「神」を持ち出す仕儀となろう。そこに現出するのは、おそらく「神」と「神」との果てしない闘いの場である。しかしながら、「わたしの性に合わない」というレーハの発言は、それが上述のような臆断の悪循環を断ち切る地平への通路を幾分かは暗示しているという意味で、留目に値する。

この点に関して補足しておくと、『人類の教育』(*Erziehung des Menschengeschrechts*, 1780)に付せられた「編集者の序」(実はレッシング自身の執筆によるもの)にも、党派的な《正統》意識に対する対応の仕方をめぐって共通の構図が看取される。レッシングは『人類の教育』の冒頭で、「すべてこれらの事がらは、それがある程度誤りであるのと同じ理由で、ある程度真実でもある」というアウグスティヌスの作品の一節を引いたのち、編集者を装って次のように述べている。

> 著者はこの論文の中で、今日正統とされる道よりはいささか多くを望見できるような高みに身を置いている。しかし彼は、早く宿に着いて寝ることだけを願っているような旅人に声をかけて引き止めることはしない。彼は、自分の気に入った展望なら他の人にも気に入るはずだ、とは要求しない。だから我々も、彼が展望を楽しむのに任せておけば良いと思う。[*039]

ここに言う、「自分の気に入った展望」を他者に強制する不寛容な観念体系を体現しているのが、総大司教でありダーヤなのである。自分達の言動を、「神に対する熱情」「神のおん為に」という大義名分で免責し、そうすることとの裏返しとして、「自分の気に入った展望」を強制的に共有させようとするこの党派性志向は、宗教のみに固有の事態なのではない。「神」を国家、公共の福祉、党、革命等々と置き換えることはいくらでも可能である。党派性志向の発生・再生産は、有限者の世界において不可避の事態なのであろうか。党派性を克服するための諸契機がもしあるならば、ひとはそれをどのようにして摑み取ることができるのか。

ナータンを通じて語られる指輪の比喩も含めて、ナータンと他の登場人物達との対話は、この問題の考察に一つの手がかりを与えてくれるように思われる。彼らの対話に託して、民族ないしその民族の信奉する宗教という一種の共同性のレヴェルにおける自己聖別の克服の方途が、「歴史」「自然」「人間」という観念との連関で問われているのである。

ナータンがサラディンから、ユダヤ教とイスラームとキリスト教のうちどれが「真の宗教」であるかと尋ねられたことは、この劇詩のあらすじを紹介した際に述べておいた。サラディンは、賢人と称されているナータンをなんとかしてやりこめて、金をせびり取ろうという策略をもっていたのは確かだが、サラディンが本心からではなく、意図的にそうした難問をふっかけたとも言えるかもしれない。結婚問題が思うように進展しないことに苛立つ神殿騎士が、「[レーハを]くれようとくれまいと、それはナータンの勝手でございます。とにかくあの男の化けの皮が剥がされたのです。信仰の問題について寛容を喋々する男の化けの皮が剥がされたのです」と言ったとき、サラディンは、「落着きなさい、キリスト教徒!」と押しとどめた。しかし、神殿騎士はこれを聞いてさらに突っかかった。「え! 落着け、キリスト教徒! とおっしゃるのでございますか。ユダヤ教徒やイスラム教徒は、めいめい自分の宗教に執着していながら、キリスト教徒だけは、キリスト教徒らしく振舞ってはいけないのでございますか。[*040]」そこでサラディンは再び、「お前のところの聖職者達がナータンに復讐することをわしに迫るような事件〔神殿騎士がそれとなく総大司教に洩らしたナータン家の秘密を指す——引用者注〕については沈黙を守るがよい！　ユダヤ教徒やイスラム教徒に反抗するだけのキリスト教徒であってはならぬ[*041]」とたしなめた。サラディンはこのように、宗教上の寛容をめぐって狭隘な党派的思考を相対化するだけの見識は具えていたのである。

　しかしながら、ナータンに向かって質問が発せられる場面に限定して言えば、その質問を支えているのは、前出の三種の宗教のうち「真の宗教」は一つしかありえないとする前提であり、また、ナータンがユダヤ教に帰依しているのも、「自分が良いと信ずるものを比較選択した上のことだろう」という予断である。ともかく、そうした前提・予断に基づくサラディンの質問が契機となって、民族という共同性の枠組みの捉え方に関わる本質的な問題相が、まず、ナータンの独白のかたちで浮き彫りにされている。これはすでに、サラディンの当初の思惑から切り離して扱ってよい事柄であろう。

　さて、その独白の中心部分はこうである。「生粋のユダヤ教徒でありたいなどということは、もはや成り立たないし、全然ユダヤ教徒でないということは、なおさらよくない。ユダヤ教徒でないなら、彼は私に、なぜイスラム教徒にならないのかと尋ねるにちがいないからな。[*042]」これは、自己の発想あるいは思考様式を否応なしに規定する歴史的・社会的諸条件と正面から向き合おうとするならば、何人といえども避けることのできない問題であろう。ユダヤ人ないしユダヤ教徒であるというのは、一体どういうことなのか。人が、自己聖別的な共同性の再生産の存立根拠になりうる民族・宗教という枠組みを相対化し、その枠組みを超えた地平を切り拓こうとすれば、彼あるいは彼女は、自己の思考様式の被拘束性・被規定性に無関心でいることはできないはずである。無関心であれば、当の人間は何らかのきっかけで足もとをすくわれ、自覚的にせよ無自覚的にせよ、自己聖別的な共同性の再生産に加担してしまうだけであろう。[*043] けれども、自己の思考様式の被拘束性・被規定性に関心をもつということは、何々人、何々教徒という既存の枠組みをそのまま自明視することではなく、また、自己の発想を拘束し規定する歴史的・社会的諸条件に対して単に軽蔑的に振舞うことでもない。それならば、個々の当事者を制約している事態を内部からその自己超出の運動へとつき動かすには、どのような知のヴェクトルが要請されるのであろうか。

ナータンは、次のような「三つの指輪の話」をしてサラディンの問いに応える。

遠い昔、東方の国に一人の男が住んでいた。彼はある「秘密の力」を具えた美しい指輪を授かった。この指輪は、その力を篤く信じて嵌めている者を、「神と人とに愛されるものにする」という指輪で、その男から代々、最愛の息子に遺贈され、父子相伝によってやがて三人の息子をもつ父親に伝えられた。息子達を分け隔てなく愛していたこの父親は、どの息子にも指輪を譲る約束をせねばならなくなり、臨終に至って困却したあげく、細工人に件の指輪と寸分違わぬものを二つ作らせ、自分でさえ現物を識別できないこれら三つの指輪を、三人の息子にそれぞれ与えた。父親の死後、三人の息子はめいめい自分の指輪こそ本物であると、裁判官に訴えた。裁判官は、「本物の指輪なら、その所有者を何人にも好ましい者にする、――つまり神と人とに愛されるものにする神秘力を具えているということであったな。するとこのことが判決を下さねばなるまい。贋物の指輪はそのような力を具えていないからだ」と言って、三人のうち誰がそういう所有者であるかと問う。「お前達のうちで、ほかの二人から一番愛されているのは誰かね。さあ、言ってご覧。黙っているね。お前達の指輪は、いずれも自分にだけははたらきかけるが、外に向かってははたらかないのかね。めいめいが自分だけを愛しているのかね。そうだとしたらお前達三人はいずれもいかさま物を摑まされたいかさま師だということになるね。つまりお前達のもっている指輪はどれも本物でないのだ。」裁判官はこのように、閉じられた自己愛の限界を厳しく指摘したうえで、「判決」を下すかわりに次のような「忠告」を与える。「お前達はこの事態を在るがままに取るがよい、めいめいが父親から指輪を授かったのなら、自分の指輪こそ本物だと信ずるがよい。父親は、一個の指輪が自分の家を専制的に支配するのに我慢し切れなくなったのかも知れぬ。〔中略〕さあ！　いずれも精出して、身びいきのない無我の愛を欣求するのがよい、めいめいが自分の指輪に嵌めてある宝石の力を顕示するよう励み合いなさい。――そして柔和な心ばえ、和らぎの気持、善行、神への心からなる帰依をもってその力を助成しなさい。そして宝石に具わる諸々の力がお前達の子孫の代に発揮されたら、数千年後のその時にこそ、わしはお前達をまたこの裁判官席の前に召喚しよう。その時には、わしよりも賢明な人が、この席に坐って判決を下すだろう、――退廷してよい！」[*044]

この指輪の比喩に照らしてまず言えるのは、三種の宗教のうちどれか一つが「真の宗教」であるとする前提そのものが破壊され、問題設定それ自体が無意味化されているということである。ナータン、ひいてはレッシングがこの指輪の比喩に託して望見しているのは、三種の宗教相互の対他的な相対性の地平であろう。三人の息子がそれぞれ自分の指輪は本物であると信じてよいとしても、その信がいずれも同等の権利で成立しうることを、彼らがそうした相対性の地平で相互承認するかぎりにおいてなのである。この相互承認の契機が欠落していれば、自分の指輪の力に対する信は、単に閉じられた自己愛のレヴェルにとどまるであろうし、また、自己愛と自己愛との無際限の不毛な確執が生起するだけであろう。

しかし、このことを裏返して言えば、「無我の愛を欣求する」ことは、自分の指輪の力に対する信を放擲するということではない。営為の遂行に際して、その当事者は、一定の歴史的所与との関わりで何らかの自己限定をせざるをえず、そのかぎり、ナータンが語っているように、「全然ユダヤ教徒でない」という事態は当事者にとっては成り立たないのである。指輪の持主はあくまで各自の自己限定をふまえてその営みに精励すべきだというのが、「裁判官」の「忠告」なのである。しかも、そうした個々の営みが相互に全く等価であって、そこにはどんな序列も存在しないということ、言い換えれば、各当事者は信の等価性への自覚を常に保持しつつ、自己の営みに精励すべきだということをも、この「忠告」は暗に語っている。「生粋のユダヤ教徒でありたい」などという意欲は、いま述べたような宗教的信相互の等価性への自覚を欠いた、無規定な自己主張の空転を招くのみではなかろうか。

このように各宗教を相互の対他性のレヴェルで相対化する視座は、それぞれの宗教を信奉する「民族」の「歴史」の等価性についての認識によっても裏打ちされている。

ナータンが指輪の話をしているときに、サラディンが、「指輪だなんて！　わしを馬鹿にしまいぞ。わしがあんたに挙げた三種の宗教には、とにかく差別があると思うのだ。衣服や飲食物にいたるまで違っているではないか」と半畳を入れると、ナータンはすかさず、それら三種の宗教がそれぞれ固有の「歴史[*045]（Geschichte）」に基礎づけられているゆえんを次のように説く。

> さように申しますものの根本的には異なっておりませぬ。これらの宗教はいずれも歴史を、――つまり書かれたものにせよ伝承されたものにせよ、歴史を本にしているかと存じます。そして歴史は、とにかくそのまま受けいれられねばなりませぬ。さようではございませんか。そこでわたくし達が、聊かの疑もなくそのまま受けとっているものは、どのような信仰でございましょう、――言うまでもなく自分の属している民族の信仰でございます。わたくし達と血の繋がりがあり、子供の時からわたくし達に愛を証拠だててくれた民族の信仰でございます。この愛は、欺かれるほうがわたくし達の為になるような場合のほかは、かつてわたく

し達を欺いたことがございません。貴方さまがご先祖のことをお信じ遊ばすよりも、わたくしが自分の先祖を信じることのほうが薄い筈はございませぬ。またその逆も同様でございましょう。わたくしといたしましても、自分の先祖の言分を否定したく無いばかりに、貴方さまに向かってご先祖さまを嘘吐き呼ばわりなさいませと申上げることができるものでございましょうか。またその逆とても同様でございましょう。これと同じことはキリスト教徒についても言えるのでございます。[*046]

ナータンが「自分の属している民族の信仰」を、歴史的に積み重ねられてきた観念体系として信用ずくで受け入れているにしても、それは、それぞれの民族の信仰の対他的な相対性ないし等価性への認識に基づいてのことであり、また逆に、このような相対性ないし等価性の地平が生成する契機、それも不可欠な契機として、個別的な民族の信仰の固有性が立言される文脈においてのことである。その点を見落してはなるまい。ナータンは決して、特定の民族が自分達の「先祖」との「血の繋がり」を自己聖別することを容認してはいないのである。

ただ、民族の信仰の存立根拠をその「歴史」に求める場合、一つ問題なのは、「歴史」は様々な人為的束縛を共同的な表象として不断に再生産してきたということである。作品『賢人ナータン』は、民族の信仰に対して論理的な超越性をもつ、「自然」及び「自然」が配慮した「人間」の相互交渉の場を想定することによって、この問題を問うている。さしあたり、特に神殿騎士とナータンとのやりとりに留目しておきたい。

この作品に登場する神殿騎士は、本来、「自然」が配慮した「人間」の相互交渉の世界への信頼に基づいて思考し行動する人物である。このことは、ナータンがすでに作品の初めの部分で、「もともと知りもしなければ会ったこともない娘のために火の中へ飛び込んだのだ、――人間だったからね」というように洞察していた。神殿騎士はナータンにレーハとの結婚の許しを乞う、「やはり――息子とは呼んで下さらないのですか。お願いです。ナータンさん！　自然が最初にわたし達を人間として結びつけた繋がりにかけてお願いします。あとからわたし達をいましめたいろんな束縛の方を尊重しないで下さい。どうか人間であればそれでよいとして下さい」と。[*047]

神殿騎士が「ユダヤ教徒」の「選民」意識を衝く際にも、これと同じ信頼が立言の支えとなっている。「我こそ選民であると最初に名乗ったのはどの民族だったでしょう。わたしがそういう民族を憎悪しないまでも、その高慢を軽蔑しないわけにいかないとしたらどうでしょう。この高慢は、キリスト教徒にもイスラム教徒にもうけつがれて、自分の信じる神こそ唯一の正しい神であると主張するのです！〔中略〕ほかの宗教の神よりもすぐれた神をもっている、そしてこのすぐれた神を人類最高の神として世界全体に押しつけようとする敬虔な狂熱は、現在当地でその黒い邪な姿をいとも鮮かに現わしているのです。」[*048]

神殿騎士がこう指摘すると、ナータンは次のように応える。「ふむ！　貴方さまがそのようにおっしゃるのを伺った上からは、ますます貴方さまにお近づきを願わねばなりません。さあ、わたくし達は友達にならなければいけません！　わたくしの民族を軽蔑なさるのは、貴方さまのお心まかせでございます。わたくし達は――貴方さまにしろわたくしにしろ、勝手に自分の民族を選んだわけではございません。しかしわたくし達は、わたくし達がめいめい属している民族と同じものでしょうか。いったい民族とはなんでございましょう。キリスト教徒だのユダヤ教徒だのと申しますが、わたくし達は人間である前に、もうキリスト教徒であったりユダヤ教徒であったりするのでしょうか。」このように応答した後、ナータンは、神殿騎士が「人間が人間でありさえすればそれで十分であるような人間の一人」であることを再確認し、そのことの嬉しさを神殿騎士に表明するのである。[*049]

いま引用した、神殿騎士とナータンとの対話が言表しているのは、約言すれば、「歴史」が形成してきた「民族」

という枠組みを相対化しうる地平としての「自然」「人間」の意義であり、かつそれとの対比のおける、自己聖別的な「選民」意識を生み出す党派性の高慢さである。指輪の比喩が、さらには『賢人ナータン』という作品全体が表現しているのも、そのことであると言えよう。作品の末尾では、ナータン、神殿騎士、レーハ、サラディン、シターが各々抱擁を交わす。この場面は、民族相互間の偏見、「選民」意識の党派性を超えた類的共同性の地平、言い換えれば、民族的個別を超えた類的普遍の地平を象徴的に描いているように思われる。

4．『賢人ナータン』の思想的遺産

以上、本稿では主として『賢人ナータン』に手がかりを求めて、レッシングにおける宗教的党派性克服の試みを粗略ながら考察してみた。レッシングの作品中の表現を用いて言えば、宗教的党派性とは、自分達こそ「神様の御許にまいる唯一の真実な大道を心得ている」という「妄想」に基づいて、その「大道」とやらを共同的価値として他者に強制する事態である。それは、特定の観念の物神化に媒介された、ある共同性の自己聖別であり、その意味で、基本的には他者の実在性を容認しない独在論的な事態であると言えよう。

ヘーゲルが『キリスト教の精神とその運命』(*Der Geist des Christentums und sein Schicksal*) で描き出した「ユダヤ教の精神」は、そうした事態の典型的な具体例の一つである。ヘーゲルによれば、「自分の家族神を敬う家族や、自分の国民神を敬う国民も、なるほど、自己を孤立させ、全一なるものを分かち、それの部分から残余の諸部分を排除したには違いないが、しかし、彼らはその際同時に、他の諸部分をも許容するのであって、測ることのできない大きなものを自分の方に留保して置いて、すべてのものをそこから追い出すということをしたわけではなく、他のものにも自分と同等の権利を容認し、他のものの家族神は家族神として承認する」。これに反して、「アブラハムとその子孫の嫉み深い神〔「出エジプト記」二〇章五節、三四章一四節、「申命記」五章九節〕には、アブラハムだけが、そうしてこの国民だけが、一つの神を有する唯一のものであるという驚倒すべき要求が潜んでいた」。アブラハムの子孫は、「彼らの統一の理念を実現するだけのじゅうぶんの力をもっていた場合、〔中略〕すべての生命を殲滅する・最も手に負えない・冷酷きわまる・暴虐さをもって、容赦なく支配した」のである。なぜなら、「統一はただ死の上にのみ漂うのであるから[*050]」。

レッシングにおいてこの党派性は、二つの側面、すなわち民族的個別相互の固有性の側面及び類的普遍の側面から相対化されている。この点については少し補足が必要であろう。つまり、一方では、特定民族の信仰を自己聖別的に普遍化する傾動に対しては、各民族の個別的な「歴史」及びその「歴史」に基礎をもつ信仰の対他的な等価性が強調され、他方、各民族が個別の枠に閉じこもって相互に抱く諸々の偏見ないし差別意識に対しては、「自然」が配慮した「人間」の類的普遍の地平が望見されている、ということなのである。思うに、『賢人ナータン』の思想的特質は、宗教的党派性に対してそういう二重の相対化の視座を打ち出した点にある。

なるほど、このレッシングの視座が今日はたしてそのまま、自己聖別的共同性を超えた地平を切り拓く契機たりうるかどうかについては、疑問を提示することが可能であるし、また、現代の我々はその疑問を提示せざるをえない。その理由は、問題考察のあり方を規定する歴史的諸条件の相違にある。現代の我々は、一八世紀西欧の人々とは異なり、イデオロギーの別を超えて自己増殖しつつある生産・流通・消費の物質的機構の巨大な世界連関に組み込まれており、しかも、レッシングが真理探究への「衝動」の保証者として根本的に前提していた「神」の存在を自明視することなく、この世界連関の認識と自己の生き方への探究的労苦を自己に課さざるをえないのである。

しかしながら、レッシングがナータンという人物像を造形したとき、ナータンが一人の子を養女として引き取る経緯を次のように叙述したことは、銘記されて然るべきであろう。ナータンの述懐によれば、キリスト教徒がある地でユダヤ人達を妻子もろとも皆殺しにした際、そのなかに彼の妻と七人の息子が含まれていた。それからの三日間というもの、ナータンは「夜となく昼となく灰燼の中に跪き、神の御前にひれ伏して泣き通した」ばかりでなく、「神と対決もし、怒りもし狂いもして、我が身と世間とを呪い、キリスト教徒に対して永遠に宥さぬ憎悪を誓」ったのである。しかし、ナータンは次第に「理性」を取り戻す。「理性」は穏やかな声でこう言った。「それでも神はいますのだ、こういう次第になったのも神の御意なのだ！　さあ、お前が疾うに会得していることをすぐに実行しなさい。お前がしようとさえ思うなら、実行が会得よりむつかしいということは決してない。さあ、立ちなさい！」ナータンは立ち上がり、「神」に向かって、「わたくしはそういたします。――わたくしがそういたしますことをあなた様がお望みでございましたら！」と叫ぶ。ちょうどその時、一人の男（ナータンが記憶の糸をたぐりながらこの経緯を語っている相手であるキリスト教の修道士）が馬から降りて、マントにくるんだ幼な子をナータンに渡した。ナータンはその子を寝台に運んで接吻し、「神よ、あなたは七人の子供に対して確かに一人をお返し下さいました！」と「神」に感謝した。[*051] ナータンがレーハを引き取るに至った経緯は、おおよそ以上の通りである。

ナータンが、「自然」及び「自然」が配慮した「人間」という類的普遍の地平を望見しなければならなかったのは、かつてそのような苦難に遭遇したがゆえになのか、それとも、遭遇したにもかかわらずなのか。あるいは、その二つの事情が表裏一体をなしているのだろうか。

いずれにせよ、ナータンの来歴を考慮せずに彼の望見の限界をあげつらうことは、議論の拙速を招きかねない。有限者である人間が、自己を襲った苦難に対して自己の内部でいかにして決着をつけていくかということは、「ヨブ記」以来の重い課題であり、ウェーバーの言う「苦難の神義論（Theodizee des Leidens）」の問題に通ずる事柄なのである。

その意味で、ひとたび神を呪い党派的な憎悪の化身となったナータンが、やがて「神」に対する感謝の念を抱くようになるという内面的な転換の描写は、問題のありかへと読者の想像力を駆り立てる力を十分に具えている。一方で《人類》愛を口にしながら、他方で《隣人》を憎悪するといった事態が、現代の社会的諸関係の様々な局面でしばしば生起することに鑑みても、『賢人ナータン』の問題提起は依然として再考に値するのである。

また、作品の末尾で、主要人物達がそれぞれの信奉する宗教の相違を超えて抱擁しあう点、あるいは、「裁判官」によって三人の息子に与えられた「忠告」が、宝石の具わる力の発揮される時点として「数千年後」という遙かな未来を想定している点に観念性を見て、その観念性の限界を指摘するだけであれば、一面的との誇りを免れまい。仮にそれを限界と言うのなら、「フランス革命の準備的段階の精神的・芸術的発展」への参画を、「いわば雲の中で、政治的・社会的実践から切り離された、純粋思想と文学の領域で[*052]」果たさざるをえなかった、ドイツ啓蒙思潮そのものの限界であると言うべきであろう。特に「裁判官」の「忠告」に看取される、歴史のテロス（目的）への信頼に立つ発展段階説的発想――一八世紀啓蒙思潮以来の発想――は、今日、確かに批判的検討を要する事柄ではあるが、しかし、少なくともこの「忠告」は、各民族がそれぞれの内部に自己超出の可能性を宿していることの暗示とも読めるのである。

ともあれ、レッシングの『賢人ナータン』は、単なる民族的個別の顕揚を企てているのでもなければ、また、単なる類的普遍の唱道によって問題解決の可能性が拓けてくると説いているわけでもない。レッシングがこの作品の一登場人物に託して語った次のような冷徹な現実認識に、ここでいま一度留目しよう。

「わたくし達をはぐくんできた迷信は、わたくし達がそれを迷信と知ったところで、わたくし達に加える威力を失うものではございません。自分達を束縛する鎖を蔑みする者が、すべて自由だというわけにはまいりません。」

ここに言う「迷信」を捉え直すならば、それは、あたかも個々人の意思から独立した物的対象性を具えているかのように制度化され規範化された、歴史的集積としての共同的表象であり、したがって、ある意味で「もののように(comme des choses)考察すること」[*053]を強いるとも言える社会的表象である。宗教的党派性もまた、その一局面を構成する。歴史の展開過程を経て形成されてきたこの社会的・共同的表象の「威力」を、レッシングはおそらく知悉していた。スピノザが好んで呼び戻したクルティウスによれば、「大衆を強く支配すること迷信に如くはない」[*054]のである。

「迷信」というものは、歴史を超えた不変の浮遊物ではなく、ある時間的・空間的な被限定性を孕みつつ形成され変形をこうむってきた観念体系である。そうであるとすれば、民族的個別が『賢人ナータン』の論理構成の不可欠な一契機をなすのも頷けよう。その場合、レッシングにおいて民族的個別が、他民族を排斥する閉じられた自存性を意味するのではなく、あくまで問題考察のための方法的枠組みとして設定されていることを、我々は見落としてはなるまい。約言すれば、個々の当事者が、民族的個別から類的普遍への超越と、類的普遍から民族的個別への内在的自己定位という往還二相あるいは相互反転のあやうい緊張関係の中に不断に身を置いてこそ、事態を内部から突き動かす当事者たりうることを示唆している点に、この作品の要諦が潜んでいるのである。

＊００１――レッシングがライマールスの遺稿を公表したといっても、彼はライマールスの思想的立場を無条件に肯定していたわけではない。確かにレッシングは、ライマールスによる「徹底的な聖書批判と啓示宗教の研究」に、ニコライ一派の中途半端な啓蒙主義よりもはるかに説得力ある啓蒙主義を読み取った。当代において《正統派》と目されていたのはルター教会であるが、そのドグマに抗して真実を探究しようとするライマールスの努力を、レッシングは高く評価したのである。けれども、レッシングには聖書批判が問題を解決しうるとは思えなかった。なぜなら、彼は「聖書の物語の批判をキリスト教の破棄とは全然考えていなかったからであり、彼にとっては文字は精神ではなく、聖書が宗教ではなかったからである」（フランツ・メーリング『レッシング伝説』（小森潔ほか訳）、風媒社、一九七一年、第II部第十章、参照）。

＊００２――小栗浩『ドイツ古典主義の成立』、東洋出版、一九八三年、一三九頁、参照。

＊００３――「第二抗弁」（"Eine Duplik", *Gotthold Ephraim Lessing sämtliche Werke*, Unveränderter photomechanischer Abdruck der von Karl Lachmann und Franz Muncker, 1886–1924, herausgegebenen Ausgabe von *Gotthold Ephraim Lessings sämtlichen Schriften*, Walter de Gruyter, 1979, 13. Bd., S.23–24）。以下、この著作集は*Werke*と略記。

＊００４――この点については、本書第一章、参照。

＊００５――ヴォルテールが新たな世論形成に寄与した点については、本書第四章、参照。

＊００６――『啓蒙とは何か』（篠田英雄訳）、岩波文庫、一九七四年、一六頁。

＊００７――同書、七頁。

＊００８――エルンスト・カッシーラー『カントの生涯と学説』（門脇卓爾・高橋昭二・浜田義文監修）、みすず書房、一九八六年、四〇二頁。

＊００９――『賢人ナータン』（篠田英雄訳）、岩波文庫、一九五八年、一五〇–一五一頁。以下、同作品からの引用は、原則としてこの篠田訳に依拠する。なお、原文に忠実に訳した方がよいのではないかと考えて拙訳を用いた箇所があることを、あらかじめ断っておきたい（底本は前出*Werke*の3.Bd所収の*Nathan der Weise*）。

＊０１０――Wilhelm Dilthey, *Das Erlebnis und die Dichtung*, Kleine Vandenhoeck-Reihe, Göttingen, 1965, S.26.

＊０１１――務台理作・山崎正一編『近代社会思想史論』、青木書店、一九五九年、一二九頁。

＊０１２――ハインリッヒ・ハイネ『ドイツ古典哲学の本質』（伊東勉訳）、岩波文庫、一九七三年、一五五頁。

＊０１３――ジョルジュ・ルカーチ『ドイツ文学小史』（道家忠道・小場瀬卓三訳）、岩波現代叢書、一九五一年、一八頁。

＊０１４――本稿が主として取り上げるのは『賢人ナータン』であるが、この作品の思想をやや別の角度から照らし出していると思われる、ほぼ

同時期の論文・小篇からも、適宜、引用を試みた。レッシング自身が『賢人ナータン』の序文の草稿で、「すべての既成宗教に反対するナータンの思想は、以前から私の思想であった」と書いていることに鑑みて（メーリング、前掲書、五六八頁）、そうした考察方法も一つの妥当性をもちうるであろうと考えたからである。

＊０１５——レッシングの『賢人ナータン』において重要な位置を占める「三つの指輪」の物語の大筋は、ボッカチオの『デカメロン』中の初日第三話に負うところがある。「バビロニアの帝王」サラディノは、度重なる戦争や浪費のため国庫を使い果たしてしまったが、新たに多額の金が必要となった。そこで、アレッサンドリアで高利貸を営む金持のユダヤ人メルキセデックに難問をふっかけて窮地に追い込み、金を用立てざるをえないようにと一計を案じ、メルキセデックを呼び寄せて、ユダヤ教・イスラーム・キリスト教、この「三つの律法のうちで、どれが真実だと考えるか」と問いかけた。サラディノの料簡を見て取ったメルキセデックは、次のような話をして罠を巧みに逸らす。

昔一人の金持が「特別に美しい高価な指輪」をもっていた。彼は、その指輪を代々の相続人に伝えようと思い、譲り受けた息子は家長として尊敬と奉仕を受けるべきだと命じた。指輪は幾代も経て、三人の息子をもつ男の手に渡った。指輪の由来を知っていた息子たちはそれぞれ、老いた父親に、指輪は自分に譲ってほしいと懇願したが、どの息子も等しく愛していた父親は、思案の末、巧みな細工師に指輪を別に二つ作らせた。三つの指輪はどれが本物か父親でさえ見分けがつかないほどで、死に臨んで彼は密かに息子一人一人に指輪を与えた。父親の死後、息子たちは相続権と家長権を得たいと思い、互いに他の二人を否定して、自分こそ正当な権利を主張しうる証拠として指輪を示した。だが、どれが本物であるかはまったく分らず、誰が真の相続人であるかの問題は今も解決をみていない。「父なる神によって三つの民族に与えられた三つの律法」についても、これらの指輪と同様である（『デカメロン（一）』（野上素一訳）、岩波文庫、一九四八年、一一三–一一五頁、参照）。

『デカメロン』では、指輪の持ち主が自己の権利主張を正当化するに際して、指輪という物そのものの真贋が問題であったが、レッシングは、指輪が具えている「秘密の力」を篤く信じて嵌めている者を、「神と人とに愛されるものにする」というように、持ち主の心のありようへと問題を内面化している。

＊０１６——『賢人ナータン』、九頁（傍点、引用者）。*Werke*, 3.Bd., S.5.

＊０１７——『賢人ナータン』、一〇頁。

＊０１８——この点に関しては、高尾利数『神学の苦悶——キリスト教批判の根底——』、伝統と現代社、一九七六年、二二九頁、参照。本章を執筆するに当たって、同書所収の諸論文、とりわけ「正統思考の禍いとその止揚——『賢人ナータン』考」から多くの示唆を得た。

＊019――『プロテスタンティズムの倫理と資本主義の精神』（大塚久雄訳）、岩波文庫、一九八九年、七一－七二頁。Max Weber, *Gesammelte Aufsätze zur Religionssoziologie*, I, J. C. B. Mohr Tübingen, 1986, S.49.
ウェーバー自身はこの箇所で、内容的には、「正統な利潤を「天職（Beruf）」として組織的かつ合理的に追求するという心情」と経済の「資本主義的」形態を析出しつつ、両者の関わり方を問題にしているのであるが、いまは試みに、両者の連関づけの形式面を抽出して援用した。因みに、ウェーバーによれば、そうした「心情」と「資本主義的企業」とは「それ自体としては、しばしば別々に存在することもありうる」にもかかわらず、この「心情」を「近代資本主義の精神」と名づけるのは、「近代資本主義的企業がこの心情のもっとも適合的な形態として現われ、また逆にこの心情が資本主義的企業のもっとも適合的な精神的推進力となった」からである。

＊020――『世界の名著　ヘーゲル』、中央公論社、一九六七年、三四〇頁。

＊021――『賢人ナータン』、一九三頁。

＊022――同書、九二頁。

＊023――同書、一九四頁。

＊024――同書、一三九頁。

＊025――同書、一四〇頁。

＊026――同書、一四二頁。

＊027――ハイネ、前掲書、一五六頁。

＊028――エルンスト・カッシーラー『自由と形式』（中埜肇訳）、ミネルヴァ書房、一九七二年、九－一〇頁。

＊029――同書、一〇頁。

＊030――同書、一〇頁。

＊031――山崎正一『カントの哲学』、東京大学出版会、一九五七年、二八頁、参照。

＊032――「ある寓話」。ハイネ、前掲書、一五七頁より引用。

＊033――「霊と力との証明」（"Beweis des Geistes und der Kraft"）。*Werke*, 13. Bd., S.8.

＊034――『世界文学全集　レッシング、シラー、クライスト』（浜川祥枝・有川貫太郎・宮下啓三・岩淵達治・近藤公一訳）、講談社、一九七六年、一五四頁。

＊035――同書、一五五頁。

*036——同書、一五六頁。

*037——『賢人ナータン』、一三五頁。*Werke*, 3.Bd, S.112–113.

*038——『賢人ナータン』、九二頁。

*039——『世界文学全集　レッシング、シラー、クライスト』、一二九頁（傍点、引用者）。

*040——『賢人ナータン』、一五二頁。

*041——同書、一五三頁。

*042——ここは篠田訳（一〇八頁）には従わず、できるかぎり原文に忠実に訳してみた（*Werke*, 3.Bd, S.89）。

*043——このような事態は、洋の東西や時代の如何を問わず起こりうる。例えば、一九三〇年代の日本で生起した「転向」にも同じ問題が潜んでいると言ってよい。この点については、本書第八章を参照されたい。

*044——『賢人ナータン』、一一〇–一一五頁。

*045——レッシングの「歴史」思想を明らかにするには、さらに『人類の教育』の論旨を分析する必要があると思われるが、その作業は他日を期したい。

*046——『賢人ナータン』、一一二–一一三頁。

*047——同書、一二二頁（傍点、引用者）。

*048——同書、七六–七七頁。

*049——同書、七七頁。

*050——『キリスト教の精神とその運命』（木村毅訳）、現代思潮社、一九七四年、一〇–一一頁。

*051——『賢人ナータン』、一六五–一六六頁。

*052——ルカーチ、前掲書、二〇頁。

*053——エミール・デュルケム『社会学的方法の規準』（宮島喬訳）、岩波文庫、一九七八年、七一頁。

*054——『神学・政治論　上』（畠中尚志訳）、岩波文庫、一九四四年、四三頁。

宗教・国家・市民社会の近代的構造連関と帝国憲法下の不寛容との闘い

第二部

第六章

国家と宗教

――カール・マルクス「ユダヤ人問題によせて」に関する試論――

本書の第一部（第一章〜第五章）では、一七・一八世紀の西欧における寛容思想の形成過程を、その担い手となった思想家の営為を軸に考察した。いずれも独自の思想世界を構築して西洋精神史に名を刻んだ個性溢れる思想家である上に、生きた時代や地域、対決を迫られた具体的問題を違えており、寛容をめぐる彼らの思索に差異があることは確かである。とはいえ、近代西欧における寛容思想の展開という視座から振り返ってみると、彼ら各々の思想の中核には、異端・異説の存在を許さぬ不寛容に抗して信仰の自由、礼拝の自由を獲得することをめざす、という共通の主題が看取されると言えよう。すなわち、自らと考え方を異にする他者を異端と見なして排除・抑圧するのではなく、共存すべき相手として遇することが寛容の理念なのであるが、それは、自らを唯一の真理の所有者と思いなし、異なる信条の持ち主を憎悪と暴力の対象と見なす「狂信」を避け、真理を求める自己のありようをも批判的吟味の対象とする「理性」の彫琢と、表裏の関係にある。一七・一八世紀の西欧において、宗教的対立の克服をめざす寛容思想の展開は、理性の光によってあらゆる妄信の批判と克服をめざす啓蒙の理念と、深く共鳴し合っていたのである。

こうした流れは、フランス革命をはじめとする一連の市民革命を通じて、近代立憲国家における市民的自由の制度的保障というかたちで、一応の実現を見ることになる。何をどのように信ずるのかは、個人が自らの理性によって判断・選択すべき事柄であり、他者が容喙してはならず、ましてや国家による侵害など断じて許されてはならない。かくて、国家という政治組織が宗教的営為から切り離され、宗教的信仰と礼拝は市民社会へとその場を移し、各人の内面的自由にかかわる私的事柄へと転位せしめられるわけであるが、この政教分離原則に思想的基礎づけを与えたのが、言うまでもなく本書第一章で取り上げたジョン・ロックである。一七・一八世紀を通じて多くの人々が願い、格闘を重ねた不寛容の克服という課題は、その流れの起点に位置するロックに立ち戻り、その構想を政治的に実現することで解消された、ということなのだろうか。

しかし一九世紀以降の現実のなかで明らかとなるのは、国家が特定宗教の信奉から解放され、宗教が市民社会内部の私的領域に移されたとしても、寛容をめぐるすべての問題が解決するわけではないということである。そもそも、信仰の問題を脱政治化して国家から切り離し、「個人の内面」にかかわる私的な自由の問題に還元するという論理自体が、もはや生の意味づけを他者との共生のなかには求め得ず、誰もが孤立した個人として即物的な関係性のなかを生きることを強いられる、という近代社会の病理の反映ではないのか。カール・マルクス(Karl Heinrich Max, 1818–1883)が、とりわけその初期思想において焦点を当てた、「疎外」の問題である。本章では以下、マルクスの論文「ユダヤ人問題によせて」("Zur Judenfrage")を手がかりに、近代西欧における宗教・国家・市民社会の連関を批判的に考察し、政教分離という近代自由主義的な原理の限界を抉り出すことを目指すが、マルクスを通じて近代「以後」を遠望しようとする本章の試みが、本書第二部全体の議論のなかで占める両義的な位置について、あらかじめ留意を促しておきたい。というのも、第七章以下で主題化されるのは、一九世紀後半に西欧型の立憲国家建設に着手しながら、やがて独特の仕方で奇妙な政教一致を推し進めて破局への道を急ぐことになった、近代日本の問題だからである。現代の日本を生きるわれわれは、すでに一九世紀なかばにマルクスが看破していた政教分離の限界に目を凝らしつつ、政教分離の確立という一九世紀以来のこの国の課題と向き合う、という相反するヴェクトルの間で今なお引き裂かれているのである。第二部の考察を進めるうえで、この点を常に銘記せねばならない。

本章の主な考察対象である「ユダヤ人問題によせて」は、周知のように、同じマルクスの「ヘーゲル法哲学批判序説」(“Zur Kritik der Hegelschen Rechtsphilosophie”)とともに『独仏年誌』(*Deutsch-Französische Jahrbücher*、アーノルト・ルーゲ、カール・マルクス編集、一八四四年二月末パリで公刊)に掲載された二部構成の論文であり、ブルーノ・バウアーの二論文、「ユダヤ人問題」(“Die Judenfrage, Braunschweig,” 1843)と「現代のユダヤ人とキリスト教徒の自由になりうる能力」(“Die Fähigkeit der heutigen Juden und Christen, frei zu werden,” 1843)の問題提起を批判的に検討しつつ、マルクス独自の論理を展開したものである。この論文の要諦は、管見によれば、ヘーゲルの「対象化(vergegenständlichen)」の論理[*001]を継承することによって、宗教・国家・市民社会の近代的連関を抉り出し、《近代》以後の思想的枠組みを模索した点にある。本章はとくにその点に注目する。

ただ、バウアーの論文にしてもマルクスの論文にしても、その背景には、当時のプロイセンにおけるユダヤ人(ユダヤ教徒)の解放をめぐる錯綜した問題があった。そうした問題にここで深く立ち入る余裕はないが、その一端なりとも確認しておく必要はあろう。

マルクスの表現を借りるならば、一八四〇年に即位した新国王フリードリヒ・ヴィルヘルム四世の統治原理は、「人間的な権利と義務についての人間たちの願望や思想のすべてを追放した古いやり方の新版」であり、かくてプロイセンは、「奴隷は黙々と奉仕し、土地と住民の所有者はもっぱらただ、躾のよい従順な家来たちを通じて、できるだけ口数少なく支配するといった、昔の骨化した臣僕国家へと逆戻りした」のである。[*002] この国王にとって、ユダヤ人はドイツ国民と分離して支配すべき異邦人であったにすぎない。[*003] そして、かつてピエール・ベールがルイ一四世治下のフランスを「カトリック一色のフランス（La France toute catholique）」と形容したひそみに倣って言えば、プロイセンは、政治と宗教とが一体をなすプロテスタンティズム一色のキリスト教国家であり、近代的な意味での国民国家たりえていない「非国家」であった。

こうした前近代的諸要素に縛られて、「一七八九年の夜明けまではまだほど遠い」[*004]ドイツではあったが、それにもかかわらず、すでに近代西欧社会が孕む矛盾がドイツでも顕在化しつつあった。例えば、マルクスが『ライン新聞』（一八四二年一〇月二五日付、第二九八号）に掲載した論説「木材窃盗取締法についての討論」で提起したように、近代の自由主義的な法に基づいて森林所有者の私有財産を保護しようとすれば、慣習によって森の枯れ枝の活用が認められてきた貧しい農民の窮状を助長することになる、という問題はその一つの現われにほかならない。[*005] このように前近代的諸要素と近代的諸要素とが混在する状況のなかで、ユダヤ人の解放をめぐっては、ユダヤ人をドイツ国民と分離して支配しようとする国家権力およびそれに同調する勢力、これに反対してユダヤ人の同権要求を支持する自由主義者・民主主義者、ドイツ国民への同化の姿勢を示すユダヤ人等々がそれぞれの主張を展開した。[*006] そして、バウアーは「ユダヤ教徒解放反対論者」ばかりか「ユダヤ教徒擁護論者」にも「批判」の矛先を向け、マルクスは、「批判を対立の両面に向ける」[*007]バウアーの問題提起に対して、独自の角度から「ユダヤ人問題」に切り込んでいったのである。

ところで、考察者の視点によって対象の見え方が変わりうることは言うまでもない。本章が考察対象として取り上げるマルクスの論文に関しても事情は同じである。マルクス主義ないしマルクスの思想の形成と論理構造をトータルに考察する作業の一環としてこれを扱うことも可能であり、民族問題としての「ユダヤ人問題」という問題史的文脈のなかで捉え直すことも可能であろう。それらの視点から数多くの労作が公刊されてきたし、[*008] 本章も先人の諸業績に少なからず負うている。ただ、ここでは現代日本の未解決問題をも視野に入れて、「国家と宗教」に関するグローバルな問題状況の一端を明らかにすることが中心課題であり、その意味で、以下の考察はごく限定的な試みである。マルクスはエンゲルスとの共著『聖家族、あるいは批判的批判の批判。ブルーノ・バウアーとその伴侶を駁す』(*Die heilige Familie oder Kritik der kritischen Kritik. Gegen Bruno Bauer und Konsorten*, 1845) 第六章で再び「ユダヤ人問題」を論じており、当時の「ユダヤ人問題」に関するマルクスの捉え方を明らかにするには、このマルクスの執筆部分にも言及する必要があると思われるが、本章はそうした言及も留保せざるを得なかった。また、マルクスの言説とは切り離してバウアーの論文自体を考察する作業も本章の範囲を超えていることを、あらかじめ断っておきたい。

1. 「政治的解放」の特質

それでは、マルクスによる引用・要約に従ってバウアーの主張の骨子をたどることから始めよう。マルクスは「ユダヤ人問題によせて」の冒頭で次のように書いている。

> ドイツのユダヤ人は解放を渇望している。どのような解放を渇望しているか。公民としての解放、政治的な解放 (*Die staatsbürgerliche, die politische* Emanzipation) である。
>
> ブルーノ・バウアーは彼らに答える。ドイツでは誰も政治的に解放されてはいない。われわれ自身でさえ自由ではないのだ。〔中略〕もし君たちがユダヤ人として自分たちだけのために、何か特殊な解放を要求するの

なら、君たちユダヤ人は利己主義者である。君たちは、ドイツ人としてドイツの政治的解放に、人間としては人間的解放(die menschlichen Emanzipation)に従事しなければならない。そして君たちへの迫害や侮辱の特殊なやり方を、原則からの例外としてではなく、むしろ原則の確証として感じなければならない。[*009]

このようにマルクスは、キリスト教国家ドイツにおいて「公民」としての「政治的解放」を渇望するユダヤ人を前にしたバウアーの問題提起の大筋をたどり、「彼〔バウアー——引用者注〕はユダヤ教とキリスト教との宗教的対立を分析し、キリスト教国家の本質を明らかにする。これらはすべて大胆で鋭く、いきいきとして徹底的であり、しかもその書き方は精確で堅実で精力的である」[*010]と、一定の肯定的評価を与える。それに、マルクスから見れば、大多数のユダヤ人がせいぜい近代的市民としての信仰の自由を求めているのに対して、バウアーは、「公民」(「政治的国家」の成員)として解放されるためにはユダヤ人がユダヤ教を棄て、一般に人間が宗教を棄てることを要求している点で、はるかに先へ進んでいたのである。[*011]

そのバウアーによるユダヤ人問題の解決の仕方は、マルクスの要約によれば次のごとくであった。

「ユダヤ人とキリスト教徒とのあいだの対立のもっとも頑固な形態は、宗教上の対立である。ひとは対立をどのようにして解消するか。対立を不可能にすることによってである。ひとはどのようにして宗教上の対立を不可能にするか。宗教を揚棄する(*aufheben*)ことによってである。ユダヤ人とキリスト教徒がお互いの宗教を、ただもう人間精神の別々の発展段階として、歴史によって脱ぎすてられた別々の蛇の脱けがらとして、そして人間をそれらの脱けがらを脱ぎすてた蛇として認識しさえすれば、彼らはもはや宗教的関係のなかにではなく、ただ批判的で学的な関係、すなわち人間的な関係のなかにいることになる。[*012]」そして、一般にどんな宗教的特権も廃棄されなければならないであろうし、「大多数の人たちさえもが、なおも宗教的義務を果さねばならないと信じているなら、この義務の遂行は純粋な私的事柄として（*als reine Privatsache*）彼ら自身に委ねられなければならないであろう」[*013]。

マルクスは、「政治的国家」の成員である「公民」が解放されるためには「ユダヤ人がユダヤ教を揚棄し、一般に人間が宗教を揚棄すること」をバウアーが要求している点を肯定的に評価しつつも、宗教の「政治的揚棄」を「宗教の揚棄そのもの」と捉えるバウアーの問題把握の仕方の矛盾と一面性を衝く。マルクスの問題設定の地平から見れば、バウアーは、宗教が国家から市民社会へと転位することによって宗教が諸個人の「私的事柄」に委ねられさえすれば、それで問題が解決するかのような錯覚にとらわれていた。マルクスはバウアーの陥っている矛盾を次のように指摘する。

> 政治的解放そのものの批判こそがはじめてユダヤ人問題の最終的批判になるのであり、ユダヤ人問題を「時代の普遍的問題」のなかへ真に解消することになるのである。バウアーは問題をこの水準にまで高めないで、矛盾に陥る。彼は政治的解放そのものの本質に基づかないような諸条件を立てる。〔中略〕われわれから見れば、バウアーの誤りは、彼がただ「キリスト教国家」だけを批判に服させて「国家それ自体」を批判に服させていないこと、政治的解放の人間的解放に対する関係を究明せず、そのために、政治的解放と普遍的な人間的解放との無批判的な混同からしか説明できないような諸条件を立てていることにある[*014]。

マルクスによれば、政治的解放の本質は宗教および宗教的義務を「私的事柄」として残すところにあるのに、バウアーは人間一般に宗教の揚棄を要求するという矛盾に陥っている。そこでマルクスは、政治的解放はそういうことを要求する権利をもっているのかと反問するのである。

こうした反問を根底に据えて、マルクスはさらに、国家形態の違いに応じてユダヤ人問題がどのような相貌を帯びるかを、ドイツ、フランス、北アメリカの自由諸州を例に挙げて叙述する。

まずドイツはどうか。「政治的国家、国家としての国家がまったく存在しないドイツでは、ユダヤ人問題は純粋に神学上の問題である。」ここにおいて「批判」は「神学の批判」であり、「キリスト教神学の批判とユダヤ教神学の批判という両刃の批判」である。しかし、われわれが神学においてどれほど「批判的に」動いたとしても、やはり神学の内部で動きまわっているにすぎない。[*015]

また、フランスでは、すなわち「立憲国家」においては、ユダヤ人問題は「立憲制の問題」であり、「政治的解放の不徹底に関する問題」である。つまりそこでは、ともかく「国教という外観」が「多数派の宗教という形式で保持されているので、国家に対するユダヤ人の関係は、宗教的・神学的対立という外観を保っている」。[*016]

政治的国家が十分に成熟を遂げた北アメリカの自由諸州においてはじめて、ユダヤ人問題は神学的意味を失って「現実の世俗的な問題」となっているが、「ユダヤ人の、また一般に宗教的人間の、政治的国家に対する関係」、したがって「宗教の国家に対する関係」の批判は、「国家が宗教に対して神学的な仕方でふるまうことをやめるやいなや、すなわち、国家が国家として、つまり政治的に宗教に対してふるまうようになるやいなや、たちまち神学的な批判ではなくなる」。かくして「批判」は「政治的国家の批判」に転ずるのである。[*017] 単にキリスト教国家だけに向けられたバウアーの批判は、マルクスが適切に指摘するように、問題が神学的意味を失った時点で「批判」としての意義を喪失する。

マルクスは「政治的解放」の特質を、宗教と絡めて次のようにも規定する。「ユダヤ人の、キリスト教徒の、一般に宗教的人間の政治的解放は、ユダヤ教からの、キリスト教からの、一般に宗教からの国家の解放である。国家が国教からみずからを解放することによって、すなわち国家が国家としてはいかなる宗教も信奉しないことによって、国家がむしろみずからを国家として信奉することによって、国家は自己の形式で、つまり自己の本質に固有の仕方で、国家としてみずからを宗教から解放する。[*018]」この「解放」が成し遂げられた段階で、宗教はもはや「国家の精神」ではなく、「市民社会の精神」すなわち利己主義の領域の精神という形態で人間の「分離の表現」となっている。[*019]

しかしながら、マルクスによれば次の点に政治的解放の「限界」が現われる。すなわち、「人間がある障壁から現実に自由になっていなくても、国家はその障壁から自己を解放しうるということ、人間が自由な人間になっていなくても、国家は自由国家(ein *Freistaat*)でありうるということ[*020]」である。例えば、国家が出生、身分、教養、職業の区別を考慮に入れずに、すべての国民を国民主権への平等な参与者として公示する場合、国家は確かに上述の区別を国家なりの仕方で廃棄してはいる。けれどもこの事態は、じつは、国家が「私有財産や教養や職業がそれらなりの仕方で、つまり私有財産として、教養として、職業として活動し、それらの特殊な本質を発揮するに任せる」という事態と表裏一体をなす。マルクスは言う、「国家はこれらの事実上の区別を廃棄するどころか、むしろそれらの区別を前提としてのみ実在し、自己を政治的国家として感じとるのであり、これら自己の諸要素との対立においてのみ、国家は自己の普遍性を発揮する[*021]」と。マルクスによれば、「政治的解放」はこうした《特殊性》と《普遍性》との二重化的分裂ないし対応構造を現出させるのであるが、マルクスがこの「政治的解放」の限界面を衝いていくに先立ってその積極面を指摘していたことを、ここで再確認しておきたい。

マルクスによれば、キリスト教を国教として信奉するいわゆるキリスト教国家は「非国家(der *Nichtstaat*)[*022]」にとどまる。市民社会におけるアトミックな「私人」の物質的生活を基礎とする観念的な「共同性(die Gemeinschaft)」の領域こそが、「国家としての国家」すなわち「政治的国家」である。マルクスはこのような観点から国家の神聖性を論理的に剥奪し、近代国家が市民社会を物質的基礎とするいわば観念的上部構造をなすゆえんを解明する。これはやがて『ドイツ・イデオロギー』を経て『経済学批判』の「序言」で定式化されていく、国家の《構造的対象化》の視点である。「国家のイデアリスムス〔観念主義〕の完成は、同時に、市民社会のマテリアリスムス〔物質主義〕の完成であった（die Vollendung des Idealismus des Staats war zugleich die Vollendung des Materialismus der bürgerlichen Gesellschaft）」[*023]という言明は、物質的な経済機構としての市民社会がその本質を赤裸々な姿であらわにするまさにその段階が、同時に、市民社会が国家を世俗的な政治的国家として自己の外へと対象的に生み出す段階にほかならぬことを、直截に指摘したものと言えよう。こうした国家の《構造的対象化》の視点に立って、マルクスは、バウアー流の立論がめざす宗教からの国家の解放を政治的解放と規定し、政治的解放を「一つの大きな前進」、「従来の世界秩序の内部における人間的解放の最終的形態」[*024]と評価するのである。マルクスが政治的解放に見出す積極面は、ほぼ以上のように要約することができよう。

しかしながら、「国家のイデアリスムスの完成」と「市民社会のマテリアリスムスの完成」とは対応構造をもつがゆえに、政治的解放の積極面はその限界面と無関係ではありえなかった。マルクスの問題把握に従うならば、宗教が国家から市民社会の「私的事柄」へ、つまり公法の領域から私法の領域へと転位することによってなされる政治的国家の完成は、物質的生活の利己主義をとめどもなく是認する私的所有の自由の徹底である以上、そこに現出する「公人」〔政治的国家の成員〕と「私人」〔市民社会の成員〕への人間の分裂[*025]がさらに揚棄されなければならない。こうした志向を導き出したものは、近代市民社会において人間が類的紐帯を欠いたアトミックな相互手段と化し、人間から独立した力によって翻弄されているという認識であった。

マルクスは政治的国家と市民社会との分離の様相を次のように描き出している。

完成された政治的国家は、その本質からいって人間の類的生活（das *Gattungsleben* des Menschen）であり、人間の物質的生活に対立している。この利己的生活のあらゆる前提は国家の領域の外部に、市民社会のなかに、しかも市民社会の特性として存続している。政治的国家がその真の成熟に達したところでは、人間は、ただ思想や意識においてだけでなく現実において、生活において、天上の生活と地上の生活との二重の生活を営む。天上の生活とは政治的共同体における生活であり、そのなかで人間は自己を共同的存在（*Gemeinwesen*）と考えている。地上の生活とは市民社会における生活であり、そのなかで人間は私人（*Privatmensch*）として活動し、他の人間を手段と見なし、自分自身をも手段にまでおとしめ、疎遠な諸力の玩弄物となっている。[*026]

マルクスは、「ヘーゲル法哲学批判のために」（Zur Kritik der Hegelschen Rechtsphilosophie）ですでに、「国家としての国家という抽象物は現代〔近代〕にこそはじめて属する。なぜなら、私的生活という抽象物が現代〔近代〕にこそはじめて属するからである。政治的国家という抽象物は一つの現代的〔近代的〕産物（ein modernes Produkt）なのである」[*027]と述べて、政治的国家と市民社会との「分離（die Trennung）」を《近代》の所産と捉え、この分離に対応する、一人ひとりの個人における「私人」と「公人」との分裂――ルソーの用語法では「市民（bourgeois）」と「公民（citoyen）」との分裂――を近代社会の基本的矛盾と考えていた。「ヘーゲル法哲学批判のために」でマルクスは、「中世において政治的体制は私的所有の体制であるが、しかしそれは私的所有の体制が政治的体制であるからにすぎない」[*028]と指摘し、「市民社会と政治的国家との分離」を立論の前提に据えるヘーゲル[*029]の正当性を認めて、《中世》と《近代》との相違に言及している。「中世においては、総じて市民社会の諸身分なるものと政治的意義における諸身分とは同一であった。われわれは中世の精神を次のように言い表すことができる、市民社会の諸身分と政治的意義における諸身分が同一であったのは、市民社会が政治的社会であったからであり、市民社会の組織的原理が国家の原理であったからである、と。／しかしながらヘーゲルは二つの堅固な対立物、二つの現実的に異なった圏としての市民社会と政治的国家との分離から出発する。この分離は、確かに現代〔近代〕国家のうちに現実的に存在する。[*030]」こうしてマルクスは、この「分離」に対応する私的生活と類的生活との分裂、類的存在たる人間の「原子論的様式(Atomistik)[*031]」に「一つの矛盾」を見出し、その「矛盾」の克服を志向していたのである。

「ヘーゲル法哲学批判のために」に看取されるこのいわば《近代》揚棄のヴェクトルは、「ユダヤ人問題によせて」の特に第二論文における、「貨幣」の本質についての疎外論的視点によって新たな場面へと展開されている。マルクスが析出した「政治的解放」の特質を、この第二論文の論旨に即して検討してみよう。

2．「貨幣」の本質に関する疎外論的視点

バウアーの論文「現代のユダヤ人とキリスト教徒の自由になりうる能力」を論評したこの第二論文は、問題の神学的解釈を打破しようとする点では、第一論文と同じ基本姿勢を保持している。だが、宗教を人間的本質の外化の所産と見るフォイエルバッハの宗教批判の論理[*032]を援用することによって、「貨幣(das Geld)」という物的な対象的存在に照準して地上批判の論理を展開する点で、新たな問題把握の地平を切り拓いた論文と言える。

バウアーがユダヤ人解放の問題を純粋な宗教上・神学上の問題に変え、「ユダヤ人の観念的抽象的本質、つまりその宗教を、ユダヤ人の全体的本質と考える[*033]」のに対して、マルクスは、「安息日のユダヤ人」ではなく「平日のユ

ダヤ人」を凝視することによって、バウアーの神学的な問題設定の構えそのものを相対化し、「ユダヤ人の解放能力の問題」を、「ユダヤ教を揚棄するためにはいかなる特殊な社会的要素を克服すべきか、という問題」[*034]へと組み換えていく。

マルクスによれば、「ユダヤ教の現世的基礎は何か？　実際的な欲求、私利である。／ユダヤ人の現世的な祭祀は何か？　あくどい商売である。彼の現世的な神は何か？　貨幣である」。それゆえ、「あくどい商売からの、そして貨幣からの、したがって実際の現実的なユダヤ教からの解放が、現代の自己解放ということになろう」[*035]。もしユダヤ人が、「自己のこの実際的な本質を無価値なものと認め、その揚棄に従事するならば、彼は自己の従来の発展から抜け出て、人間的解放そのものに従事し、そして人間の自己疎外の最高の実際的表現に訣別する」[*036]ことになるのである。「人間の自己疎外の最高の実際的表現」とは、人間が完全に貨幣の奴隷と化している状態にほかならない。マルクスは言う、「貨幣はイスラエルの嫉妬深い神であり、その前には他のどんな神も存在することが許されない。貨幣は人間のあらゆる神々をおとしめ、それらを商品に変える。貨幣はあらゆる事物の普遍的な、それ自身のために構成された価値である。だからそれは全世界から、つまり人間界からも自然からもその固有の価値を奪ってしまった。貨幣は、人間から疎外された人間の労働と現存在の本質（das dem Menschen entfremdete Wesen seiner Arbeit und seiner Daseins）であり、この疎遠な本質（存在）が人間を支配し、人間はそれを礼拝するのである」[*037]と。

さらにマルクスは、人間の労働が市民社会における物的対象化の産物として「貨幣」を生み出す事態を、宗教という、人間的本質の観念的対象化の所産との類比で次のようにも特徴づけている。

　人間が宗教にとらわれている限り、自己の本質をなにか疎遠な幻想的な本質とすることによってしか自己の本質を対象化する(vergegenständlichen)すべを知らない[*038]のと同様に、人間は、利己的欲求の支配下では、自己の生産物および活動をある疎遠な本質の支配のもとに置き、それらに疎遠な本質——貨幣——の意義を付与することによってしか、実際に活動し、実践的に諸対象をつくり出すことができないのである[*039]。

マルクスは貨幣の本質をこのような疎外論的視点に立って把握し、貨幣を現世的な神として戴くユダヤ教のなかに「普遍的で現代的で反社会的な要素」が存在すること、しかも「この要素は、ユダヤ人がこの下劣な関係のなかで熱心に力をかしてきた歴史的発展を通じて現在の高さまでたかめられたものであり、この頂点で、この要素は必然的に解消しなければならない[*040]」ことを見定めた。これは、《欲求の体系》である市民社会の物質主義的本質がその完成形態にまで自己展開を遂げた段階を、《弁証法》の論理で捉え直すことで可能となった言明である。したがって、こうした問題把握の仕方からすれば、社会そのものが「ユダヤ的偏狭さ[*041]」をもっているのであって、欲求・私利を現世的基礎とする「ユダヤ教」から人類を解放することなしには、ユダヤ人の解放もありえないのである。

もっとも、マルクスによれば、ユダヤ人はすでに「ユダヤ的な仕方で(auf jüdische Weise)」自己を解放してはいた。それは次のような意味においてである。すなわち、「ユダヤ人がユダヤ的な仕方で自己を解放したのは、単に彼らが財力を獲得したことによってではなく、貨幣が、彼らの手を通じて、あるいは彼らの手を通じないでも世界の支配権力となり、実際的なユダヤ精神がキリスト教諸国民の実際的精神となったことによってなのである。ユダヤ人は、キリスト教徒がユダヤ人になったその分だけ自己を解放したのである[*042]」。しかし、マルクスにとって問題は、「普遍的」で「反社会的な要素」を生み出したのが、ほかならぬユダヤ的な仕方での解放だという点であった。

さて、ここで「ユダヤ人問題によせて」の論理構成を整理してみると、マルクスの論理は次のような二段構えで組み立てられているのではないか。

すでに指摘したように、マルクスは「国家のイデアリスムスの完成」と「市民社会のマテリアリスムスの完成」との対応構造を前提し、まず第一段目の手続きとして、政治的国家が市民社会のアトミックな物質的生活を基礎とする観念的な共同性の領域であるゆえんを解明することによって、国家の神聖性を論理的に剝ぎ取り、国家を構造的に対象化する。この位相においては、国家から市民社会への宗教の転位と近代市民的自由の獲得という事態が、「一つの大きな前進」として政治的解放の積極面と見なされる。

そして第二段目の手続きとして、マルクスはこの対応構造を裏側から見て、市民社会が自己のなかから政治的国家を完全に外へと対象的に生み出すや、欲求・利己主義が純粋に市民社会の原理として現われてくることを抉り出す。ここに至って、政治的解放はその完成の頂点で自己の限界をあらわにする。なぜなら、政治的解放は、したがってまた近代市民革命としての「政治的革命」は、「市民社会、すなわち欲求と労働と私利と私権の世界に対し、自己の存立の基礎、それ以上基礎づけられない前提、したがって自己の自然的土台（*Naturbasis*）に対するようにふるまう」[*043]のであり、市民社会の構成部分そのものを変革し批判することはしないからである。

この限界性の暴露は、人間が、一方で「自覚的な活動」をもっぱら「抽象され人為的につくられた」「政治的人間」、すなわち「公民」の「政治的行為」へと吸収され、他方で、市民社会において類的紐帯を欠いた利己的存在として「受動的」で「自然的」な相互手段と化し、「疎遠な諸力の玩弄物」となっている、という認識に裏打ちされたものであった。この認識を介してマルクスは、「現実の個体的な人間が抽象的な公民を自己のなかに取り戻し、個体的な人間として、その経験的生活、その個体的労働、その個体的諸関係のなかで類的存在となったときにはじめて、〔中略〕人間的解放は完遂される」[*044]と考えて、「人間の個人的・感性的実存とその類的実存との衝突（der Konflikt der individuell-sinnlichen Existenz mit der Gattungsexistenz des Menschen)」[*045]を揚棄する方向に「人間的解放」を展望するのである。

マルクスの論文「ユダヤ人問題によせて」は、大要、以上のような論理構成を具えていると思われるが、いま述べた二段構えの手続きでさらに注目すべきは、市民社会の自己完成が、信仰心のみを人間にとって内的なものとするキリスト教世界ではじめて可能であったと把握されている点である。

マルクスはこう述べている。

> ユダヤ教は市民社会の完成とともにその頂点に達するが、市民社会はキリスト教世界のなかではじめてみずからを完成する。いっさいの民族的、自然的、人倫的、理論的関係を人間にとって外的な(äusserlich)ものとするキリスト教の支配のもとでのみ、市民社会は国家生活から自己を完全に切り離し、人間のあらゆる類的紐帯を引き裂き、利己主義、利己的欲求をこの類的紐帯の代わりに置き、人間世界を、相互に敵対しあうアトム的な個人たちの世界に解消することができたのである。[*046]

ここに言う「キリスト教」とは、とくに、ただ信仰によってのみ(sola fide)という近代プロテスタンティズムの信仰形態を指しているのではなかろうか。エルンスト・カッシーラーが、「絶対者との関係において意志は自己が拘束されていると感ずるが、まさにそのことによって、それはあらゆる経験的現実に対抗する自由、外物と外的権威の強制に対抗する自由を闘いとるのである。神によって制約されることは、有限な事物とこれから現われる不安定な行動とに立ち向かう無制約性であることが明らかになる」[*047]と的確に分析しているように、出立点におけるプロテスタンティズムの特質は、絶対者による制約が、世俗的現実に立ち向かう個人意志ないし「我意(der Eigensinn)」(ヘーゲル[*048])

の無制約性へと転換せしめられる、その転換の地平の創出にあった。ひとたび神による絶対的制約の場で是認を得た西欧の人間精神は、かくして世俗的現実に立ち向かう無制約的な自立性を獲得していく。

しかし、その果てに現出した事態の一様相を、ヘーゲルはマルクスに先立って次のように洞察していた。

市民社会において各人は自己にとって目的であり、その他いっさいのものは彼にとって無である。しかし各人は、他の人々と関係をもつことなくしては己れの諸目的の全範囲を成就することができない。だからこれらの他人は、特殊者の目的のための手段である。*049

なるほどこれは、西欧近代の人間精神が神の《見えざる手》を自ら振り切る方向で逢着した極限状況であった。市民社会はキリスト教世界のなかではじめて自らを完成した——裏返して言えば、一人ひとりの人間をすべて至高の存在へと押し上げるキリスト教は、「国家のイデアリスムスの完成」と「市民社会のマテリアリスムスの完成」との対応関係のなかでこそ自己完成を遂げた——というマルクスの問題把握は、そうした極限状況の歴史的かつ構造的対象化であったと言えよう。

3. 結び

マルクスが析出した宗教・国家・市民社会の近代的連関を、主として「ユダヤ人問題によせて」の論理構成に即して粗略ながら考察してみた。このマルクスの営為を踏まえて言えば、現代世界はすでに次のような課題に直面している。すなわち、国家が宗教的価値に関して中立の立場に立つ「政治的国家」として形成され、宗教が「政治的国家」

とは区別された「市民社会」の「私的事柄」へと転位せしめられて以後の思想的枠組みを、いかにして構築するかということである。本章の冒頭で述べたように、国家が中性化され、個人の内面における「信教の自由」を制度的に保障する政教分離の原則が確立されたとしても、それで問題が消失するわけではない。それどころか、新たな問題が生じているのが現代なのである。

一九世紀中葉の「開国」以来、日本もまた《近代》以後の思想的枠組みを模索するグローバルな問題局面に組み込まれて久しい。マルクスは一八五八年一〇月八日付のエンゲルス宛書簡で、「ブルジョア社会の本来の任務は、世界市場を作りだすこと（少なくともその輪郭だけでも）であり、その基礎にもとづく生産を作りだすことだ。世界はまるいので、このことはカリフォーニアとオーストラリアの植民地化と、中国と日本の開国で終結するように見える」[*050]と書いた。この一節は、日本の「開国」が「世界市場」の形成という激しいうねりのなかで生起した事態であったことを端的に物語っている。『共産党宣言』(*Manifest der Kommunistischen Partei*, 1848)の末尾に記された「万国のプロレタリア団結せよ！」[*051]という文言に象徴されるように、近代市民社会の自己増殖は、国家を超えた「世界市場」の形成を通じて《資本》と《労働》との対抗関係を拡大し、市民的自由の孕む諸問題をあらわにする。これは、まぎれもなく西欧近代がもたらした新たな問題局面であった。このことはとりもなおさず、西欧近代がグローバルな局面では歴史的かつ構造的に相対化されるべき対象となったことを意味する。

しかしながら、そうした局面へと解消できない偏差をもった問題と向き合うことが、日本のわれわれには同時に課せられているのではないか。竹内好は、第二次大戦後の日本に持ち越された未解決問題の所在を、「「トルソに全ギリシアがある」ように、一木一草に天皇制がある。われわれの皮膚感覚に天皇制がある」[*052]と看破した。先のマルクスの書簡が書かれてから百年が経過した時点での発言である。なぜ竹内はこう言わざるを得なかったか。精神上の権威と政治権力を一元的に占有する《超国家主義》的な統治機構が、敗戦を境に法制上否定されたにもかかわらず、「伊藤博文ら明治の元勲が天皇制を創造するのに使った素材」は感覚の層でなおその命脈を保っていたからだ。筆者は竹内の問題提起をそのように捉えている。「われわれの皮膚感覚」は、政教分離の原則を突き崩しかねない精神的基盤と通底しているのではないか、との疑念を拭えない。現代日本のわれわれのなかで、はたして誰がこの「皮膚感覚」を自分は免れていると断言できようか。少なくとも明治期以降の日本近現代史を視野に入れるならば、この国の思想的問題状況は今なお重層的であるように思われる。

*001——例えば、『法の哲学綱要』(*Grundlinien der Philosophie des Rechts, Georg Wilhelm Friedrich Hegel Werke 7*, Suhrkamp Verlag, Frankfurt am Main, 1970) §4参照。ヘーゲルは「法の体系」を、「精神自身から生み出された、第二の自然としての (als eine zweite Natur) 精神の世界」と捉えている。つまり、ヘーゲル哲学において「法の体系」は精神自らが対象的に生み出した精神の他在であり、そのような他在として自立的構造をもつのである。

*002——一八四三年五月に書かれたマルクスのルーゲ宛書簡。『ユダヤ人問題によせて　ヘーゲル法哲学批判序説』(城塚登訳)、岩波文庫、一九七四年、一一八-一一九頁。

*003——野村真理「解説　ヘーゲル左派とユダヤ人問題」、良知力・廣松渉編『ヘーゲル左派論叢第3巻　ユダヤ人問題』、お茶の水書房、一九八六年、二五六頁、参照。

*004——一八四三年五月に書かれたバクーニンのルーゲ宛書簡。前掲『ユダヤ人問題によせて』、一二一頁。

*005——同書、一六〇-一六一頁、参照。

*006——野村、前掲論文、二五六-二五七頁、参照。

*007——良知・廣松編、前掲書、六頁。

＊008――邦語文献に限ってみても、とりわけ良知・廣松編、前掲書のほか、廣松渉『青年マルクス論』(平凡社、一九七一年)、良知力『ヘーゲル左派と初期マルクス』(岩波書店、一九八七年)、良知力編『資料ドイツ初期社会主義、義人同盟とヘーゲル左派』(平凡社、一九七四年)、植村邦彦『同化と解放――19世紀「ユダヤ人問題」論争』(平凡社、一九九三年)等々に多くの示唆を得た。

＊009――*Karl Marx, Friedrich Engels Gesamtausgabe* (MEGA), Erste Abteilung, Band2, Berlin, 1982, S.141. 以下、この巻からの引用に際しては、MEGA I-2と略記。また、引用文中の傍点を付した部分はすべて原文ではイタリック体である。なお、「ユダヤ人問題によせて」と「ヘーゲル法哲学批判序説」の邦訳としては、前掲の城塚訳のほか、大内兵衛・細川嘉六監訳『マルクス＝エンゲルス全集　第1巻』(大月書店、一九五九年)、真下信一訳『ヘーゲル法哲学批判序論』(大月書店、国民文庫、一九七〇年)、大内兵衛・向坂逸郎監修『マルクス・エンゲルス選集1　ヘーゲル批判』(新潮社、一九五七年)などがあり、訳出に当たってはそれらの訳業を参考にさせていただいた。マルクスの執筆時期について補足すれば、「ユダヤ人問題によせて」は一八四三年秋に、「ヘーゲル法哲学批判序説」は一八四三年秋から一八四四年一月にかけて書かれたものと推定されている。

＊010――MEGA I-2, S.142.

＊011――宗教の揚棄を主張するバウアーの立論にマルクスがなぜ一定の肯定的評価を与えているか、また、それがなぜ一定の評価でしかないのか、という点については若干の補足が必要と思われる。マルクスにとって宗教は「世俗的偏狭さ」の「現象」ないし「結果」にすぎず、したがって第一義的な問題は、宗教を現象させるような地上の世俗的障壁・錯倒そのものを揚棄することにあった。なるほどマルクスも宗教の揚棄を志向していたのであって、そのかぎりバウアーの見解を認めていたと言えよう。しかし、マルクスはバウアーのように宗教を棄てることが世俗的障壁を揚棄することになるとは考えないで、言い換えれば、宗教は世俗的障壁の「原因」であるという前提をひっくり返して、逆に、世俗的現実が錯倒しているがゆえにその現実が宗教を「現象」ないし「結果」として生み出すと捉えるのである。要するに、マルクスはバウアーの問題提起に向き合いつつ、宗教と世俗的障壁との因果関係をめぐって前提の根本的な組み換えを行ったということなのである。次のような「ヘーゲル法哲学批判序説」の一節にも、明らかにそうした組み換えの構図が読み取れる。「たしかに宗教というものは、自分自身をまだ獲得していないか、あるいは獲得しても再び喪失してしまった人間の自己意識であり自己感情である。しかし人間というものは、世界の外部にうずくまっている抽象的な存在ではない。人間とは人間の世界(*die Welt des Menschen*)であり、国家であり、社会的結合態(Sozietät)である。この国家、この社会的結合態が錯倒した世界であるがゆえに、錯倒した世界意識である宗教を生み出す(produzieren)のである。」(MEGA I-2, S.170)

＊012――MEGA I-2, S.143.

＊013——*Ibid.*, S.144. この文章はマルクスがバウアーの論文「ユダヤ人問題」の原文を引用した部分である。

＊014——*Ibid.*, S.145.

＊015——Ibid.

＊016——Ibid.

＊017——*Ibid.*, SS.145–146.

＊018——*Ibid.*, S.147.

＊019——*Ibid.*, S.150.

＊020——*Ibid.*, S.147.

＊021——*Ibid.*, S.148.

＊022——*Ibid.*, S.151.

＊023——*Ibid.*, S.161.

＊024——*Ibid.*, S.150.

＊025——Ibid.

＊026——*Ibid.*, SS.148–149.

＊027——*Ibid.*, S.33.

＊028——Ibid.

＊029——この点については、ヘーゲル『法の哲学綱要』§182の「追加」参照。

＊030——MEGA I–2, S.78.

＊031——*Ibid.*, S.88.

＊032——フォイエルバッハの宗教批判の論理は、例えば『キリスト教の本質』(*Das Wesen des Christenthums*, 1841) 第二章の次の箇所に見出される。「宗教、少なくともキリスト教は、人間が自分自身に対して取る態度、あるいはいっそう適切に言えば人間が自分の本質に対して取る態度である。〔中略〕神的本質とは、人間の本質が個々の人間すなわち現実的肉体的な人間の制限から引き離され対象化されたものである」(*Ludwich Feuerbach sämtliche Werke*, neu herausgegeben von Wilhelm Bolin und Friedrich Jodl, Band6, zweite, unveränderte Aufgabe, Stuttgart-Bad Cannstatt, 1960, S.17. 傍点を付した部分は原文では隔字体)。同じ第二章で、「人間は自分の本質を対象化し、さらに再び自己を、

このように対象化された一つの主体、一つの人格へ転化された本質〔神——引用者注〕の対象にする。これが宗教の秘密である」(*ibid.*, S.37)とも述べられている。

マルクスは「ヘーゲル法哲学批判序説」においてもこうした《対象化》の論理——その淵源はヘーゲル哲学にある——に則って、「反宗教的な批判の基礎は、人間が宗教をつくるのであって、宗教が人間をつくるのではない、ということにある」(MEGA I-2, S.170)と述べているが、注意すべきは、マルクスが「人間」をあくまで「社会的結合態」と捉えていることである。ここには、「人間の本質は、現実には社会的諸関係の総体である」(「フォイエルバッハに関するテーゼ」六)というフォイエルバッハ批判につながる視点が看取される。

＊033——MEGA I-2, S.164.

＊034——Ibid.

＊035——Ibid.

＊036——*Ibid.*, SS.164-165.

＊037——*Ibid.*, S.166.

＊038——このようなマルクスの宗教把握については、かのあまりにも有名な、宗教は「民衆の阿片である」という命題との関連でもう少し言及しておく必要があろう。この命題は「ヘーゲル法哲学批判序説」において、次のような文脈で立言されている。「宗教上の悲惨は、一つには現実的な悲惨の表現であり、一つには現実的な悲惨に対する抗議である。宗教は、抑圧された生きもののため息であり、心なき世界の心情であるとともに精神なき状態の精神である。それは民衆の阿片である。」(MEGA I-2, S.171)深読みは避けねばなるまいが、宗教は現実的錯倒の結果ないし現象であってけっして原因ではないとするマルクスの論理を勘案すれば、マルクスの思考ヴェクトルが、直接的に「阿片」としての宗教を否定することにではなく、抑圧された民衆が「阿片」にとらわれざるをえない現実の悲惨さそのものの克服に向けられていたことは読み取れる。

＊039——MEGA I-2, S.168.

＊040——*Ibid.*, S.165.

＊041——*Ibid.*, S.169.

＊042——*Ibid.*, S.165.

＊043——*Ibid.*, S.162.

＊044——*Ibid*, SS.162–163.

＊045——*Ibid*, S.169.

＊046——*Ibid*, S.168.

＊047——『自由と形式』（中野肇訳）、ミネルヴァ書房、一九七二年、一〇頁。

＊048——『法の哲学綱要』、「序文」。ヘーゲルは、「思想によって正当とされないものは、どんなものでも、心ぐみのなかで認めまいとすること」すなわち「一つの偉大な我意、人間の名誉とされる我意」を「近代の性格の特徴」と捉え、この自立的内面性を「プロテスタンティズムの特有の原理」として肯定的に位置づける（『世界の名著　ヘーゲル』、中央公論社、一九六七年、一七二頁）。ヘーゲルのプロテスタンティズム評価については、『法の哲学綱要』§136の「追加」における「良心」の立場すなわち「一つの高い立場、近代世界の立場」という位置づけ（前掲『世界の名著』、三四〇頁）、および『哲学史序論』B・2・bにおける「我々ルター主義者（wir Lutheraner）は（私はルター主義者であるが、いつまでもそうありたい）、ただあの根本的信仰〔sola fide〕のみをもつ」（『哲学史序論——哲学と哲学史』（武市健人訳）、岩波文庫、一九六七年、一四二頁）という自己規定にも示されている。

＊049——『法の哲学綱要』§182、「追加」。*Hegel Werke* 7, SS.339–340. 前掲『世界の名著』、四一四頁、参照。

＊050——『マルクス＝エンゲルス全集』第二九巻、大月書店、一九七二年、二八二頁。

＊051——『マルクス＝エンゲルス全集』第四巻、大月書店、一九六〇年、五〇八頁（傍点、引用者）。

＊052——竹内好「権力と芸術」『講座　現代芸術　五』、勁草書房、一九五八年。

第七章

明治期における政治・宗教・教育
――「内村鑑三不敬事件」と「教育と宗教の衝突」論争を中心に――

1．考察への視角

一八九一（明治二四）年一月九日、東京本郷の第一高等中学校で「教育ニ関スル勅語」（以下、「教育勅語」ないし「勅語」と略記）の奉読式が挙行された。すでに一八八九（明治二二）年二月一一日に「大日本帝国憲法」が発布され、さらにその翌年一〇月三〇日には「教育勅語」が渙発されており、この奉読式の挙行は、ちょうど明治国家が制度的に着々とその形姿を整えつつあった時期に当たる。あるいはむしろ、国家の制度的確立を学校教育の側面から補完するための政治的作為の所産として、このような儀式が行われたと言うべきかもしれない。

当時、日本には七つの官立高等中学校があり、それらの学校に、明治天皇自らが署名した「教育勅語」が「下賜」されていた。第一高等中学校への「下賜」は、一八九〇（明治二三）年一二月二五日のことであった。同校では奉読式当日、倫理講堂の中央に天皇・皇后の「御真影」[*001]――同校への授与は一八九〇年七月――を「奉掲」し、「宸書」（天皇の署名）が記された「教育勅語」を講堂前面の卓上に「奉置」して、教員ならびに生徒が「奉拝」したのち、病気欠席の校長木下広次に代わって教頭久原躬弦がこれを「奉読」、教員と生徒それぞれ五人ずつが順次「宸書」を「奉拝」したと言われている。これは、すでに前年から行われていた「御真影」の奉拝式と同様、「大日本帝国」の「臣民」[*002]に、天皇の神聖性・不可侵性の観念を共有させるために政治的に創出された儀式にほかならなかった。儀式というものは本質的に、個々人がそこにおいて何らかの共同性に参与する場、言い換えれば個別意思を超えた共同的な意思の場を形成する。その意味で「教育勅語」奉読式の挙行は、国家的共同性への滅私奉公的な参与を自明視する「臣民」意識、即ち、国家が強制する事柄を強制とは感じることなく、却って自主的に崇拝・恭順の対象と思念するような共同的意思を涵養するための格好な方策として機能したように見える。

さて、第一高等中学校での件の奉読式の際、三番目にお辞儀する羽目に陥った、キリスト教徒（プロテスタント）で同校嘱託教員の内村鑑三（1861–1930）――一八九〇年九月二日付で着任――は、「勅語」の「宸書」に軽く頭をたれたにとどまったため、そのことを同校の一部の生徒や教員から激しく咎められた。これがいわゆる「内村鑑三不敬事件」である。本章の課題は、特にこの「不敬事件」、及びこれが一つの引き金となって惹き起こされた「教育と宗教の衝突」論争に注目し、これら一連の出来事を規定していた政治・宗教・教育のイデオロギー的構造連関の再検討を通じて、日本における国家的共同性の観念をめぐる未解決問題の一端を明らかにすることにある。

どんな観念も、必ずその発生の原初的な場面と形成の過程をもっているのではないか。筆者はそのような想定に立っている。この場合の《観念》とは、我々の心に立ち現われる事象を広く指す。それは日々の素朴な生活感情から宗教上の教義ないし学知に至るまで、抽象度に応じた重層性を孕んでいる。我々は日常生活の中で、そういう様々なレヴェルの観念の間を往復しつつ行動し発言していると言えようが、問題は、我々があたかも自然的な事柄であるかのように自明視しがちな諸観念――例えば、国家、社会、宗教、教育、家族等々――が、実は決して自明視すべき事柄ではなく、何らかの仕方で作為的に自然化されてきた事柄ではないか、という点にある。だとすれば、少なくともその作為的自然化のメカニズムを解明する作業、つまり、ある観念の発生および形成の現場を探る歴史的かつ論理的な遡源の作業が要請されるであろう。本章はそうした作業への展望のもとに書かれている。

それでは、まず「内村鑑三不敬事件」に考察の手がかりを求めてみよう。

2・「内村鑑三不敬事件」

内村は一八九一（明治二四）年三月六日付のD・C・ベル宛英文書簡の中で、この「事件」を振り返って次のようにかなり詳しく述べている。

> 式後一週間小生ハ小生ノ許ニ来レル数人ノ生徒教員ヲ迎ヘタリ、而シテ堪ヘ得ル限リノ柔和ヲ以テ彼等ニ問ヘリ、学校ニ於ル小生ノ日々ノ行為ニ於テ、生徒ノ間ニ於ル小生ノ談話ニ於テ、「ミカド」ノ忠臣タル小生ノ過去ノ経歴ニ於テ、君達ハ小生ノウチニ勅語ニ反シタル何事カヲ見出シタルヤト、小生ハ又タ彼等ニ告ゲタリ、皇帝ガソノ臣民ニ勅語ヲ与ヘ給ヒタルハオ辞儀ヲセラルゝタメニアラズシテ、我々ノ日々ノ処世ニ於テ守ラレンタメナリシニ相違ナシト、（中略）彼（校長――引用者注）ハ非常ニ深切ナル手紙ヲ小生ニ書送シ、小生ノ良心ニ従ヘル行為ヲ是認シ又タ称讃シ、オ辞儀ハ皇帝ニ対スル礼拝ニハアラズシテ単ニ尊敬ニ過ギズト確ク信ズトテ、国民ノ習慣ニ従フコトヲ殆ンド小生ニ懇願セン許リナリキ、次デ彼ハ小生ヲ理解シ得ザリシ生徒ヲ有ムルノ唯一ノ道ハ小生ノ側ニテ屈辱ニ堪フルコトナラントノ学校ノ実情ヲ述ベタリ、（中略）オ辞儀ハ礼拝ノ意味ニアラズトハ、小生自身多年ノ間認メ来リシトコロナリ、コノ日本ニ於テハソレハ亜米利加ニテ帽子ヲ取ル以上ノ意味ナキコトシバシバナリ、拒絶（refusal）ニハアラズシテ躊躇（hesitation）ナリシ、良心ノ咎メ（conscientious scruple）ナリシ、ソレガ小生ヲシテカノ瞬間ニオ辞儀ヲ否マシメシナリ、而シテ今ヤ校長ハソ

レガ礼拝ニアラザルコトヲ小生ニ確言シタル以上ハ、小生ノ良心ノ咎メハ取去ラレタリ、小生ハソノ儀式ハ寧ロ愚カナルモノト信ズト雖モ、学校ノタメ、而テ小生ノ生徒ノタメニ、小生ハオ辞儀ヲナスコトニ同意セリ。*003

まずこの文面から確認できるのは、内村が「「ミカド」ノ忠臣」と自己規定し、そういう「忠臣」の位置から天皇の意思を忖度する姿勢をとっていたということ、儀式の場で内村に「オ辞儀」を否ませたものは「躊躇」と「良心ノ咎メ」であったということ、そして、「オ辞儀」は「礼拝」にあらずとする校長の「確言」に接し、結局、「オ辞儀」に同意したということである。

内村はキリスト教徒である四人の友人、組合教会牧師金森通倫、同横井時雄、木村駿吉、一高嘱託教員中島力造に、「勅語」の「宸書」を改めて「奉拝」することの可否について相談し、彼らの賛成を得た。奉読式当日の一件のあと、内村は肺炎を患って病床にあったため、木村駿吉に一月二九日、代わりに「オ辞儀」してもらったのであるが、それでも二月三日、内村は依願解嘱となった。

このような事態が出来するに至った歴史的背景について、ここで少しふれておこう。

プロテスタンティズムは、近代西洋的物質文明の自己増殖の現われともいうべき「黒船」来航(1853)という強圧外交に帯同されつつ日本に伝来した。この段階で来日した宣教師の圧倒的多数がアメリカ人宣教師であったことは、そういう事情に基づく。一八五九年以降、アメリカからプロテスタント諸派の宣教師があいついで日本へ渡って来たが、開国後もしばらくは、徳川幕藩体制の基本方針であった「切支丹邪宗門の儀は堅く禁制たるべき事」という高札がまだ日本国内に掲げられていたので、宣教師はただちに布教に着手することはできなかった。このキリスト教禁制の高札が撤去されたのは、一八七三(明治六)年二月の「従来高札ノ儀ハ一般熟知ノ事ニ付向後取除キ可申事」という太政官布告によってである。これはなんとも曖昧な布告ではあったが、とにかくこの布告が出されてのちは、キリスト教の布教は事実上黙認のうちに行われ、キリスト教はまず士族階層を支持基盤として教勢を拡大していった。高札撤去の前年、一八七二(明治五)年にはいちはやく、アメリカ人宣教師バラー(J.H.Ballagh)によって横浜の外国人居留地に日本最初のプロテスタント教会「日本基督公会」が設立されていた。

明治初期の日本におけるキリスト教の主な支持基盤が士族階層であった理由としては、次のような事情が挙げられるであろう。即ち、幕末から維新後数年間にかけての外国人宣教師による宣教活動は、外圧のもとでの海防上の必要から洋学を技術学として輸入することを焦眉の課題とする幕末の風潮に、さらには維新後の文明開化の精神的気流に乗りつつ始められたものであるが、この激動期に西洋技術文明の導入の必要性を痛切に感じたのが、特に当時のいわばインテリゲンツィアである士族階層であったということである。その場合、キリスト教への入信者の多くが士族階層のなかでもとりわけ、旧佐幕派の諸藩あるいは維新後の薩長支配下の新政府に参画することのできなかった弱小諸藩の出身である不遇士族の子弟であったことは、この時期の入信形態の著しい特徴であると言ってよい。明治期のキリスト教布教の主要拠点であった横浜バンド、熊本バンド、札幌バンドのいずれをとってみても、そういった特徴が認められる。因みに、一八八一(明治一四)年に札幌農学校を卒業した内村鑑三(上州高崎藩出身)も、上述のような士族の子弟の一人であった。不遇を余儀なくされた彼ら士族インテリゲンツィアの入信でさらに特徴的なことは、キリスト教の唯一人格神を儒教の「天」の概念によって理解し、外国人宣教師のピューリタン精神に武士道精神と相通じるものを見出す方向でなされる場合が多かったという点である。したがって明治初期のキリスト教入信者は、個別にみれば差異はあるかもしれないが、キリスト教信仰と儒教倫理的な武士道精神との異質性に必ずしも自覚的でないまま、精神的支柱を求めて入信するという傾向が強かったのである。[*004]

しかし明治一〇年代に入ると、次第に日本人キリスト教徒の手で信仰の内面化が推し進められ、日本のキリスト教徒の置かれている思想的状況との対決が行われるようになった。一八八〇(明治一三)年には、小崎弘道と植村正久を中心にキリスト教雑誌『六合雑誌』が創刊され、『明六雑誌』のあとをうけて明治一〇年代の言論界で指導的役割を果たしていく。また、一八八四(明治一七)年には、植村正久がキリスト教の真理を擁護する立場から『真理一斑』を著わして、当時の思想界を風靡しつつあった進化論的唯物論思想を批判し、一八八六(明治一九)年には小崎弘道がその著作『政教新論』において、新日本創出のためには「我国従来文明の基礎たる儒教主義」を徹底的に批判すべき旨を強調するなど、キリスト教徒の活発な社会的発言が展開されたことは注目に値する。明治一〇年代末は鹿鳴館時代と言われるような欧化主義の時代であり、そういう時代的風潮のもとでキリスト教は勢力を伸ばしていったかのように見える。しかしながら実は、小崎弘道が『政教新論』を書かねばならなかった諸事情を勘案してみればわかることだが、キリスト教隆盛の裏側で、教育制度をはじめとして社会体制全般にわたる上からの国家主義的再編成の作業が着実に進行しつつあったのである。

一八八七(明治二〇)年から一八九〇(明治二三)年にかけては言論三法(保安条例、新聞紙条令、集会及政社法)が成立し、政府を攻撃する言論を弾圧するようになる。それに、一八八二(明治一五)年頃から神道界が、教派神道(神道十三派)とは区別された神社神道に国教としての特権的地位を与えようとする動きを強めるなかで、《神社非宗教説》が公然化してきた。この動向に応えて政府は、祭祀と宗教とを「実際上、行政上の必要から」[*005]分離することによって、国家神道確立への政策に着手するに至る。政府のとった具体的な措置として重要なものは、一八八二年一月に、神官の教導職兼補を廃止し、かつ神官の葬儀への関与を禁じたことが挙げられよう。教導職兼補とは、一八七二(明治五)

年三月に教部省設置によってつくられた制度であり、教部省が「一、敬神愛国ノ旨ヲ体スヘキ事、一、天理人道ヲ明ニスヘキ事、一、皇上ヲ奉戴シ朝旨ヲ遵守セシム可キ事」という三条の教則を通達し、天皇崇拝と神社信仰を基軸とする国民教化運動を神官、僧侶、有志の者が教導職となって推進した。神官がこの職を兼任すること、及び葬儀に関与することを廃止した政府の措置は、とりもなおさず、政府が神社神道を非宗教という装いのもとに祭祀に専念させることによって、神社神道を事実上国教化する体制を固めたことを意味する。[*006] したがって、帝国憲法が「信教ノ自由」を謳ったときにはすでに、神社神道は祭祀（国家の祭祀）であって宗教ではないとする取扱いが行政的に確定され、非宗教に擬せられた神社神道が教派神道、仏教、キリスト教の三教の上に実質的な国家宗教として君臨する国家体制が形作られていたのである。こうして上からの秩序統制をめざす国家主義的勢力の台頭が顕著となった明治二〇年前後を境に、日本のキリスト教徒は厳しい試練にさらされていく。

時の枢密院議長伊藤博文は、一八八八（明治二一）年六月一八日、枢密院で憲法草案の審議を開始するにあたって演説を行い、主として国家の「機軸」に言及した。次に引くのはその演説の一部である。

今憲法を制定せらるゝに方ては、先づ我国の機軸は何なりやと云ふ事を確定せざるべからず。機軸なくして政治を人民の妄議に任す時は、政其統紀を失ひ国家亦た随て廃亡す。苟も国家が国家として生存し人民を統治せんとせば、宜く深く慮りて以て統治の効用を失はざらん事を期すべきなり。抑欧州に於ては憲法政治の萌せる事千余年、独り人民の此制度に習熟せるのみならず、又た宗教なる者ありて之が機軸を為し、深く人心に浸潤して人心此に帰一せり。然るに我国に在ては宗教なる者其力微弱にして一も国家の機軸たるべきものなし。仏教は一たび隆盛の勢を張り、上下の人心を繋ぎたるも、今に至ては巳に衰替に傾きたり。神道は祖宗の遺訓に基づき之を祖述すると雖も、宗教として人心を帰向せしむるの力に乏し。我国に在て機軸とすべきは独り皇室あるのみ。是を以て此憲法草案に於ては専ら急を此点に用ひ、君権を尊重して成るべく之を束縛せざらん事を勉めたり。*007

伊藤の発言を要約すれば、ヨーロッパ諸国では古くから「憲法政治」が行われていて、「人民」もこの制度に習熟しているだけでなく、宗教（＝キリスト教）が人心帰一の「機軸」をなしている。ところが日本において宗教は、仏教にせよ神道にせよ、統治の「機軸」たりうる力を具えておらず、そうした「機軸」を求めるとすれば「皇室」しかない、ということである。「大日本帝国ハ万世一系ノ天皇之ヲ統治ス」、「天皇ハ神聖ニシテ侵スヘカラス」という条項を冒頭に掲げる「大日本帝国憲法」は、基本的には、枢密院議長が表明した以上のような所信に則って発布されたのである。「教育勅語」を支える思想的前提もまた同じであることは言うまでもない。「万世一系ノ天皇」を「現御神」として神格化し、国家が世俗的権力と精神的権威とを一元的に占有する「超国家主義」（丸山眞男）体制がここに確立する。それは「擬似宗教国家」（亀井勝一郎）と捉えることさえ可能な国家体制であった。「不敬事件」の起こった歴史的社会的背景は、大要、以上の通りである。

さて、一月九日のこの事件をいちはやく報じたのは、改進党系の新聞『民報』（一月一七日）であった。

高等中学の不敬問題　去る九日第一高等中学校に於て勅語拝読の式を行ふ教頭一同をして五人毎に進みて両陛下の尊影を拝せしむ教授内村鑑三氏特《ひと》り之を拝せず曰く紙片を礼拝するは基督教義に反すと本科二年の法

律政治を専修するもの以て不敬となし連署詰責する所あらんとす。*008

この記事は、故意にであったかどうか断言しがたいが、事実認識の点でいくつかの誤りを犯している。「奉拝」の対象は「尊影」ではなく「宸署」であったし、「教授」という肩書も正しくは「嘱託教員」である。それに、「曰く紙片云々」というのは内村自身の発言ではなかった。この種の記事は一月中だけでも、一七日の『民報』について『密厳教報』(二五日)、『読売新聞』、『東洋新報』、『民報』(以上二七日)、『東京中新聞』、『日本』、『郵便報知新聞』(以上二八日)、『国会』、『東北毎日新聞』、『東京日日新聞』、『中外新報』、『新報』、『奥羽日日新聞』(以上二九日)等々に掲載され、以後、関連記事が全国の諸新聞に続々と現われるようになったのである。*009 内村に好意的な記事を載せた一、二の新聞を除いて、仏教系の諸新聞、一般諸新聞のほとんどが、「不敬」「無礼漢」「不埒な教師」「不忠の臣」「不敬賊臣」といったどぎつい表現で、一様に内村を非難攻撃する立場を表明した。

事件後病床にあった内村が木村駿吉に代拝してもらったことはすでに述べたが、新聞紙上で「不敬」論議が喧しく行われているさなか、内村の言を借りると「友人タチニ依テ作成」*010 された内村名義の弁明書が、一八九一(明治二四)年一月三〇日の日付で「種々ナル新聞」に掲載された。その概略は次の通りである。

「嘗て海外に遊びし前より今日に至る迄拙者の心中に勤王愛国の念熾なるは拙者親友共の悉く認めたる所」であり、このたび「下賜」された「勅語」についても、「我々臣民たるもの謹て此　勅語の精神を奉戴実行するこそ是れ真誠勤王愛国者の大眼目とすべきこと」である。「世上徒に低頭して復其実行に熱心ならざるは反て是れ虚文不忠の所為」と思われる。したがって、「単に核事件外表のみにして是を以て不敬不礼と云はれ」るのは実に遺憾である。ただ、平生から「我等の拝礼すべきはスピリットあるものに限りスピリットなきものは如何に貴きものと云へども其前に低頭して拝礼するは是れ学理上不必要なること」と信じていたため、「他を顧るに遑あらずして遂に空しく拝礼を過し」てしまう結果となった。その点については反省すべきところもあるから、親友たちと相談の上、「真意を現はすに敬礼の已むべからざるを確認し」、「改て拝礼」した。「苟も悟る所ありて、改むるに憚らざるは拙者平生の心中を現はす所以」である。*011

以上のような内容の弁明書が発表されたのであるが、内村自身が「小生個人ノ問題ハ徐々ニ移リテ基督教対国家オヨビ皇室ノ関係テフ一般問題ト成レリ」*012と述べているように、非難攻撃の鉾先は内村個人とその周囲の友人達に対してだけでなく、やがてキリスト教徒全般に対しても向けられていく。キリスト教はわが国の「安寧秩序」を乱し「國体」に背反する邪教である、というのがその論難の基調をなしていた。そうした論調を示す例を二つ引いておこう。因みに、二つの文章のいずれもが、先の弁明書で表明された「我等の拝礼すべきはスピリットあるものに限り云々」という考え方を特に問題視しているふしが認められる。

> 嗚呼耶蘇教徒は終に我が日本帝国を亡すものなり〔中略〕依て外教徒は設《たと》ひ賢所参拝仰付の栄を得ることある共霊なきゆへ之れを拝せず伊勢大廟も精神なき故拝せず（彼徒の語）と此の如き不敬無礼は何事ぞや抑も信教の自由を有するもの是等遂に安寧秩序に妨害なきか左様に基督が難有ならば彼等は宜しく日本人の籍を去りて遠く外国に趨き彼国にて自由に基督の教へ通り行ふを可とす。（『教学論集』二月一五日号）

> 耶蘇教徒は國体をも知らず　第一高等中学校々長木下氏は昨年十月御詔ありし勅語の御宸筆を奉請せしに去る頃賜はりしかば一月九日講堂内倫理室にて奉読式を行ひ教員生徒をして御宸筆を拝礼せしめしに独り講師

内村鑑三は之を拝せず故に生徒より之を問へば彼れは余は基督が「精霊ある者は拝せよ」と教へしを奉ずる者なり、勅語宸筆は非霊物なり故に拝するを得ずと云ひ張り更に応ぜず且つ曰ふ余は「賢所にても大廟にても決して拝せず」と此に於て満校稍々動揺の色あり、後ち他の教師より道理を聞き遂に基督の教への未熟を悟りしか廿九日に到り病中乍ら代理をもて拝せしめ快復の後ち自らは拝すべしと誓ひしも生徒の激昂は止まざりけん本月四日解職の神罰を受けし由聞く内村は相応の学識ありて講師の評もよきとのことなりしに迷教の僻心より掛るゝ無道を働らくとはサテサテ憐れの動物にぞある。(『伝燈』二月二一日号)[*013]

こうした論難に対して、内村以外のキリスト教徒はどのように対処したのであろうか。キリスト教徒にとって問題の核心は、「教育勅語」奉読式の場で要求される「奉拝」が、単なる敬礼なのか、それとも宗教上の礼拝なのか、という点にあった。もしそれが宗教上の礼拝であるならば、帝国憲法第二八条で保障された「信教ノ自由」——「自由」といっても「安寧秩序ヲ妨ケス及ヒ臣民タルノ義務ニ背カサル限ニ於テ」という条件つきであり、何よりもその点が問題であるが——に抵触する。金森通倫が、「天皇は我国の至尊吾人が主君なりされば其至尊を代表する真影に対して敬礼を施し若くは　天皇の御祖先に対して敬礼をなすは毫頭宗教的の分子を含むにあらず只君臣の義より生ずる外形の礼式なれば是等の礼拝をなすに於て吾人基督信徒が信仰上若くは主義上に於て何の妨害かあらんか(中略)然れども政府よりして是等は爾後臣民の奉戴すべき神様なるにより爾等臣民は是に対して祈願祈禱せよとあらば是れ即ち吾人が信仰の自由を蹂躙せらるゝ者なれば如何に政府の命と雖ども己が主義を破りては是に服従する事能はざるなり」[*014]と述べて、「信教ノ自由」擁護の論陣を張ったことは、当時のキリスト教徒が直面していた魂の向背に関わる深刻な問題状況の一端を物語っている。

キリスト教徒の側からの発言はこれにとどまらなかった。事件後、それぞれ自分達の所属する教会を拠点にして精力的な言論活動を展開していた押川方義、植村正久、巌本善治（以上日本基督教会）、丸山通一、三並良（以上普及福音教会）の五名によって、共同声明「敢て世の識者に告白す」がいくつかの雑誌・新聞に発表された。この共同声明は、金森の一文よりもさらに手厳しく「影像」礼拝を批判している。

> 各小学校に陛下の影像を掲げ、幼少の子弟をして之に向つて礼拝をなさしめ、勅語を記載せる一片の紙に向つて稽首せしむるが如きは、必ず宗教上の問題として之を論ずべからずとするも吾輩教育上に於て其何の益あるかを知るに苦しむ。寧ろ一種迷妄の観念を養ひ、卑屈の精神を馴致するの弊あるなきかを疑ふ。また此如き処置を以て皇室の尊栄維持せんと欲するは頗ぶる策の得たるものに非ることを信ず。皇上は神なり。之に向つて宗教的礼拝を為すべしと云はゞ是れ人の良心を束縛し、奉教の自由を奪はんとするものなり。帝国憲法を蹂躙するものなり。吾輩死を以て、之に抗せざるを得ず。然れども影像を敬し宸筆に礼するは、必ずしも如上の意味合にては非るべし。蓋し政治上人君に対するの礼儀として之を為すこととなるべし。果して然らば、是れ宗教上の問題に非ず。教育社交政治上得失利弊の一問題なるのみ。[*015]

この共同声明は、「宗教上」の事柄と「政治上」の事柄とを区別すべきだとする前提に立って、「影像を敬し宸筆に礼する」ことは前者ではなく後者であると捉え、また、「幼少の子弟」にそうした行為を課すことの「教育上」の「益」について強い疑問を呈している。その場合、天皇ないし皇室を「政治上の君」として認めている点に、個々人の意思を規定するある共通の精神史的基盤の所在を見出すことができるが、その問題はのちにふれることとし、さらにいまひとつ注目すべき発言を取り上げておきたい。

この「不敬事件」の背後に潜む思想的問題のひろがりに対する認識という点で最も抜きんでていたのは、一番町教会牧師植村正久であった。植村は『福音週報』第五〇号（二月二〇日）に、社説「不敬罪と基督教」を載せた。

> 先日高等中学校に於て、内村鑑三氏等が勅語に対して低頭稽首して拝をなさゝりしとて、一場の紛議を生じたることは、読者の記憶せらるゝ所ならん。吾人は今上陛下を尊敬す。陛下に対して敬礼を表せずんばあらず。其尊影に対し、勅語に対し、同一の精神に基づける敬礼をなしたればとて、其の智愚得失は暫らく置き、之を以て、偶像を拝するなり、十誡に背戻することなりとは容易に断言すること能はざるなり。然れども此事たるや、単独の問題として論ずべきものにあらず、其の連帯する処極めて広く、其の関係甚だ重大なるものあり。基督教徒は賢所に於て、参拝するも不可なきや。基督を信ずる海陸の将校士官兵卒は、靖国神社に於て神官の司る祭典に列なり、之に列なるのみならず、また拝を遂げ、祭文を読み百事基督教を信ぜざるものと共に其の祭に与かることを得るや。是等の問題は彼の内村氏等の事件と多少の関係を有するものにて、基督教徒の明らかに決定することを必要とするものなり。*016

植村がここで言及している靖国神社は、幕末の尊王攘夷派志士の死者を祀った招魂場・招魂社にその淵源をもつ。幕末に始まる招魂祭の基本性格は、一八六二（文久二）年八月二日、孝明天皇が長州藩に下した「御沙汰書」の一節、「国事死候輩（中略）霊魂招集、以礼収葬、令子孫祭祀候様被遊度」（傍点、引用者）云々に看取される。即ち招魂祭は、徳川幕藩体制への帰属意識とは異なった場面で形作られた「国事」殉難者という新たな観念に基づく祭儀であった。

当初、京都や長州その他の地で個別に執行されていた招魂祭は、明治新政府の中央集権化政策によって、一八六九(明治二)年の東京招魂社創建へと収斂する。そして一八七九(明治一二)年六月、東京招魂社は靖国神社へと改称され、伊勢神宮を本宗とする国家神道体制のピラミッド構造のなかで別格官幣社という特別の社格を与えられて、陸・海軍省の所管のもとに、《天皇の軍隊》の死者を次々に祭神として合祀していく。歴史的に段階を追って要約すれば、靖国神社は幕末の招魂祭に発し、戊辰戦争及びそれ以後の国内戦(明治七年の佐賀の乱、明治一〇年の西南戦争)における天皇側の死者、さらに台湾出兵(明治七年)以降、日清・日露両戦争を経て第二次世界大戦に至るまで、天皇を戴く国外戦での日本軍側の死者をもっぱら合祀してきた神社である。[*017] 少なくとも招魂祭が官祭化して以後についていえば、そこに貫流していた招魂の思想、靖国の思想は、内戦外戦における非天皇側の死者を「内外の荒振寇等《あらぶるあだども》」と捉えて差別する不寛容な党派性の論理であった。

このような靖国思想の形成が、《皇軍》観念の形成と連動していたことも付言しておかねばなるまい。周知のように一八八二(明治一五)年一月四日、「陸海軍軍人に賜はりたる勅諭」(いわゆる「軍人勅諭」)が発布された。これを機に、「朕は汝等軍人の大元帥なるぞ」という表現が示すように、天皇を陸海軍の統帥権の保持者と仰ぎ、この天皇への忠節を正価値とする《皇軍》観念が漸次前面に押し出されるのである。児童期から広く民衆に「臣民」意識を注入する役割を負ったのが「教育勅語」であったとすれば、特に軍隊教育の場における《皇軍》観念の形成を直接に担ったのが「軍人勅諭」にほかならなかった。しかも、これらの「勅語」・「勅諭」の精神を政治権力レヴェルで統括していたのが「大日本帝国憲法」である。「学校儀式は宗教的権威としての「天子」の祭であり、「教育勅語」は、学校を教会とした天皇教の教典であった。言いかえれば、宗教的権威としての「天子」の教典が「教育勅語」であり、軍事力の統率者としての「大元帥」の統帥権の発動が「軍人勅諭」であり、政治的権力者としての「天皇」の統帥権の絶対性を宣言したのが「大日本帝国憲法」であった。[*018]」そうした事情を勘案するかぎり、キリスト教徒植村が、「御真影」「教育勅語」への「低頭」と「賢所」「靖国神社」参拝との問題連関にこだわったのは、蓋し当然のことであったと言えよう。

植村は同じ社説でさらにこう述べている。

吾人は新教徒として、万王の王なる基督の肖像にすら礼拝することを好まず。何故に人類の影像を拝すべきの道理ありや。吾人は上帝の啓示せる聖書に対して、低頭礼拝することを不可とす、また之を屑《いさぎよし》とせず。何故に今上陛下の勅語にのみ拝礼をなすべきや。人間の儀礼には、道理の判然せざるもの尠からずと雖も、吾人は今日の小学中学等に於て、行はるゝ影像の敬礼、勅語の拝礼を以て、殆んど児戯に類することなりといはずんばあらず。憲法にも見えず、法律にも見えず、教育令にも見えず、唯当局者の痴愚なる、頭脳の妄想より起りて、陛下を敬するの意を誤まり、教育の精神を害し、其の間に多少の紛議を生ずべき習慣を造り出し、明治の昭代に不動明王の神符、水天宮の影像を珍重すると同一なる悪弊を養成せんとす。〔中略〕内村氏が其の初め勅語を礼拝せざりしは、宗教の点に於て疑がふ処ありしか、或ひは吾人と同一の考を抱きたるが為め、礼拝をなすに躊躇したるものか、いづれにもせよ、吾人は其の心術の高明なりしに感服せずんばあらざるなり。是と同時に氏等が其後に至りて、俄然之を礼拝し、金森横井諸氏が之を賛成したりと聞きて、深く其挙動を怪しまざるを得ず。[*019]

ここに明らかなように、「影像」「勅語」拝礼に対する植村の峻烈な批判は、そうした儀式を行うことに対してだけでなく、病床にあった内村が友人達に相談の上、改めて代拝してもらったことにも向けられている。「教育勅語」奉読式の孕む問題連関の広がりを認識しつつ、「信教ノ自由」擁護の論陣を張った植村は、「万王の王なる基督の肖像」や「聖書」への「礼拝」さえ峻拒する姿勢を堅持していた点で、当時の日本の「新教徒」のなかで、おそらく最も徹底した信仰形態の体現者の一人であった。

以上、「内村鑑三不敬事件」が起って間もない段階での論難者の言説と、それに応戦したキリスト教徒の言説とをいくつか取り上げ、それらをできるかぎり思想内在的に検討してみた。この「事件」によって顕在化した問題相をより一層明らかにするためには、さらに「教育と宗教の衝突」論争を検討する必要がある。

3．「教育と宗教の衝突」論争

内村の論難者達は、「教育勅語」の「宸署」に低頭しなかった内村のキリスト教信仰に、天皇の神聖性・不可侵性を前提とする日本の国家体制への帰属意識に背馳するものを察知したのであろう、世論を広汎に巻き込んで陰に陽にキリスト教攻撃を展開した。その間、「不敬」論議が鎮まったかのようにみえる時期もあったが、やがて一八九三（明治二六）年に至ってこの論議が再燃する。この段階でのキリスト教攻撃の急先鋒が、『勅語衍義』（1891）の著者井上哲次郎であった。

前節ですでにふれたように、帝国憲法第二八条で認められた「信教ノ自由」は、「安寧秩序ヲ妨ケス及ヒ臣民タルノ義務ニ背カサル限ニ於テ」という条件つきの「自由」であったが、井上哲次郎は論文「教育と宗教の衝突」のなかでこの条件を引いて、「耶蘇教徒は果して毫も安寧秩序を妨ぐる傾向なきか、又臣民たるの義務に背く傾向なきか」と詰問し、さらに、「勅語の主意は、一言にて之れを言へば、国家主義なり、然るに耶蘇教は甚だ国家的精神に乏し、啻に国家的精神に乏しき而已ならず、又国家的精神に反するものあり、為めに勅語の国家的主義と相容れざるに至るは其到底免れ難き所なり」と、キリスト教を告発したのである。[020] 国体論のイデオローグ井上による論難に示されているように、この「衝突」は、約言すれば、「教育勅語」に盛られている国家至上主義的な忠孝の精神とキリスト教との「衝突」であった。

念のため、井上がこの「教育と宗教の衝突」という論文で論拠としていた『勅語衍義』の骨子も含めて、明治国家が政治的な作為を通じて制度的に確立しようと企図した「臣民」教育の基本性格をここで確認しておこう。

『勅語衍義』は井上哲次郎個人の著作の体裁をとっているとはいえ、実際にはほとんど国家公認といってもよい、半ば公的な性格を具えた教育勅語解説書であった。[021] というのも、執筆を井上に委嘱したのが当時の文相芳川顕正であり、井上は草稿を書いている段階で加藤弘之、中村正直、井上毅ら知己八〇有余人に意見を聞き、さらにはその草稿を天皇の内覧に供したという経緯をこの著作はもつからである。そういう意味で、この著作は元田永孚の『教学聖旨』（1879）の延長線上に位置するものであった。天皇の侍講元田が「聖旨」の名において発表したこの文書には、折からの自由民権運動の昂揚に直面して危機感を抱いた明治政権が教育の中央統制を強化すべく、文教政策として伝統的な教学イデオロギーを復活しようとする狙いがこめられている。

『教学聖旨』は冒頭で次のように言う。

> 教学ノ要、仁義忠孝ヲ明カニシテ、智識才芸ヲ究メ、以テ人道ヲ尽スハ、我祖訓国典ノ大旨、上下一般ノ教トスル所ナリ。然ルニ輓近専ラ智識才芸ノミヲ尚《たっ》トビ、文明開化ノ末ニ馳セ、品行ヲ破リ、風俗ヲ傷《そこな》フ者少ナカラズ。然ル所以ノ者ハ、維新ノ始首トシテ陋習ヲ破リ、智識ヲ世界ニ広ムルノ卓見ヲ以テ、一時西洋ノ所長ヲ取リ、日新ノ効ヲ奏スト雖モ、其流弊仁義忠孝ヲ後ニシ、徒ニ洋風是競フニ於テハ、将来ノ恐ルヽ所、

終ニ君臣父子ノ大義ヲ知ラザルニ至ランモ測ル可カラズ。是我邦教学ノ本意ニ非ザル也。[*022]

このように『教学聖旨』は、「文明開化」の潮流のなかに「仁義忠孝ヲ後ニシ、徒ニ洋風是競フ」状況の現出を読みとり、「将来ノ恐ルヽ所、終ニ君臣父子ノ大義ヲ知ラザルニ至ランモ測ル可カラズ」という観点から、小学校においては「古今ノ忠臣義士孝子節婦ノ画像ヲ掲ゲ、幼年生入校ノ始ニ先ヅ此画像ヲ示シ、其行事ノ概略ヲ説諭シ、忠孝ノ大義ヲ第一ニ脳髄ニ感覚セシメンコトヲ要ス」と述べて、「忠孝」の倫理を宣揚する。その場合、上述のような「画像」を小学校で提示することを要する理由として、「仁義忠孝ノ心ハ人皆之有リ。然ドモ其幼少ノ始ニ、其脳髄ニ感覚セシメテ培養スルニ非レバ、他ノ物事已ニ耳ニ入リ、先入主トナル時ハ、後奈何トモ為ス可カラズ」と述べていることを看過してはなるまい。『聖旨』は、天皇を頂点とする「君臣」関係を新たに構築するために、臆断的に「仁義忠孝ノ心」の生得性を前提として、「古今ノ忠臣義士孝子節婦」という観念――それ自体一定のイデオロギー的社会的所産にすぎない――を、「画像」の提示という視覚的な働きかけを通じて「培養」しようとする。ある対象とそれにまつわる観念が、初めは感官を介して外から個々人に与えられたものであっても、政治的な作為を通じて漸次、内的な自己規制の規範へと自然化されていく、そういう作為的自然化の最も有効な手段の一つとして教育が機能しうることを、当時の支配階層は鋭く見抜いていたのである。

『勅語衍義』は、そのイデオロギー的性格に関して言えば、『教学聖旨』とまさに軌を一にする著作であった。『勅語衍義』で特に留目しなければならないことは、井上自身も「共同愛国ノ要ハ、東洋固ヨリ之レアリト雖モ、古来之レヲ説明スルモノ殆ンド稀ナリ。故ニ余ハ今共同愛国モ孝悌忠信ト同ジク徳義ノ大ナルモノタルコトヲ説明セリ」[*023]と言っているように、「勅語」の「主意」として、「孝悌忠信ノ徳行」という旧来からの道徳観念に加えて「共同愛国ノ義心」という徳目の意義を強調している点である。井上は、「如何ナル人モ我君ニ事ヘ、我邦ヲ愛スルヲ以テ第一ノ義務トセザルベカラズ」と、「臣民」の義務の内実を規定し、「己レノ近親交朋ト雖モ、国家ノ禍害ヲ来タサントスルトキハ、唯々諾々之レニ従フコトナク、誠心ヲ尽クシテ之レヲ諫メ之レヲ諍ヒ、務メテ其非心ヲ格ダシ、以テ国家ノ安全ヲ希図セザルベカラズ」と述べて、国家に対する「臣民」の関係を、人格の個別的涵養や「近親交朋」関係よりも価値的に上位に置く観点を前面に押し出す。井上が、「徒ニ能ク一身ヲ修メ、他人ニ害ヲ加ヘザル」ことを「消極ノ徳義」とし、「進ンデ衆人ノ為メニ有益ナル事業ヲ成ス」ことを「積極ノ徳義」と評価して、「殊ニ国ノ安危休戚ニ関スルコトアラバ、欣然一命ヲモ擲チテ、公衆ノ為メニ図ル所ナカルベカラズ」と主張しているのも、同じ発想法に基づくものである。「共同愛国ノ義心」の顕揚は、このような意味での国家の価値的上位性を是とする、新たな共同的意思の創出と浸透を狙ってのことにほかならなかった。井上がキリスト教(徒)論難の口火を切ったときには、まぎれもなく上述のようなイデオロギー的党派性を携えていたのである。

これに対してキリスト教徒の側では、植村正久、柏木義円、横井時雄、大西祝、内村鑑三その他の人々が論陣を張り、反批判を試みたが、まず内村の対応を中心に据えて考察を進めることにする。

内村は「文学博士井上哲次郎君に呈する公開状」で次のような見解を披瀝している。

> 足下〔井上哲次郎を指す、引用者注〕の基督教徒が我国に対し不忠にして、勅語に対して不敬なるを証明せんとするや、該教徒が儀式上足下の注文に従はざるを以てせられたり、然れども茲に儀式に勝る敬礼の存するあり、即ち勅語の実行是なり、勅語に向ひて低頭せざると勅語を実行せざると不敬孰れか大なる、我聖明なる天皇陛下は、儀式上の拝戴に勝りて実行上の拝戴を嘉みし給ふは、余が万々信じて疑はざる所なり。畏

れ多くも我天皇陛下が勅語を下し賜はりし深意を推察し奉るに、天皇陛下は、我等臣民に対し、之に礼拝せよとて賜はりしにあらずして、是を服膺し即ち実行せよとの御意なりしや疑ふべからず、而して足下の哲学的公平なる眼光は、余輩基督教信徒を以て、仏教徒よりも、儒者、神道家、無宗教家よりも、我国社会一般公衆よりも、勅語の深意に戻り、国に忠ならず（実行上）、兄弟に友ならず、父母に孝ならず、朋友に信ならず、夫婦相和せず、謙遜ならざるものとなすか、不忠不孝不信不悌不和不遜は、基督教信徒の特徴とせず。〔中略〕勿論普通感念を有する日本臣民にして誰か日本国と其皇室に対し愛情と尊敬の念を抱かざるものあらんや、然るを愛国心は己の占有物の如くに見做し余輩の行跡を摘発して愛国者の風を装はんとするが如きは、阿世媚俗の徒も喜んで為す所なり。[*024]

先に引用したD・C・ベル宛書簡と同じく、内村は一人の「臣民」として天皇の「深意」を忖度する姿勢をここでも保持している。天皇の側近や帷幄上奏を行う人物達ならともかく、一般の「臣民」にとっては、勅語ないし勅諭という形式で一方的に発せられる言説を押し戴く以外に、天皇の意思を示す言葉に接する機会はなく、ましてや天皇の「深意」を確かめるすべなどあろうはずもなかった。内村ならずとも、天皇あるいは勅語の「深意」は「推察」するほかなかったであろう。

忠君愛国の精神とキリスト教とは決して矛盾するものではないという口吻で切り返す内村の考え方を、できるかぎり思想内在的にみるならば、内村にとってはどこまでも忠君や愛国のあり方、あるべき姿が問題であったことが看取される。そうであるとすれば、儀式において「粛々として勅語に礼拝するもの」の言動が実際には「非国家的反勅語的なる醜聞怪説」となって露呈しているありさまこそが、内村の眼には、「不敬事件よ、不敬事件よ、汝は第一高等中学校の倫理室に於てのみ演ぜられざるなり」という激しい批判の対象と映ったのも当然であろう。『余はいかにしてキリスト信徒となりしか』(1895)に収められた滞米中の日記(一八八六年一二月五日付)の一節、「二千年の訓練によってかち得たわれらの国民性が、アメリカやヨーロッパの思想によって根こそぎ置き換えられることを、神は望みたまわない。キリスト教のうるわしさは、神がそれぞれの国民に与えたまいし独自の国民性を、ことごとくきよめ得る点にある。日本もまた神の国民であるとは、なんと祝福と奨励とに満ちた思想ではないか」に照らしてみても、内村が少なくともこの論争の時点で、キリスト教的愛国者たることへの強烈な志向をもっていたこと、そしてこの志向がまさに内村の生の基軸をなしていたことは明らかである。このことを示す文章が、明治二一年から二二年にかけて書かれた書簡に散見する。

小生ノ主義ハ基督愛国(Christo-national)ナリ、而シテ我ガ国ニ於ル如何ナル組織モソレガ基督教ナラズ又同時ニ愛国ナラザルモノニハ、我ガ同情ハ極メテ僅カナルニ過ギズ[*025]

僕ノ極端ナル国民主義的ノ見解ハ僕ヲ宣教師トソノ改信者トニ甚ダ調和セシメズ、又タ同時ニ僕ノ厳格ナル基督教主義ハ我ガ国人ノ大部分ヨリ僕ヲ超然タラシムルナリ、〔中略〕我々ニハ拠テ立ツ二ツノＪアリ、JesusトJapanコレナリ、願ハクハ神我等ヲ助ケテカヽル愛スル勝レタル名ニ相応ハシキモノタラシメ給ハンコトヲ[*026]

内村がこのように「二ツノＪ」に拠り所を求めていたことについては、同時代の証言がある。内村は一八八九(明治二二)年三月から翌年二月まで、東京麻布の東洋英和学校に勤務したが、同校で一八八九年二月四日に「天長節並びに立太子式祝会」が催された際、内村は「菊花演説」を行った。その式に学生として出席していた山路愛山の伝えるところによれば、内村の演説は次のようなものであった。

明治廿二年の天長節に於て余は麻布の東洋英和学校に於て内村氏の演説を聞きたり。当時彼は其の演壇を飾れる菊花を指して曰ひき、此菊花は自然が特に日本を恵みたるもの丶一なり。菊は実に日本に特有する名花なりと。彼れは更に声を掲げて曰く、諸生よ、窓を排して西天に聳ゆる富嶽を見よ。是れ亦天の特に我国に与へたる絶佳の風景なり。されど諸生よ記せよ、日本に於て世界に卓絶したる最も大なる不思儀(ママ)は実に我皇室なり。天壌と共に窮りなき我皇室は実に日本人民が唯一の誇とすべきものなりと。其粛々たる態度と、其誠実を表はして余ある容貌とは深く聴者の心を動かしたりき。彼れは科学者なり。彼れは泰西の文学に就て多くの興味を有するものなり。されど彼れは愛国者なり。当時の彼れは聖書とシエーキスピーアと太平記とを愛読せり。彼れは太平記を愛し勤王の精に焚ゆることに於て醇乎として醇なる日本人なり、保守党なり。されど彼れは不思儀にも保守的反動の犠牲となれり。*027

武士の家に生まれ、幼少期から父について漢学を学ぶなど、武士道的・儒教的倫理に親しんできた経験をもつ内村において、キリスト教徒であることと忠君愛国を志向する「日本臣民」であることとが不可分の事態として思念されていたであろうことは、想像に難くない。なぜなら、個人の教養の形成基盤は、ある程度の年月を閲した時点からみれば相対化されうるが、一定の歴史的現実においては、個々人の意思あるいは発想のありようを規定し条件づける社会的諸関係として現存するからである。

キリスト教は忠孝の精神と矛盾しないという認識は、ひとり内村だけのものではなかった。井上哲次郎流のキリスト教批判に対する反批判のなかで、現在我々が公の文書のかたちで接しうる最も手厳しい反批判の一つは、柏木義円によるものであるが、その柏木も「基督教は決して忠孝の道に乖戻せず」という認識をもっていたのである。そのかぎりにおいて、柏木は内村と共通の基盤に立っていたと言えるのであるが、しかし柏木は、忠孝の精神を宣揚する「教育勅語」及びそれを「渙発」した天皇の存在を、内村よりもはるかに的確に相対化していた。

柏木の立論の根本前提をなすのは、天皇は「立憲国君主」であって、それ以上でもなければそれ以下でもないという認識である。柏木は雑誌『同志社文学』掲載の論文「勅語と基督教」において、「政治上」の事柄と「学問上倫理上」の事柄との位相差を次のように分節化している。[*028]

「吾人ハ立憲君主国の通誼として政治上に於てハ　君主ハ最上至高にして神聖なるものと承認するものなり然れども学問上倫理上に迄其権威を及ぼし敢て倫理の主義を断定するが如き決して立憲国君主の意に非ずとするものなり。」柏木によれば、「我　天皇陛下ハ国家の元首なり故に其国民に国民的の道徳を訓示し玉ひしなり基督ハ世界の人類の為に人間の大道を立て玉ふなり故に専ら人の心に敬神愛人の誠意を打立てんと為し玉ひしなり　陛下若し基督の説き玉ひし如き詔勅を発し玉ハゞ是れ越権なり非立憲的行為なり　陛下の主として国民国家に盡すの義務を訓示し玉ひしハ当然の事なり〔中略〕陛下詔勅の神に対し人類に対しての義務を説かず基督の国家を説かざる共に当然の事にして而して決して相戻らざるなり」。

井上哲次郎は「勅語の主意」を「国家主義」と規定したが、柏木はそうした規定に反論する。「其所謂国家主義とハ如何なる意義か国民として国家当然の義務を盡し緩急国難に殉ずる是れ国家主義と為すか是れ即ち勅語の精神基督教決して此主義に戻らざるなり若し夫れ国家を以て唯一の中心となし人の良心も理性も国家に対してハ権威なく唯人を以て国家の奴隷国家の器械と為す是れ国家主義か基督教固とより此の如き主義と相容れず勅語の精神亦決して此の如きに非ざるを知るなり若し勅語の意義にして此の如きか是れ非立憲的の勅語なり我　陛下ハ立憲国の君主に坐しませバ其決して然らざるを知るなりされば何の處に勅語と基督教と相容れざるか。」柏木は「教育勅語」そのものを否定しようというのではない。ただし「教育勅語」は、柏木にとって、「苟も日本国民たるもの宗教の異同を問ハず学派の相容れざるに係らず何人にても実践す可き国民としての普通なる道徳的行為を訓示」したものにすぎず、そのかぎり「勅語」は立憲的な性格を具備したものであった。柏木によれば、天皇は「倫理学の争論を判定する学術界の大王」でもなければ「宗教の異議を鎮静する宗教界の法皇」でもなく、「我日本国家の元首たる　帝王」であり「立憲国の君主」である。柏木はさらに言う、「陛下の詔勅ハ決して敢て宗教学術の範囲に踏み込み倫理の原理の是非曲直を判定し其物議を鎮静するが如き非立憲的の行為を為すに非ざるなり唯儒教の精神を以ても仏教の精神を以ても基督教にても無神論にても実利主義にても国民として共に由りて行ふ可き普通共有の道徳の実践を望み玉ひしに過ぎざるなり」と。

柏木の発言内容を要約すれば、「立憲国君主」としての天皇によって渙発された「教育勅語」は、決して「学術界」「宗教界」に容喙する性質のものではない。もし容喙すればそれは「非立憲的」な「越権」行為になるということである。柏木がこのように天皇を「学術界の大王」、「宗教界の法皇」のいずれからも区別し、「立憲国君主」として限定的に位置づけたことは、天皇の詔勅をあくまで法的拘束の圏内に置き入れて、帝国憲法の立憲的側面を能うかぎり拡張しようと試みたことを意味する。仮に、天皇を「立憲国君主」としてのみ是認し、そういう限定的な是認のもとに信仰の自由、思想の自由を擁護しようとすれば、確かに柏木の論理は一貫性をもっていると言えよう。

また柏木は、学校教育の場における宗教の扱い方に関しても、自己の信奉するキリスト教をも相対化しつつ次のような優れた見識を示している。

吾人ハ我同胞の挙て基督を信ずるに至らんことを祈るなり然れども政権を以て之を為すハ固とより欲せざる所なり是れ決して為し能はざる所なれバなり吾人ハ我国教育の聖書を以て徳育の基本と為さんことを欲して止まざるなり然れども官公立学校に於て制度上より之を為すハ決して欲する所に非ざるなり是れ政権を以て之を為すものにして決して其目的を達する能ハざれバなり且つ官公立学校ハ諸種の宗教を信ずる公民の共有する所なり此に在て一宗教を以て徳育を施す是れ信仰の自由を妨げあるなり。*029

ここに明らかなように、柏木は公立学校の教育の場に政治権力が介入し特定宗教を「徳育の基本」となすことにも、論理上の歯止めをかけているのである。この柏木の論理は、それ自体としてみれば、西欧近代が形成した政教分離の思想に通ずる正当な論理に違いなかった。

しかしながら、前節での考察に照らして言えば、当代日本の立憲制は装いにすぎず、現実には政治・宗教・教育の癒着に基づく《擬似宗教国家》体制が着々と形成されつつあったのである。その意味で、柏木の認識の射程は帳のうしろにまでは及んでいなかったと言わざるをえない。「衝突なるかな衝突なるかな衝突せざれば衝破することを得ず勅語濫用の弊断じて衝破せざる可からざるなり」*030という柏木の激越な筆鋒が向けられた対象は、「教育勅語」そのものではなく、「勅語濫用の弊」にとどまったのである。

以上、「教育と宗教の衝突」論争を粗略ながら分析してみた。前節での「不敬事件」の分析もふまえて、以下、これら一連の出来事を通じて顕在化した問題相を整理しておきたい。

4．未解決問題の所在

明治国家の基本性格を、一八六八（明治元）年三月一四日の天皇による五ヶ条の誓約（「五箇条の誓文」）という事態にまで遡り改めて考えてみよう。「五箇条の誓文」は、薩長を枢軸とする明治新政府が対内的には公議世論による天皇親政、対外的には開国和親を方針とする新しい中央集権的な統一国家像を、天皇が百官群臣（公卿・諸侯）を率いて「天地神明」に誓うという神道的祭儀のもとに宣明したものである。三月一四日といえば、倒幕軍による江戸城総攻撃が予定されていた三月一五日に一日先立つ。この「誓文」が起草された発端は、「諸藩が現実には権力の単位として存在している当時の状況」のなかで、倒幕を決行するにあたって「新政府としてはその政治的基礎を固くするため、新政府にたいする諸侯の支持を取りつけなければならないという事情」にあった。[*031]

さて、「誓文」の第一条には「広ク会議ヲ興シ、万機公論ニ決スヘシ」と謳われており、新たな国家体制に開明的な性格を与えるために「公論」尊重の基本方針が示されている。「公論」尊重の立場とは一般に、何らかの政治的決定を行うに際して、多様な個別的意思への開放性を媒介とする公共的意思の形成をめざし、「その帰結よりも、その決定に至る過程を重視する立場」である。[*032] しかし、この新たな政治的統合原理としての公論主義の内実はどのようなものであったか。「誓文」とともに出された億兆安撫・国威宣揚の「宸翰」には、「汝億兆能々朕が志を体認し相率て私見を去り公義を採り朕が業を助けて神州を保全し列聖の神霊を慰め奉らしめば生前の幸甚ならん」[*033]と記されていた。また、廟堂の中枢部を占めていた岩倉具視と大久保利通は、一八六九（明治二）年の時点で「廟議」を次のように位置づける。「将来ニ於テモ議事院ヲ設置シ、施政ノ法度ハ衆議ニ附シタル上、廟議一決シ、宸裁ヲ経テ施行セバ、縦令異論百出スルモ、容易ニ之ヲ変更スルコトヲ得ズ。」(『岩倉公実記』中巻)「廟謨前出の如く一定の上は、要路在職の者、各私見を去り、一意に是を奉ずべし。廟議一定事を施すに至りては、異議四方に起り、天下是を非なりと言へ雖屹然として顧るべからず。」(『大久保利通伝』中巻)これらの言葉に照らしてみるかぎり、天皇を擬似超越原理とする明治国家が「公」の独占をいかに強力に推進しようとしたかは疑うべくもない。

すでに「誓文」の第一案である由利公正(三岡八郎)案では、「万機公論に決し、私に論ずるなかれ」(第五条)と記されていた。しかし留意すべきは、この由利原案が、幕末の《処士横議》《言路洞開》の潮流を背景として、統治体制のあり方を個々の藩の枠を越えた場面で論じようとする方向性を宿しており、しかも第一条で「庶民志を遂げ、人心をして倦まざらしむるを欲す」と謳い、広汎な民意を汲み上げようとする発想を示していたということである。[*034]その意味で由利原案は木戸孝允の成案へと直線的につながるわけではない。それに、一八六七年一一月九日(慶応三年一〇月一四日)の大政奉還から一八六八年一月三日(慶応三年一二月九日)の王政復古に至る時期には、「地域的身分的な権力によっては代表しえない挙国的利害関心(いわゆる国民的意思や利益)」を基礎として、新たな公共権力を形成しようとする指向が不徹底ながらも見られた。[*035]

しかし、この「公論」の強調は、「藩的な権力の独自の行使」[*036]としての「私」の否定と表裏の関係にあり、すでに引用した「宸翰」がそうであるように、「ともすれば多様な個別的意思から切り離されて、それ自体として存在する実体概念に置きかえられる傾向」[*037]を内包していた。井上哲次郎が「耶蘇屢々国の事を言へど、皆天国なり、吾人の富強にせんと欲する此地上の国家にあらず、此大日本帝国にあらず」と言いきったとき、彼の断言はこのようなイデオロギー的方向性を増幅したものにほかならなかった。

ところで、E・カッシーラーは、「封建制度という国家的・社会的な秩序、階層性という教会的な秩序が個人を包み込み、彼に対して一回限りの決定的な位置を指定する」中世的なシステムとの対比で、宗教改革の根本理念を次のように叙述している。

> ルターは中世的な信仰論の全体系、確然と規定され、客観的に伝達し得る救済利福による宗教的媒介の体系を廃棄することによって、個人を新しい巨大な課題の前に立たしめたのである。こうして今や個人そのものの中で、物という形で固定され得る助けが何も無くても、無限者との繋がりが達成されることになる。〔中略〕世俗とその秩序に対して、また国家的・社会的生活に対して個人がもつ関係は、彼が宗教的確信という原理の中から自分自身に与えるものだけである。もとよりこういう確信を与えるものは、自己決定という根源的で自律的な行為でなくて、超越的な恩寵の作用である。しかしそれがいったん得られたからには、まさにこの点から、精神的な存在の内容と組織全体を独立のものとして建立することが大切なのである。絶対者との関係においては、意志は自分が拘束されていると感ずるが、まさにそのことによって、それはあらゆる経験的な現実に対する自由、外物と外的権威の強制に対する自由を闘いとるのである。神によって制約されることは、有限な事物とこれから現われる不安定な衝動とに対する無制約性であることが明らかになる。[*038]

このカッシーラーの的確な分析をふまえて言えば、出立点におけるプロテスタンティズムの特質は、絶対者による制約が世俗的現実に立ち向かう個人意思の無制約性へと転換される、その動的転換の地平の創出にあった。そうすると、このプロテスタンティズムの信奉者が自己の信仰を原理的に貫徹するならば、彼の意思を制約する存在としては絶対者たる唯一人格神しかありえず、したがってこの信仰形態は、「万世一系ノ天皇」の神聖性・不可侵性に立脚する「大日本帝国憲法」の条件つき「信教ノ自由」によるイデオロギー的制約とは相容れないはずである。「教育と宗教の衝突」論争で、柏木と並んで優れた見解を示した人物の一人に大西祝がいたが、「耶蘇教が我国家に対する若しくは我国家の教育に対する衝突と云ふよりも、寧ろ我国家内の一傾向（即ち教育等に於ける保守主義）に対する衝突と云ふを当れりとす」[*039]という「当今の衝突論」の一節が物語るように、大西もまた柏木と同じく「衝突」の真相を見抜くことができなかった。大西は同じ論文の中で、「一国家が若し宗教の上に於て其国家の元首以上に尊むべき者なしと云はゞ、其の如き国家と耶蘇教とは矛盾することは勿論なり」[*040]とも述べているが、現実の体制がこうした仮定的表現ではすまされない内実を具えていたことについては縷言を要しないであろう。

内村鑑三は、「不敬事件」後の「不敬」論議及び「教育と宗教の衝突」論争の過程で守勢的弁明に終始した感があるが、その内村も含めて、論争に関わったキリスト教徒（プロテスタント）は総じて「衝突」の捉え方が不十分であった。これに対して井上哲次郎は、「孝悌忠信ノ徳行」と「共同愛国ノ義心」の顕揚に基づく国家主義的教育と、地上のあらゆる国家権力を原理上、内面的に超越するプロテスタンティズムの信仰との対立相を極めて直截に指摘したのである。その意味で、論争の場面で公にされた文書に徴するかぎり、「衝突」の捉え方に関しては井上のほうが正解であったと言わざるをえない。

しかしながら、問題の本質は、単に彼らキリスト教徒の思想的限界を云々することにあるのではない。政治・宗教・教育の癒着による価値支配を彼らに支配と感じさせなかった国家的共同性の存立機制の秘密は何か。彼らキリスト教徒に立憲政治への幻想、即ち個々人の全き自由を保障する立憲政治が現に行われているはずだという幻想、さらには天皇への幻想を抱かせたものは一体、何であったのか。これこそが問われるべき未解決問題である。

天皇の神聖性・不可侵性が喧伝された時代にあって、普遍宗教であるキリスト教の信奉者が、同時に、天皇を主権者とする特殊な国家体制のもとで自らはその「臣民」として人後に落ちないと自己規定しようとすれば、どのような内面的な軋みを引き受けなければならならなかったか。内村が「二ツノJ」――JesusとJapan――という《普遍》と《特殊》をともに自己の生の基軸と考えていたかぎり、「『万国普通』ヲ教フル基督教ハ「個別ノ統一体タル国家」ノ存在ニ危険ナリト主張スル博識ノ人々アリ」[*041]という状況のなかで、彼は《特殊》あるいは「個別ノ統一体」としてのJapanと向き合わざるをえなかった。そしてこの意味のJがその暴力性を露わにした時、それでもJの「臣民」たることに存在理由を見出そうとすれば、Jの中心で帷の奥に鎮座する天皇の意思に一縷の望みを託すほかなかったとしても不思議ではない。

内村が「教育勅語」の捉え方をめぐって天皇を、いわば君側の奸から峻別し、天皇自身は「儀式上の拝戴」ではなく「実行上の拝戴」を重視しているに違いないというように、天皇の意思を忖度する姿勢を示したことは、なるほど後世から見れば、望みを託す対象が実はそれに値しなかったという意味で、幻想でしかなかったと言えるかもしれない。だが、明治二〇年代の日本社会に生きていた当事者にとって、天皇の意思を忖度する姿勢を保持することは、自己の陥った隘路を必死に脱け出すためのこの上なくリアリティを具えた発想でさえあったように見える。けれどもこのような発想は、個々の当事者の意思を深部で規定する共同的意思ないし社会的諸関係の現われでもあるがゆえに、抑圧的な権力支配の仕組みを覆い隠し、個々人に支配を支配と感じさせないほどの威力をもつ。そうした威力を具えた制度・機構、及びそれらを生み出した精神的基盤の総体を、現代日本の我々は執拗に問い直していかなければならないのである。

*001——この「御真影」は一八八二（明治一五）年頃から下付されていた。ただし、すべての学校に対してであったわけではない。模範校の学校長や地方の行政首長が宮内省へ上申書を提出し、「下賜」を願い出るという方式が採られた。「御真影拝戴式」は最大級の学校行事であっただけでなく、地域ぐるみの行事でもあった。「教育勅語」は「御真影」とセットにされて「忠君愛国」の志気を涵養する役割を果たしていく。「教育勅語」の「奉読式」という学校の式典に、地域の行政首長からの通達によって官公吏、議員、有力者とともに生徒の父母、地域住民など成人の参加も要請された。

*002——すでに一八八一（明治一四）年一〇月一二日の「国会開設の勅諭」は国民を「臣民」と規定している（村上重良編『正文訓読近代詔勅集』、新人物往来社、一九八三年、一二〇頁）。その三年前の「駒場農学校開業式に臨幸の際の勅語」（一月二四日）では、「臣民」という言葉は見られず、「國民」という言葉や人民を意味する言葉「生民」が使われており（同書、一一六頁）、慶応四年が明治元年へと改められてから一八七七（明治一〇）年までの「勅語」・「詔」には「人民」・「衆庶」・「国人」・「兆民」などの言葉が散見する（同書参照）。明治一四年の勅諭以降は、「臣庶」「有衆」といった表現も時折使われるが、むしろ国民を「臣民」と規定する発想が目立つ。明治国家の体制的な基礎固めの進行状況がその背景をなすのであろうか。

*003——鈴木俊郎編『内村鑑三著作集』第一八巻、岩波書店、一九五四年、二六六－二六八頁。

*004——士族インテリゲンツィアがキリスト教に入信する場合、儒教のなかでもとりわけ、「天」を人格的なものとして把握する陽明学の素養がキリスト教の唯一人格神の教義を受容する基盤となったことも、見落とせない事実である。この点については、隅谷三喜男『近代日本の形成とキリスト教』、新教出版社、一九七八年、二六－二八頁参照。

*005——安原清輔「神社の宗教的部分を除き取り得るか」、加藤玄智編『神社対宗教』、一九二一年刊、一九三〇年改訂、所収。この改訂版が戸村政博編『神社問題とキリスト教』、新教出版社、一九七六年に抄録されており、引用はその抄録（同書、九頁）に拠った。

*006——このような国家神道に対する行政上の扱い方は、のちに「倫理的変装」（Ethical Camouflage）と称せられることになる。『神社対宗教』の編者加藤玄智は、一九三〇（昭和五）年七月、國學院大學で開催された皇典講究所主催の神道講習会で、「神社対宗教問題より見たる神道の一考察」と題する一連の講演を行い、神道を「宗派的神道」（教派神道）と「国家的神道」とに分けて、教育勅語・軍人勅諭・帝国憲法のごときは「国家的神道の聖典」と称して差し支えないと主張した上で、さらに次のように述べている（戸村編、前掲書、一八－一九頁参照）。「海岸の砲台を観るに、その内容実質に至つては大砲の仕懸けがあるけれども、外部から看れば唯樹木土石等から成る普通の山角水崖のやうに見える、之を砲台の変装又は佯装即ちCamouflageと名づける。之と同じ様に国家的神道の本質内容は〔中略〕日本の国民的宗教であるが、外観如何にも、国民道徳若くは之と結び付いた国家の儀式典礼の様に見える。私は之を呼

んで国家的神道の倫理的変装と名づけるのである。」（同書、二三頁）ここには国家神道の本質的宗教性を糊塗する論法がいみじくも語られている。

なお、国家神道の形成史については主として、安丸良夫・宮地正人校注『日本近代思想大系5　宗教と国家』、岩波書店、一九八八年、大江志乃夫『靖国神社』、岩波新書、一九八四年、村上重良『国家神道』、岩波新書、一九七〇年、同『近代日本の宗教』、講談社現代新書、一九八〇年を参考にした。

＊007――歴史科学評議会、中村尚美・君島和彦・平田哲男編『史料日本近現代史Ⅰ　近代日本の形成』、三省堂、一九八五年、一四三－一四四頁（傍点、引用者）。

＊008――小沢三郎『内村鑑三不敬事件』、新教出版社、一九六一年、七〇頁。

＊009――同書、七〇頁。

＊010――一八九一（明治二四）年三月六日付、ベル宛英文書簡。

＊011――宮川透・中村雄二郎・古田光編『近代日本思想論争』、青木書店、一九六三年、二四〇頁。

＊012――前掲、ベル宛英文書簡。

＊013――宮川ほか編、前掲書、二三八－二三九頁。

＊014――「帝室及祖先に対する敬意」、『基督教新聞』（二月六日）掲載。宮川ほか編、前掲書、二四一頁。

＊015――同書、二四二頁。

＊016――同書、二四三頁。

＊017――村上重良『慰霊と招魂』、岩波新書、一九七四年、参照。

＊018――大江、前掲書、七四頁。

＊019――宮川ほか編、前掲書、二四三－二四四頁。

＊020――「教育と宗教の衝突」『教育時論』（明治二六年一月・二月）掲載。瀬沼茂樹編『明治文学全集八〇　明治哲学思想集』、筑摩書房、一九七四年、一三一頁。

＊021――松本三之介編『近代日本思想大系三一　明治思想集Ⅱ』、筑摩書房、一九七七年、四二一頁、参照。

＊022――松本三之介編『近代日本思想大系三〇　明治思想集Ⅰ』、筑摩書房、一九七六年、二六三頁。

＊023――松本編『明治思想集Ⅱ』、八六頁。以下、『勅語衍義』からの引用は同書に拠った。

＊024――『内村鑑三全集』第二巻、岩波書店、一九八〇年、一二八―一三〇頁。なお、原文に付せられた傍点類は引用に際して省略した。
＊025――一八八八（明治二一）年六月二〇日付、ベル宛英文書簡。
＊026――一八八九（明治二二）年八月二〇日付、ストラザース宛英文書簡。
＊027――小沢、前掲書、三一頁。
＊028――「勅語と基督教」『同志社文学』（明治二五年一一月・一二月）掲載。武田清子編『明治文学全集八八　明治宗教文学集（二）』、筑摩書房、一九七五年、七四―八〇頁より、以下適宜引用。
＊029――「普通教育論」、武田編、前掲書、七二頁。
＊030――「勅語濫用の弊衝破せざる可らず」、武田編、前掲書、八四頁。
＊031――宮川透『明治維新と日本の啓蒙主義』、青木書店、一九七一年、七七頁。松本三之介『日本政治思想史概論』、勁草書房、一九七五年、九九頁。
＊032――宮川、前掲書、八三頁。
＊033――村上編『近代詔勅集』、三〇頁。
＊034――由利原案から福岡孝弟の第二案を経て木戸孝允の成案へと至る過程と各案の特質については次の箇所を参照されたい。宮川、前掲書、七七―八一頁。
＊035――松本、前掲書、一〇一―一〇三頁、参照。
＊036――同書、一〇一頁。
＊037――同書、一〇三頁。
＊038――E・カッシーラー『自由と形式』（中埜肇訳）、ミネルヴァ書房、一九七二年、九―一〇頁。
＊039――宮川ほか編『近代日本思想論争』、二五六頁。
＊040――同書、二五五頁（傍点、引用者）。
＊041――一八九一（明治二四）年三月六日付、ベル宛英文書簡。

第八章

一九三〇年代の日本における「転向」の一様相
――文学者中野重治の軌跡――

本章は、一九三〇年代の日本における「転向」の一様相として、マルクス主義文学者中野重治(1902–1979)の「転向」とその歴史的背景を取り上げ、彼がコミンテルンの支配下にあった当代の日本マルクス主義と、日本資本主義の危機の深化の過程で凶暴の度を強め異端排除の動きを激化させつつあった国家権力の狭間にあって、どのような内面の軋みと苦渋を引き受けねばならなかったか、彼の内面構造に立ち入って考察する。これは、当代日本の知性が直面せねばならなかった課題の一端を照射し、そのことをとおして、思想が思想としての力をもちうるには何が不可欠なのかという、今日においてもなお未解決と思われる問題を問うための道筋を探ろうとする試みであるが、本論に入る前に、本章がとくに考察対象とする「転向」の観念の内実について少し述べておきたい。

藤田省三は「昭和八年を中心とする転向の状況」で次のように述べている。

転向という言葉が、単なる一つの単語としてでなくて、思想上の特別の意味をもって現れてきたのは、大正時代末期、プロレタリア運動の「方向転換」が論議された過程においてであった。このときには、転向という言葉は、支配権力の動向にあらためて屈服するとか、あらためて同調するようになるとかのことを意味するものとして用いられたのでは決してない。〔中略〕山川均《やまかわひとし》の提唱した方向転換を、労働組合主義＝経済主義と革命主義＝政治運動化との「折衷主義」であると批判しながら、「真の方向転換」を主張して現れた「福本イズム」が、「転向」という記号によって、「歴史の普遍法則」における弁証法的「転化」の原理に対して、能動的主体が、自分を積極的に適合させて行く行動を表現したときに、この言葉は、一つのカテゴリーとして成立したといえる。[*001]

周知のように、山川均が一九二二（大正一一）年七・八月号の『前衛』に発表した「無産階級運動の方向転換」は、当時の日本の無産階級運動に見られた「少数の自己陶酔的革命主義の欠陥」を批判し、先覚者を自任する前衛は「大衆の中へ！」というスローガンのもとに「大衆」のなかに「沈潜」しなければならぬと主張した。[*002] これに対して福本和夫は、組合運動と政治運動との相違を不明確にしたまま無産階級の「結合」を図ろうとするところに山川理論の欠陥があると指摘し、「結合」の前の「分離」を提唱して、「私達はいままでは、一段階を飛びこえての先方に、視野をおいたのであった。私達は、今や、一旦後退してこの一段階から現実に踏み進まねばならないのだ。今やこの転向をなすべき瞬間に到達したのだ」[*003]と言う。

このような文脈で案出された「転向」の観念は、やがて「国家権力あるいは日本の支配体制によって逆用され」、「外国の思想に惑はさ」れて「日本の体制に正統な国民哲学を忘れ」た者が、自己批判を通じて「非国民的行動」を改め、自覚的に体制公認の哲学・思想に復帰することを意味するようになったとき、「現代日本思想史に特殊な基礎範疇の一つとしての転向が生まれた」[*004]。のちに見るように、一九三三（昭和八）年の佐野学・鍋山貞親の転向声明がその画期であった。

本多秋五は『転向文学論』のなかで転向の観念を三種に分類している。それによれば、第一は、「共産主義者の共産主義抛棄を意味する転向」、第二は、「加藤弘之も森鷗外も徳富蘇峰も転向者であったという場合の、一般に進歩的合理主義的思想の抛棄を意味する転向」、第三は、「ジィドが共産主義に接近したのも転向といい、ソヴェート同盟に批判的になったのも転向という、あの左右いずれの方向にむかうかをとわず思想的回転一般をさす転向」である。第二の転向については、「一方では外来新思想からの脱却の意味につながり、他方では天皇制への帰順の意味につながり、また東洋的自然主義への溶解の意味にもつながっているようである」と言う。[*005]

この本多の分類も踏まえるならば、転向という観念の外延はきわめて広いが、本章が考察対象とする転向は、上記の第二の意味を含みながらも第一の意味の転向が中心であり、しかもこの場合の「共産主義抛棄」は「国家権力によって強制された思想変化」[*006]である。ただし、「自発的な思想変化という概念を一つの極としておき、特定権力の強制に完全に同調した場合の思想変化をもう一つの極としておくとき、〔中略〕現実に起こる転向の例は、つねに自発性の側面と、被強制性の側面とをもっている」[*007]ことに留意しなければならない。佐野・鍋山の転向にしても、治安維持法に具現された権力の強制性が惹き起こした事態ではあるが、両名の声明文が「日本のプロレタリアートの自覚分子の意見」[*008]であったことは、彼らの「思想変化」の自発性・主体性を物語る。だからこそ時の国家権力がその「思想変化」に雀躍することにもなるのである。

では、中野重治の転向はどのような「思想変化」であったのか、そしてそれは一九三〇年代の日本においてどのような独自性を示したのであろうか。

1・感情生活の孤塁

一九〇二(明治三五)年一月、福井県の自作農兼小地主の家に二男として生まれた中野重治は、金沢の第四高等学校の文科乙類を経て、一九二四(大正一三)年四月、東京帝国大学文学部独逸文学科に進んだが、在学中、折から昂揚しつつあったマルクス主義運動に急速に傾斜していった。以後、一九三二(昭和七)年四月、「日本プロレタリア文化連盟」(=「コップ」)加盟の党員作家として「治安維持法」によって検挙されるに至るまで、中野は新進左翼文学者として、戦前のマルクス主義運動をその最盛期に、しかもその最先端部分において閲歴したのであった。その過程は、中野自身が語っているように、東京帝国大学の学生として上京するまで「昔ばなし」[*009]の世界にひたっていた一介の田舎青年にとって、まことにドラスティックな変貌の過程であった。しかしそれは、独り青年中野だけがたどった過程ではなかった。われわれは同様の青春の軌跡を描いた往時の多くの青年群像を知っている。問題は青春以後にあったと言わねばならない。

一九三二年四月に検挙された中野は、ほぼ二年間の獄中生活の後、一九三四年五月、東京控訴院法廷で、日本共産党員であった事実を認めるとともに、共産主義運動から身を退くことを条件に、懲役二年、執行猶予五年の判決を受けて出獄した。そして彼は同年九月から再び執筆活動を開始する。それは中野にとって、青春以後——「転向」以後と言い換えてもよいが——訪れた新しい局面にほかならなかった。

中野が一九三一(昭和六)年七月に発表した「詩の仕事の研究(その一)」(『プロレタリア詩』掲載)によれば、『ナップ』[*010]四月号に掲載された森山啓の「早春」と題する詩が作家同盟の詩研究会で、大要、次のように「批判」されたという。この詩は悪い詩だ。階級闘争がこのように激化しつつある今日、党のスローガンも掲げず、鳥だの草の芽だの言ってるとは、何事か。切迫した今日の情勢下に、早春などというイメージが頭に浮かぶことからしてけしからん!

というように。[011] ここには多少の脚色はあるかもしれないが、今はその点は括弧に入れてよいかと思う。要は、そうした「批判」のあり方に触発されて中野が披瀝した見解がどのようなものであり、そしてそれが当時の状況のなかでどのような意義をもちえたか、ということなのである。

一九三一年といえば、「日本共産党政治テーゼ草案」が採択された年である。この「草案」は、「一八六八年の明治革命」を「疑いもなく資本主義発展の途を開いたブルジョア民主主義革命であった」と位置づけるとともに、今や「全ては日本において社会主義革命の前提条件が急速に内熟しつつあることを示す」という情勢判断に立って、来るべき革命の性質を、「ブルジョア民主主義的任務を広範に抱擁するプロレタリア革命」と規定したものであった。[012] 一九二九年に始まる世界経済恐慌によって増大した日本資本主義体制の危機と、それを反映した官憲による相次ぐ弾圧によって、日本のマルクス主義陣営内に革命幻想が生まれ、そこから極左冒険戦術を合理化する戦略方針として、この「草案」が採択されたのである。中野はそうした状況を背景としながらこう語った。

> 僕らはここで、当の「批判者」たちが主観的に党を尊敬していたり革命的労働組合を支持していたりすることに文句を言うものではない。しかし彼らが、そうしたひとりよがりの主観でもって、客観的には党を侮蔑し、労働官僚と協同してプロレタリアートの革命的組織を労働大衆から切りはなすことに狂奔してることを確認しなければならぬと言う。
>
> この種の「批判者」の註文どおりに詩をつくっていたらどんな詩ができるか、それを知りたければ僕ら自身の最近までの詩を見るがいい。〔中略〕（僕自身のことは一番よくわかるから言うが、その恰好の見本の一つが僕の「夜刈りの思い出」なのだ。）馬鹿な母親たる僕らは、いろんな婦人雑誌や安産教科書を読んできて、かちかちの注射

薬や胎教やを胎児につぎこんだ。この結果玉のような子供を安産したが、その子供はかんじんかなめのうぶ声をあげなかった。なんと馬鹿な母親。しかもそれを、「この国における革命運動への絶えまない関心と、それを理解するための相当高い共産主義的教養と」の自称資格においてやってきたのだ。つまり、この場合の関心とか教養とかいうことを全く機械的に理解して、それは詩のなかへスローガンを書きこむことだ、そして勤労する人間の広い感情生活をできるだけせばめ、なろうことなら感情生活そのものを、つまり生活そのものをなくしてしまうべきだと考えたのだ。その挙句に出来たのが形だけの詩、うぶ声を立てぬ死児だったのだ。[*013]

中野がここで見本として挙げている自分自身の詩「夜刈りの思い出」は、「奴らの一家眷属を掃き出してしまえ」や「待ってろ極道地主めら」などの詩とともに、最悪の作に数えられてしかるべきものであった。それらは総じて、詩とは言い難く、「革命運動への絶え間ない関心」の美名のもとに、被抑圧感情が野放しのまま、抑圧者に対する剝き出しの憎悪へと増幅されて生まれたものであった。ここには、革命の衝迫観念に身を委ねて、かつて自らも文学作品の類型化に加担してきたことへの中野自身の率直な反省が吐露されている。

中野の伝えるところによれば、森山啓の「早春」の「批判者」たちはさらに次のように述べ立てたらしい。自然を眺めて喜びを感じたり、子供の死に接して泣きながら骨上げするのはプチ・ブル的だ。われわれの同志のある者は刑務所に呻吟しつつあり、またある者は親の死目にも逢えず、地下の密室で二年も三年も同志に配布すべきプリントを刷っているではないか、と。[*014] このような上ずった革命的言辞に、中野は強く反論する。

しかしいったい誰が僕らに親の死目にも逢わせないのか。だれが、時あって僕らに、わが子の骨上げもできないように強制するのか。だれがわれわれに一すじの日光も与えず、二年も三年も一片の青ぞらも見ることなしに密室に閉じこめておくのか。僕らは元より豊富で複雑な生活を要求する。僕らが人間的欲求の満足をすべて押えられ、資本家のための機械の一部にされていることに反対する。そのためにこそ時あって、二年三年の長いあいだ草木の芽生えを見ないことをも承知するのだ。だから僕らの自然に対する要求は全く強い。冷たい葉っぱにほてった頬をさわらせたり、涼しい木かげで打ちとけて話し合ったり、海水や河水をあびたり、季節季節の祭の催し物をしたり、そういうすべての天然の、自然の、鳥やけだものや草木やの眺めをほしいままにしたいし、せねばならぬのだ。〔中略〕機械論者は言うのだ、「あらゆる場合にスローガンを押しつけろ。」そうしてこのスローガンは、機械論者によれば、労働者を機械の一部にすることが革命事業だと思っているプロレタリアートの党のかかげるスローガンなのだ。[*015]

中野のこの昂然たる口吻には、平林初之輔の「政治的価値と芸術的価値」(『新潮』一九二九年三月)に端を発する、いわゆる《芸術的価値論争》で、「芸術に政治的価値なんてものはない、芸術評価の軸は芸術的価値だけだ」(「芸術に政治的価値なんてものはない」、『新潮』一九二九年一〇月)と言い切って、議論そのものに冷水を浴びせるとともに論者を一喝した中野重治の面目が躍如としている。少くともここには、党を《物神化》することによって、革命運動を声高なスローガンの提唱か、それとも隠微な地下活動への潜行かに解消しようとする平板で硬直化した路線から、意識的に逸脱することを辞さない中野の姿勢があると言ってよい。中野は自らの感情生活の孤塁を守りつつ、あるべき党の姿を模索していたのではなかろうか。

平板で硬直したマルクス主義の路線は、中野も指摘するように、「詩がプロレタリアートにもっと緊密に結合しようとしたその点から」、すなわち、革命的な衝迫観念の直接性から出来した禁欲現象にほかならなかった。当代日本のマルクス主義者を呪縛した「政治の優位」の原則とは、個々人の心情の総体を「唯一なる前衛」信仰のもと、《物神化》された党へと一括して仮託する心情体系に根差したものであった。この心情体系の構造と、意識から独立した社会的物質の客観的な運動法則の連鎖に歴史の必然性を洞察し、それを推進する役割を労働階級と前衛に帰するマルクス主義本来の立場とは、微妙に交錯する。「我々の前に横はる戦線はたゞ一すぢ全無産階級的政治戦線あるのみなのである。そこに、その中に、特に芸術戦線なるものはあり得ない」[*016]と中野が言うとき、それが個々人の心情の総体を党へと一括して仮託する心情体系の呪縛から発せられたものか、あるいはそれとも、意識から独立した社会的物質の客観的な運動法則の承認に立つマルクス主義の原則に基づいて発せられたものか、微妙であると言わざるをえない。ただ少くとも中野には、個々人の感情・欲求を平板な一般原則によって機械的に裁断することにためらいがあったかに見える。それは文学者としての中野の美意識に根差したものと言えようか。

かのマルクスはさすがに、次のような一節を書き留めることを忘れなかった。「けれども困難は、ギリシャの芸術や叙事詩がある社会的な発展形態とむすびついていることを理解する点にあるのではない。困難は、それらのものがわれわれにたいしてなお芸術的なたのしみをあたえ、しかもある点では規範としての、到達できない模範としての意義をもっているということを理解する点にある」[*017]と。

そしてそれから約七〇年後の一九二四年五月九日、トロツキーはロシア共産党中央委員会文学会議の席上、ラスコリニコフなる人物のダンテ評論に手厳しい反論を加えたのである。「彼の意見によると『神曲』はわれわれにとって特定の時代の特定の階級の心理を理解させるという点でまさに値打ちがあるということになる。問題をこんなふうに立てるということは、『神曲』を芸術の分野から抹消してしまうことを意味する。〔中略〕『神曲』には芸術作品として、わたし自身の感じ、気分に語りかける何ものかがあるはずなのだ。ダンテの喜劇は、わたしを押さえつけ、ペシミズムをつぎこみ、意気消沈させるかもしれないし、また逆に、わたしを起ち上らせ、勇気づけ、激励することになるかもしれない……。そう、まさにこれこそ芸術作品と、読者とのあいだの根本的相関関係なのだ。[*018]」中野が詩のあり方をめぐって論じたとき、事柄の本質を直視しようとしたがゆえに、この二人の偉大な革命家が囚われたにちがいない困惑を幾分かは共有していたと言えるかもしれない。

ただ、中野が次のような自己主張、すなわち「天体の運行をうたい、自然の移行きをうたい、太陽の美しさや蕾のひらく姿をうたい、魚や虫や煙をうたう。それは僕らが、裏切りものにたいする憎悪やおしゃべりの機械論者にたいする侮蔑やをうたうのと違わない。それは僕らが、革命の動乱をうたい赤旗をうたうのと違わない[*019]」という主張の裏側に二様の意味で陥穽が潜んでいることに気づいていたであろうか。つまり、一つには、このような主張が被抑圧者の感情の単なる直叙的表現にとどまりかねないという意味で、いま一つには、自然の景物や芸術作品の美、あるいはそれに惹かれる人間の内面を表現することと、「革命の動乱」を表現することとは、必ずしも同じ地平で営まれうる作業でないにもかかわらず、このような主張は両者の短絡を招きかねないという意味で。もしこの二つの作業が容易に結合しうるものであるとするなら、おそらくマルクスもあの困惑に当面することはなかったであろうに。「おまえは歌うな／おまえは赤ままの花やとんぼの羽根を歌うな／風のささやきや女の髪の毛の匂いを歌うな／すべてのひよわなもの／すべてのうそうそとしたもの／すべてのものうげなものを撥き去れ／……[*020]」と直叙的に「うたう」中野が、上に述べた二様の意味での陥穽に、はたして十分自覚的であったかどうか、疑問は拭えない。

しかし、革命運動における人間の感情生活の位置づけについて、中野はなにほどかを摑んでいたように見える。

そのかぎりで中野の主張は、所論の展開の仕方によっては、《革命と文学》という、当代の知性が向きあうことを余儀なくされた一つの根本問題の解明に寄与しうる可能性を孕んでいたと言えよう。それを認めるがゆえに、われわれは中野の表現行為が含んでいた両義性を指摘せざるをえないのである。

中野が農民の生活を描いた作品のなかには、階級闘争を素材とし、革命運動に邁進する人間を描写した作品に比べて、はるかにいきいきと人間を造形しえているものがいくつかある。一九三二年一月に『新潮』に発表された「善作の頭」(『中野重治全集 第一巻』所収)という短編はその一つに数えられるであろう。いまとくに注目したいプロットの概略はこうである。

村人たちがめでたい行事の準備をしているとき、末太と喜吉という二人の大人が突然、殴り合いを始めた。周囲から宥められ喧嘩がやみ、末太が去ってしまうと、それまで突っ立っていた喜吉はいきなりしゃがみこみ、「うらあ天皇陛下に一つ足らんのじゃあ」「それさえなけりゃ負けんのじゃ」と、泣き出した。そこに居合わせた幼い善作は、その意味が呑み込めず、不気味なものを感じた。喜吉の挙動について父親に尋ねたところ、末太は兵隊に行ったが、喜吉は兵隊に取られなかった。それで天皇陛下に対する勤めが一つ足らんと言って泣いたんだろうと、父親は答える。だが善作には、兵隊に行けなかったことが、なぜ天皇陛下への勤めを欠くことになるのか、そしてまた、それが勤めを欠くことだったとしても、なぜそのせいで喜吉は末太との喧嘩に負けねばならなかったのか、なんとも不可解であった。

農民の生活の実相に肉薄しえた者でなければ、おそらくこの種の人間像を造形することは叶わなかったであろう。兵隊に取られたか取られなかったかということが、世の大人に屈折した言動を惹き起こす。そのさまを善作は目の当たりにして、不気味さと不可解さの入り混じった想いにとらわれる。「前衛」を自任する革命的インテリゲンツィアから見れば、末太や喜吉の生きている世界は啓蒙されるべき遅れた矮小な世界でしかなかったであろう。しかしながら中野は、ここでは「前衛―大衆」という二分法に立った対し方をしていない。というよりはむしろ、そういう対し方の無意味さを暗示しているようにも見えるのである。中野は善作の抱いた不気味さと不可解さの感覚を、文学者としての自らの活動の視座に据えようとしたのではなかろうか。

中野にとって農民は、どこまでも内なる民衆であった。内なる存在であったからこそ、彼において民衆に対するアンビヴァレントな感情が培養されえたのである。一九二五（大正一四）年二月に発表された詩「たんぼの女」（『裸像』）に登場する生徒は、懐かしげに言葉をかけてくる遊女たちのなかへ入っていきたかった。それなのにこの生徒は、「さよなら」を告げて帰らねばならなかった。しかし、もし中野が万感をこめて民衆の世界に「さよなら」を告げようとするならば、筵に座って束の間の憩いを楽しむ遊女や、天皇陛下に対する勤めの不足から泣きじゃくる喜吉が担っていた日本の伝統とともに重い存在様式に拮抗しうる思想的骨格を、文学の場で鍛え上げていかねばならなかったはずである。

2．「転向」とは何か

❶佐野・鍋山の「転向」声明

つぎに、中野重治の「転向」を考察するための一つの予備作業として、一九三〇年代の日本における知識人「転向」に先鞭をつけた、かの佐野学・鍋山貞親の「転向」声明（「共同被告同志に告ぐる書」）にふれておきたいと思う。

日本共産党幹部佐野学と鍋山貞親が一九三三（昭和八）年六月、獄中から行った声明は、コミンテルンおよびその支配下にあった日本共産党からの離脱を表明したものであった。一九三一（昭和六）年九月に勃発したいわゆる「満州事変」以降、日本共産党は戦争政策に対して積極的抵抗の姿勢を示す唯一の社会的な存在となった。その日本共産党の指導的地位にあった人物の「転向」声明は、「治安維持法の改訂に優ること万々」と、司法当局をして勇躍せしめた。この「転向」声明が、共産主義者に対する「思想教化」の好材料として、司法省行刑局の手で全国の刑務所に配布された結果、ほぼ一ヶ月後に未決囚の三〇パーセント、既決囚の三六パーセントが相次いで「転向」を上申する事態が出来したと言われている。*021 この声明が共産主義者の大量転向の口火となった理由は、それが革命理論の放棄ではなく、日本固有の土着の革命理論への積極的な転身を志向した点で、革命運動からの脱落意識、ないしは革命運動に対する裏切りの意識から共産主義者たちを解放するという役割を演じ、そのことをとおして、空虚であることを免れなかった当時の「プロレタリア国際主義」の呪縛から彼らを解き放つという効果をもちえたからであった。

それにしても、一片の文書が大量転向を促す要因として働いたことについては、それを受け入れる素地が多くの日本のインテリゲンツィアの内部に潜在していたからであると、考えざるをえないであろう。

「共同被告同志に告ぐる書」は、「コミンターンが日本の特殊性を根抵的に研究せず、ヨウロッパの階級闘争の経験殊にロシア革命の経験にあてはめて日本の現実を引きずって行く傾向〔中略〕昨年五月発表の日本問題新テーゼ〔「三二年テーゼ」――引用者注〕はかかる傾向の頂点を示して居る」*022 と言う。事実、この時すでに、ロシア共産党の指導権は完全にスターリンの手中にあり、コミンテルンは世界革命のための国際的組織からソ連邦防衛のための組織へと変質しつつあった。*023 そのような意味で、コミンテルンが「告ぐる書」の指摘するような傾向を帯びていたことは否定できない。しかしながら「告ぐる書」のように、「日本の現実を引きずって行く傾向」の「頂点」を示しているということだけで、「三二年テーゼ」を捉えるとするならば、それが日本近代思想史に投じた意義を過小評価することになろう。

「三二年テーゼ」は「天皇制」を次のように把握している。「日本の天皇制は、一方では主として地主として寄生的封建的階級に立脚し、他方では又、急速に富みつつある強欲なブルジョアジーにも立脚し、これらの階級の棟領と極めて緊密な永続的ブロックを結び、仲々うまく柔軟性をもって両階級の利益を代表し、それと同時に、日本の天皇制は、その独自の、相対的に大なる役割と、似而非立憲的形態で軽く粉飾されているに過ぎない、その絶対的性質を保持している。〔中略〕その粉砕は日本における主要な革命的任務中の第一のものと看做されねばならぬ。[*024]」同テーゼはこのような判断に立って、「日本における当面の革命の性質は、社会主義革命への強行的転化の傾向を持つブルジョア民主主義革命と規定される[*025]」と断定した。

今日から見て「三二年テーゼ」は、天皇制を日本の民衆に対する権力支配の機構の面において把握するのみで、天皇制という名の支配機構の補完物として作動した民衆の存在様式の把握にまで迫りえてはいない。しかしながらこのテーゼは、それまで超歴史的な価値の体現者として日本の民衆に君臨し続けてきた「天皇制」に、「絶対主義」という歴史学的範疇を適用することによって、それを歴史的に相対化する方向をはじめて打ち出したという意味で、画期的な意義を担うと言えよう。

それでは、この「三二年テーゼ」を採択したコミンテルンと日本共産党に対する佐野・鍋山の批判は、どのような方向に革命理論の再編成を構想したのであろうか。佐野と鍋山は、「日本の優秀なる諸条件を覚醒したが故に、日本革命を何者の犠牲にも供しない決心をした[*026]」と述べているが、彼らの言う「優秀なる諸条件」とは、一体、何であったのか。

日本民族が古代より現代に至るまで、人類社会の発達段階を順当に充実的に且つ外敵による中断なしに経過してきたことは、我々の民族の異常に強い内的発展力を証明してゐる。また日本民族が一度たりとも他民族の奴隷たりし経験なく、終始、独立不羈の生活をしてきたことの意義は甚だ大きいのである。之に培われた異常に強固な民族的親和統一と国家秩序的生活の経験とは、内面的に相聯関して、日本の歴史上に生起した数次の階級勢力交替の過程を、他の異民族的支配と経済的搾取と政治的圧伏とが錯綜せる国々に見られる如き、階級闘争の原始的な、絶望的な、惨烈的な過程とは著しく異ならしめて居る。[*027]

このように佐野と鍋山は、「日本民族」の「異常に強い内的発展力」、「異常に強固な民族的親和統一と国家秩序的生活の経験」の超歴史性を顕揚しつつ、「この歴史的に蓄積された経験は、今日の発達した文化と相俟ち、新時代の代表階級たる労働階級が社会主義への道を日本的に、独創的に、個性的に、且つ極めて秩序的に開拓するを可能ならしめるであろう」と、「一国的社会主義建設の道」を描き出す。[*028]

そして彼らは、上述のような言辞を連ねることによって「天皇制」への全面的な追従の論理を導出する。「日本の皇室の連綿たる歴史的存続は、日本民族の過去における独立不羈の順当的発展——世界に類例少きそれを事物的に表現するものであって、皇室を民族的統一の中心と感ずる社会的感情が勤労者大衆の胸底にある。我我はこの実感を有りの儘に把握する必要がある[*029]」、「我我は大衆が本能的に示す民族意識に忠実であるを要する[*030]」と。一九三三年の時点でこのように主張することは、「満州事変」以来の、中国大陸への日本の帝国主義的な侵略行為を全体として補完する役割を演じた日本の民衆の存在様式を、無条件に肯定する機能を果たしたはずである。

誤解を避けるために言っておきたいが、よしんば日本の「大衆」の胸底に「皇室を民族的統一の中心と感ずる社会的感情」が潜んでいたとしても、われわれがそれを単なる迷妄として嗤い去る対し方をするかぎり、それなりに自足したこの「社会的感情」の実相に一指だに触れることはできまい。けれども、このことからただちに、日本の「大衆」を、そのあるがままの様態において真実を担う存在であると考えるならば、われわれは思考の短絡を犯すことになるであろうし、また人間は、なにびとも真実を担う存在たりうる一方で、いくらでも蒙昧な存在と化する可能性があるという、理性的有限者に固有の可変性を見落としてしまうことになるであろう。この点は、歴史を生きるわれわれ日本の民衆のひとりびとりが、最低限の了解事項として銘記しておかねばならない事柄である。

コミンテルンが掲げた国際主義を批判すること自体は一面の真理を含んでいたであろうが、その批判が何故に、「大衆が本能的に示す民族意識に忠実であるを要する」という主張へと短絡しなければならないのか。この「転向」声明の筆者たちは、近代日本のインテリゲンツィアの多くがそうであったように、「大衆」を自らの外なる存在であると私念し、その存在様式は前近代的で対決するに値しないものだと臆断することによって、知識の架空の階梯を昇っていったにちがいない。そうしてひとたび、民衆の存在様式が国家権力と野合することによって、やがて彼らの内部で、ある確かな実体性を形作るに至ったとき、彼らにおける当初からの「大衆」への侮蔑は、そのまま裏返しに、「大衆」への拝跪という無残な事態を招来したのではないか。少くともここで言えるのは、コミンテルンの「理論」を無条件に信奉することと、「大衆」の「実感」の前に拝跪することとは、錯誤という点ではまったく等価であり、佐野・鍋山の「転向」は、前者から後者への単なる振り子運動にすぎなかったということなのである。

それでは、中野重治における「転向」はどのような内面構造をもち、したがってまたどのような問題を今日のわれわれに開示しているのであろうか。

❷小説「村の家」

一九三五（昭和一〇）年五月、「転向」後の中野が発表した小説「村の家」（『中野重治全集　第二巻』所収）の主人公高畑勉次は、作家であった。非合法組織に加担して政治活動をしたかどで、彼は刑務所に収容されたが、やがて発病した。官憲の強制下、さまざまの恐怖に戦きながら、自分が非合法組織に加担していたことだけは自白しようとしなかった。しかし、自らの病名が肺浸潤であることを知ったうえ、事あるごとに上京して奔走してくれる病気がちの老父にいとおしみを彼は覚えるようになった。弁護士の忠告もあって、彼は「問題の点」（非合法組織に加わっていたこと）を自白することにし、懲役二年、執行猶予五年の判決を受けて出獄した。

彼の父親孫蔵は永く小役人生活をしたのち、生命保険の代理店を営み、村では正直者で通っていた。高度ではないが、おとなしい教養を身につけ、子どもたちの世界に控え目な理解を示した孫蔵は、三町足らずの自作農兼小地主という地位も手伝って、家族、縁者だけでなく村人からも尊敬されていた。

勉次が帰郷して一週間ほど経ったある晩、父親は母親クマに席をはずすよう、険しい口調で言った。クマが不服気に外の暗がりに出ていくと、孫蔵は勉次にも酒をすすめながら、家族のこと、家の資産のこと、生活費や借金のことについて、いつになく長々と弁をふるった。それは、勉次が一方で恐れ、他方では聞いてしまいたかった「家の話」であった。そのうち、いくらか酔いが回ったところで、話の中心が勉次の「転向」へと移っていく。孫蔵の言い分はこうであった。お前が「転向」したと聞いたときには、おっ母さんも尻餅ついて仰天した。すべてが遊びじゃなかったのか。ブルジョアと言われる者のなかにも、もっと修養のできた人間はたくさんいる。本だけ読み、多少、物を書いたりしても、修養ができなきゃ、何にもならない。お前が捕まったと聞いたときには、お父つぁんらは、お前は死んでくるものと観念し、いっさいを処理してきた。小塚原で骨になって帰るものと思って、万事やってきたんだ。これが孫蔵の言い分であった。

勉次はただ機械的に酒を口に運ぶだけで、心にたじろぎを覚えざるをえなかった。それもそのはずであった。さまざまな屈託を封じ込めて市井の片隅で日々をすごす民衆の存在様式が、その全重量感をもって彼に迫ってきたからである。父親孫蔵が求めたのは、つまるところ、修養に裏打ちされた言動の首尾一貫性であった。そうであるとすれば、どんな理由があろうと、とにかく「転向」すること自体が悪であり、倫理的な負性を帯びた振舞いなのであった。父親から見れば、人の先に立って、革命だ、階級闘争だとがなってきた息子が逮捕された以上、当然の報いとして死がやってこなければならなかった。それなのに、息子は節を曲げて、おめおめと帰ってきたのだ。そうであるからには、もう文筆を断念させなければならない。「転向」の言い訳を書き連ねるなどは、父親にとって我慢のならないわざくれであった。

そこで孫蔵は、無言のままの勉次に、今まで書いたものを生かしたけりゃ、筆を捨ててしまえ、百姓せえ、土方でも何でもやって、そのなかから書くものが出てきたら、そのときにゃ書くもよかろう、と畳み掛ける。これは一実生活者の「七十年の経験」から割り出された、重い主張に違いなかった。父親の前で勉次は、自分の視野の狭さを痛覚させられ、仕事仲間に感じていた責任と同質のものを父親に対して感じていなかった自分を発見して、耐えがたい思いのうちに沈まざるをえなかったのである。

しかしながら、勉次の父親の存在と主張を離れて、ひろく人間の生き方を考えようとするとき、「転向」は悪で、「非転向」は善であるという明快な論理は、にわかに存立根拠を失ってしまうのではないだろうか。むしろ問われるべきは、いかに「転向」したか、いかに「非転向」を貫いたかということではないのか。勉次が父親の主張に違和感を覚えるのは、そういった疑問を彼が抱いて父親に相対する局面においてであった。「どうしるかい?」と詰問された勉次はどう対応したか。「勉次は決められなかった。ただ彼は、いま筆を捨てたら本当に最後だと思った。彼はその考えが論理的に説明されうると思ったが、自分で父にたいしてすることはできないと感じた。彼は一方で或る罠のようなものを感じた。彼はそれを感じることを恥じた。それは自分に恥を感じていない証拠のような気もした。しかし彼は、何か感じた場合、それをそのものとして解かずに他のもので押し流すことは決してしまいと思った。〔中略〕自分は肚からの恥知らずかも知れない。しかし罠を罠と感じることを自分に拒むまい。もしこれを破ったらそれこそおしまいだ。」彼はそう思った。そして、「よくわかりますが、やはり書いて行きたいと思います」と答えたのである。

大衆が本能的に示す民族意識に忠実であれと、臆面もなく「日本プロレタリアートの自覚分子」の資格で主張するに至った佐野・鍋山と比較すれば、この勉次は人間としてははるかに真摯な対応を示したと言えよう。勉次が今後も《書く》とすれば、それは、孫蔵の生活感情のみならず、夫と息子のやりとりを前にしてただおどおどせざるをえなかった母親クマの感情世界をも包摂するような表現行為でなければならないことが、作品「村の家」の末尾では暗示されている。この場合、包摂するとは、日々の穏やかな暮らしを大切に思う実生活者の論理に屈服する側面と、「罠」の実感をバネとして、その論理に対決する側面との緊張関係を自ら引き受けるということにほかならない。勉次には何の自信もなかったが、もし彼が再生をめざそうとするならば、そうした緊張関係を引き受けなければならなかったはずである。吉本隆明はその「転向論」で、孫蔵の糾問に「日本封建制の優性遺伝の強靭さと沈痛さ」を看てとり、勉次はそれへの屈服を自らが真に対決すべきものの実体を摑みとる契機に転化していると指摘する[*031]。

ところで孫蔵は、勉次を前にして、共産党が生まれるのは当たり前かもしれないが、たとえレーニンをもってきても、日本の天皇のような魅力を人民に与えることはできまいとも語った。その点、「村の家」の孫蔵と「善作の頭」

の喜吉は感覚的に通底しているように見える。ただ、これらの人物に対するに、善作は大人たちの言動に不気味さと不可解さを抱くにとどまったが、勉次は打って変わって、父親の手厳しい詰問に身をさらさねばならなかった。

そのような意味では、中野にとって「転向」はやはり「昭和九年以来の問題」[*032]であったと言えるかもしれない。

❸「第一義の道」を求めて

さて、中野がいわゆる《転向論争》において、直接には貴司山治の「文学者に就て」（『東京朝日新聞』一九三四年一二月一二日－一五日掲載）への批判として執筆した論考「「文学者に就て」について」（『行動』一九三五年三月掲載）は、「村の家」の勉次の、「いま筆を捨てたら本当に最後だ」という実感にいくらかでも論理的な照明を当てようと試みたものである。もっとも、この《転向論争》なるものが起ったきっかけは板垣直子の発言（「文学の新動向」『行動』一九三四年九月掲載）にあったから、まずその発言の趣旨をうかがっておく必要があろう。

板垣は、獄中で「転向」を表明した日本のプロレタリア作家の「節操」の問題を中心に据えて、次のように主張した。「プロレタリア作家は、思想的に生きる限り転向することはありえない筈だ。部分的修正は可能であろうが、生活の態度を根本的に変化することは不可能である。しかるにもし転向が行われたとすれば、彼は本能に執着しそれに道を譲ったまでゝある。かかる第二義的種類の生活者から一義的な文学が――何れの意味からも――生れるであろうとは想像できない。〔中略〕「転向」によって、自己の中の「作家」を生かすのだという見解がある。しかし我々の解釈法による理性的な人間の信念そのものゝ消失した以後には、真の全幅的な作家活動はありえない。だから今後の作家の生活は〔中略〕売文渡世に過ぎないであろう」[*033]。この板垣の主張は、「転向」して帰郷した息子に筆を絶て、と迫った「村の家」の父親の論理と同質のものであり、それなりにきわめて筋の通ったものにちがいなかった。

杉山平助（「転向作家論」『新潮』一九三四年一一月）は、こういった板垣の主張を半面では容認しつつ、転向作家に同情的な口調で、「物分りのいゝ常識的見地から云へば、転向者らをあまりに酷烈に批判してみたところで仕方がない。彼等は、何も欺偽や泥棒のような悪事を、積極的に働いたというわけのものではない。たゞちっとばかり道徳的性格が、弱かったというだけのことである。そして、その程度の弱さは、我々並びに我々身辺の殆ど大多数の持ってる程度の弱さなのだ」[*034]と発言した。しかし事の本質は、けっして杉山が言うような人間の「道徳的性格」の強弱に関わる次元にはなかった。また大宅壮一のように（「転向讃美者とその罵倒者」『文芸』一九三四年一一月）、「「転向作家」の思想を云々する芸術派に、これまでどんな思想があったか、また現在あるか」[*035]といった、反問にもならぬ「反問」を投げつけたり、さらにまた宮本百合子のように（「冬を越す蕾」『文化集団』一九三四年一二月）、自らを優位な立場に置き、「私たちの現実として負わされているこの革命的階級性以前の自己の弱さ、自分ながら自分の分別の妥協なさに堪えかねるようなところに彼らがうちまけている」という意味も含めて、転向者たちに「くちおしい気がする」[*036]といった対し方をするところにもなかったのである。

貴司はこれらの所論を受けて、「余人はしらず、僕は板垣氏の丸太ん棒のようなこの非難をわが身に引きあてて、正直な話、胸のすくような思いがした」と言いつつ、「だが政治戦線の落伍者と違って、文学者の転向には他に大きな一つの理由があった。それは再び自由を得、政治的には一応生命を失いながら、作家として生くべき道があり、その道に生きようと決心するに至ったことである」[*037]と主張する。それならば、貴司の言う「作家として尚生くべき道」とは、どのような道であったのか。彼の考えはこうである。

われわれは、ころんでもおきてもつねに大衆の前にいるのだということを忘却してはならぬ。二三の批評家の眼はくらますことができる。しかし、大衆の眼を欺くことはできない。大衆の前に正直になること、ありのまゝになり、その裁断に身をさらすこと、このことから、なお文学者として生きようと決心した敗北の瞬間が更生へと転化して行くのだ。

では、転向作家の文学者としての更生とは何か？

それは文学の仕事において、われわれはなおブルジョア文学に優位する方法と理論を失ってしまってはおらず、特にその方法による作品の制作において、文学全体を前へおしすすめることができる自信を持っており、この仕事に自己を就けるということである。[*038]

貴司のこの主張にうかがわれるのは、佐野・鍋山の道行きと通底する錯誤であり、「大衆」に対する優越感・選民意識の裏返し以外の何ものでもない。「大衆」は、一人の自称文学者の生き方にかかずらうにはあまりに多忙であったはずである。それにしてもこのすさまじい「自信」と唾棄すべき選民意識は、一体、どこから生まれるのか。

中野はこのような「自信」に満ちた貴司の文章に接して、皮膚を逆なでされるような思いを味わったのであろうか、貴司の認識の甘さを痛烈に衝いた。

転向作家が転向によって失ったのは第一義的生活であって第二義的、第三義的生活はまだ残されていると見るなぞは甘い考え方である。彼等は（僕等は）、第一義を失ったことで第二義も第三義もすべて一挙に失ったのである。それは彼等が、それまで、社会的に第一義的に生きることを自己の第一義的生き方としていたからである。〔中略〕問題はそこから再び這いずり上がることにあるのであるが這い上がる目標は絶対に第一義的作家生活に置かれるべきであり、置かれずにいることは出来ないのだ。〔中略〕もし目標を第一義に置かないとすれば、それは第二義にも第三義にも第十義にも置かないことであり、第一義から堕ちたこと即ち転向そのことについて頬冠りすることである。[*039]

中野にとって「転向」とは、「第一義から堕ちたこと」以外ではなかった。だからこそ中野は貴司に向かって、板垣の糾弾を真正面から受けとめることの必要を強調し、次のように主張せざるをえなかったのである。

君の書いたものに現れている限りでは、僕も彼女の言葉を正しくないと思っている。しかし彼女が、「転向作家は転向するよりも転向せずに小林〔多喜二〕の如く死ぬべきであった」といった時、彼女の求めたものは転向作家の死ではなくて第一義的な生活であったこと、彼女の言葉が片寄ったものであったとしても、その片よった表現へ彼女を駈りたてた激情の源泉に対して彼女が強い肯定の立場に立っていたことは君自身見逃していはしないか?[*040]

板垣の発言に、というよりもその発言を超えて本質的な問題提起を読み取ったのは、《転向論争》に加わった者のなかで独り中野重治のみであった。「第一義的生活」という言葉を中野が発するとき、それは中野にとって、敗北の沼地に果てしなく引きずり込まれていくのを回避するために、どうしても求めるほかない機軸を意味していた。彼は言う。

弱気を出したが最後僕らは、死に別れた小林の生き返って来ることを恐れ始めねばならなくなり、そのことで彼を殺したものを作家として支えねばならなくなるのである。僕が共産党を裏切りそれに対する人民の信頼を裏切ったという事実は未来にわたって消えないのである。それだから僕は、あるいは僕らは、作家としての新生の道を第一義的生活と制作とより以外のとこには置けないのである。もし僕らが、自ら呼んだ降伏の恥の社会的個々的要因の錯綜を文学的綜合の中へ肉づけすることで、文学作品として打ち出した自己批判を通して日本の革命運動の伝統の革命的批判に加われたならば、僕らは、その時も過去は過去としてあるのではあるが、その消えぬ痣を頬に浮べたまゝ人間および作家として第一義の道を進めるのである。*041

中野が機軸として想定した「第一義の道」がどのようなものであったか、右の文章にうかがうことができよう。彼はそれを、「自己批判を通して日本の革命運動の伝統の革命的批判」に参与する方向に求めようとした。「第一義の道」をそうした未踏の方向に求めようとしたとき、彼において、《物神化》された党を拝跪する「唯一なる前衛」信仰を相対化する視点が用意されていたように思われる。そうであるとすれば、中野にとって「第一義の道」とは、「村の家」の父親からの手厳しい詰問に象徴される民衆の生活感覚の重みを内面で引き受けつつ、党を「唯一なる前衛」と信じて推進されてきた既成の革命路線を不断に克服する運動としてのみありえたのではなかろうか。これは独り中野にとってだけではない。総じて当代日本のマルクス主義者にとって「第一義の道」とは、そのようなものであったはずなのである。

日本共産党は、一九二二(大正一一)年七月、コミンテルン日本支部として非合法裡に結成されて以来、たしかに困難な戦いを強いられた。その困難は、一九二八(昭和三)年三月一五日に千五百人に及ぶ日本共産党員が検挙された「三・一五事件」、これに続く翌年の「四・一六事件」等々の国家権力による大規模な弾圧を被り、組織が壊滅的な打撃を受けたという外的要因に加えて、天皇制下の日本の体制に対して確定的な評価を容易には下すことができず、そのため戦略目標をめぐって党内部の動揺を克服しえなかったという点にあった。[*042]

なるほど「三二年テーゼ」は、すでに述べたように、天皇制を「絶対主義」と規定し、当面の課題を「社会主義への強行的転化の傾向をもつブルジョア民主主義革命」と定めた。これによって党内部では戦略目標が確定したと考えられたかに見えるが、天皇制を支える民衆の皮膚感覚がどの程度まで視野に入っていたかという問題は残ったと言わなければならない。なぜなら、「革命運動とは、単に権力と生産手段の奪取を目指すだけではなく、革命運動の担い手一人びとりの感性の揚棄までを含む総体に関わること」であり、「単に制度・機構の変革にとどまらず、制度・機構を運用する人間の変革にまで及ばざるをえない」からである。[*043] 中野の言う「日本の革命運動の伝統の革命的批判」は、そうした感性レヴェルからの人間変革への志向を示しており、吉本隆明の的確な指摘を援用すれば、「日本封建制の錯綜した土壌との対決」を意味していたのである。[*044]

3．結び

一九七六年に刊行された『中野重治全集　第一巻』の「著者うしろ書」で、中野は自分の文学的生い立ちについて回想している。それによると、中野は「昔ばなし」の世界からいきなり現代文学の世界へ引き込まれていった。そしてそのまま文学的手習いの真似をすることにもなったが、文学には「教養の階梯」を踏まずとも、「山出し」のままでわかるところがあると感じていた。高等学校から大学にかけての時期は、「文学における自然発生」に重きを置いていたが、それだけに、「ひろい正確な知識、厳格な知的訓練」に「一種畏怖の念」を懐いていた。中野の回想を要約すれば、ほぼそういった趣意である。彼の年譜や若年期の作品群に照らしてみるかぎり、そこには過去を回想するときに混入しがちな強弁の類は含まれていない。

中野が生い立った「昔ばなし」の世界は、いわば日本の民衆の自然的な感性が脈打っている世界であった。この自然的感性の血脈が、作家中野重治の文学的営為を活性化する苗床となった。そうであったがゆえに、すでに考察したように、彼においてその血脈への両義的な感情も培養されえたのである。転向小説の白眉と言われる「村の家」一篇を結実させたものは、その両義的な感情であったように思われる。天皇陛下への勤めの不足に思い悩む「善作の頭」の喜吉も、たとえレーニンをもってしても日本の天皇のような魅力を人民に与えることはできぬと語る「村の家」の孫蔵も、歴史の相の下では、上っ調子のインテリゲンツィアを鋭く批判すると同時に、「天皇制」を底辺から支えてきた、日本の民衆のしたたかな存在様式の化身であった。それは、「大衆—前衛」という図式を一方的にも ち込むことで対処できるような、生やさしい存在様式ではなかったのである。中野が自らの内なる歴史的所与を対自化し、日本の民衆のしたたかな存在様式に拮抗しうる思想的骨格を鍛え上げていくための真の糸口を摑みえたのは、とりわけ孫蔵のような人物像を造形することをとおしてであった。もし中野にとってマルクスの思想と真正面から向きあえる地平があったとすれば、この地平においてではなかったかと思われる。

中野が表現行為の場で辿った紆余曲折の行程は、人間が自己の感性を対自化し純化していくことの困難さを物語っている。「山出し」の人間精神が直観的に摑み取ったものと、それを自己揚棄し磨き上げていった果てに摑み取れるかもしれないものとは、同じものであるように見えて、じつは紙一枚の幅ほどでも違ってくるのではなかろうか。直観によって把握された個別的な世界が社会的諸関係のなかで対自化されることをとおして、普遍性を獲得しえたとするならば、それは《革命》の名に値するのではなかろうか。言語による表現行為は、このような期待と予感に導かれて成り立つように思われる。しかし、この表現行為は、自らの力だけで閉じられた黙契の世界を突破していくことが可能であろうか。そのことが可能であるためには、それに見合う《物質的な力》の現成が伴わねばならないであろうが。

＊001――思想の科学研究会編『共同研究　転向　上』、平凡社、一九五九年、三三頁。

＊002――無産階級運動の主導的理論が山川イズムから福本イズムへとどのように変化していったかについては、山崎正一『近代日本思想通史』、青木書店、一九五七年、二一三―二一七頁、および橋川文三・鹿野政直・平岡敏夫編『近代日本思想史の基礎知識』、有斐閣、一九七一年、二八八頁、参照。

＊003――「『方向転換』はいかなる諸過程をとるか　われわれはいまそれのいかなる過程を過程しつつあるか」、松田道雄編『近代日本思想体系35　昭和思想集I』、筑摩書房、一九七四年、一三頁。

＊004――『共同研究　転向　上』、三三―三四頁。

＊005――本多秋五『転向文学論』、未來社、一九五七年、二一六頁。

＊006――『共同研究　転向　上』、六頁。

＊007――同書、六頁。

＊008――佐野学・鍋山貞親「共同被告同志に告ぐる書」、松田編『昭和思想集I』、三八〇頁。

＊009――「著者うしろ書　生理的幼少年期と文学的少青年期」、『中野重治全集　第一巻』、筑摩書房、一九七六年、四八八頁。

＊010――一九二八年三月に結成された「全日本無産者芸術連盟」（＝「ナップ」）の機関誌。

＊011――『中野重治全集　第九巻』、筑摩書房、一九七七年、三六九―三七一頁。

＊012――石堂清倫・山辺健太郎編『コミンテルン日本に関するテーゼ集』、青木書店、一九六一年から引用。以下、『テーゼ集』と略記。

＊013――『中野重治全集　第九巻』、三七四頁。

＊014――同書、三七九頁。

＊015――同書、三七九―三八〇頁。

＊016――中野重治「結晶しつつある小市民性」『文芸戦線』、一九二七（昭和二）年三月号、一二〇頁。

＊017――カール・マルクス『経済学批判』（武田隆夫・遠藤湘吉・大内力・加藤俊彦訳）、岩波書店、一九五六年、三二八頁。『経済学批判』の「序言」で「一般的序説」（Eine allgemeine Einleitung）と言われている論文の一節。日付は一八五七年八月二九日。

＊018――トロツキー『文学と革命I』（内村剛介訳）、現代思潮社、一九六五年、第九章「文学とロシア共産党の政策について」。

＊019――『中野重治全集　第九巻』、三八二頁。

＊020――『中野重治全集　第一巻』、五四頁。

＊021――『共同研究　転向　上』、一六四―一六五頁、参照。
＊022――松田編『昭和思想集Ⅰ』、三七四頁。
＊023――菊地昌典『増補・歴史としてのスターリン時代』、筑摩書房、一九七二年、参照。
＊024――『テーゼ集』、八一―八二頁。
＊025――同書、八五頁。
＊026――松田編、前掲書、三七四頁。
＊027――同書、三七五頁。
＊028――同書、三七五頁。
＊029――同書、三七六頁。
＊030――同書、三七七頁。
＊031――『吉本隆明全著作集13』、勁草書房、一九六九年、一三―一四頁。
＊032――「わが読後感」。これは、一九四一（昭和一六）年三月一四日湘風会発行の林房雄『転向に就いて』を読んで書かれたもの。
＊033――平野謙・小田切秀雄・山本健吉編『現代日本文学論争史　中巻』、未來社、一九五六年、二六六頁。
＊034――同書、二七五頁。
＊035――同書、二八四頁。
＊036――同書、二八八―二八九頁。
＊037――同書、二九一―二九二頁。
＊038――同書、二九二頁。
＊039――同書、二九九頁。
＊040――同書、三〇〇頁。
＊041――同書、三〇一頁。
＊042――宮川透編『一九三〇年代問題の諸相』、農山漁村文化協会、一九七九年、一四頁、参照。
＊043――同書、一五頁、参照。
＊044――『吉本隆明全著作集13』、二六―二七頁。

補章

寛容は共存の原理たりうるか
――ザルカ「寛容、あるいは共存の仕方」に寄せて――

解説にかえて

本書の編集・出版の経緯については、すでに「はしがき」において記したとおりであるが、著者・福島氏は、本書を完成させるにあたって、自身による「終章　寛容は共存の原理たりうるか――引き裂かれた世界のなかで」と題する章を記す計画であった。残念ながら、その計画は実現されず、著者は夭逝してしまった。だが、その「終章」の原案となる原稿を、すでに福島氏は書き残していた。それが、次の文章である。

「Y・C・ザルカ「寛容、あるいは共存の仕方――新旧の問題点」(翻訳)へのあとがき」『国際教養学部紀要』第四巻、富山国際大学、二〇〇八年三月、二一三–二一八頁。

これは、二〇〇二年にY・C・ザルカ、F・ルセール、J・ロジャーズが編者となって刊行された三巻本『一七世紀英仏における寛容の哲学的基礎』の冒頭に掲げられたザルカの「総論　寛容、あるいは共存の仕方――新旧の問題点」

を、福島氏が勤務校の紀要上で翻訳し、氏がその翻訳に対して付した「あとがき」である。[*001] 福島氏によれば、「ザルカの記述は論旨明快であり、訳者が何かを付け加えようとすれば屋上屋を架すことになる恐れなしとしない」が「ザルカの問題提起の筋道を改めて整理した上で、「寛容」概念をめぐる諸問題の一端にふれ」る意図から、この「あとがき」は書かれている。(二一七頁)

「あとがき」とはあるが、単にザルカの論文の解説にとどまらず、ザルカの議論を踏まえつつも、西洋思想史上における寛容概念の位置づけ、そして現代の日本、さらには世界――まさに「引き裂かれた世界」――における寛容の意義について、福島氏自身の考え方が重く凝縮された文章であり、生前の福島氏も、この文章をもとにして本書の終章を書き上げる予定であった。また、この文章は、レッシングをめぐる第五章を除く本書第一部全体のすぐれた要約にもなっている。そこで本書出版にあたり、氏の意図を汲み、この「あとがき」を本書の「補章」として以下に掲載することで、本書の実質的な終章としたい(なお、「あとがき」のうち、ザルカ論文の翻訳にかかわる形式的な記述・説明は省略し、また、訳文への参照箇所などについて、形式的な修正をほどこした)。

(以上、佐藤啓介記)

ザルカはまず、「近代性確立の段階(一六～一七世紀)」と「二一世紀初頭のポストモダンの世界の創始における近代性を超える段階」との間に穿たれた「差異」を指摘する。即ち、「国家主権の主張、教会の権威に対する政治的権威の自律性の要求、社会的経済的生活の領域に対する政治のヘゲモニーの確立、地上の帝国から海上の帝国への移行という世界、そして諸国民の力関係が国際的な場面に優越している世界」と、「国家主権が危機に直面し、宗教的なるものが政治の中に再来している世界、しかしまたグローバル化した経済に対する政治の他律性の世界、海上の帝国から宇宙の帝国への移行という世界、そして超国家的な論理に従属しそれを制御できない諸国民の衰弱の世界」との違いである。このような「政治的、社会的、経済的な根本的転移」は多くの問題に変化をもたらした。

かつて一六世紀から一七世紀にかけて近代西欧的な「寛容」概念が形成される過程では、一つの国家の中で複数の宗教が共存することはいかにして可能か、という問題の解決がめざされた。長きにわたる宗教戦争が一応の終結をみたのち、人々は諸宗教の共存を考え、かつ実行しなければならなかった。問題自体が宗教的な刻印を色濃く帯びており、個人や共同体のみならず軍事的な勢力においてさえ、そのアイデンティティを確証する様式は宗教的次元を本質的に内包していた。

しかし今日、アイデンティティを確証する様式に宗教が関わるのは一つの次元としてでしかない。「寛容概念の現代性は、地域的歴史的文脈に従い、エスニックで文化的宗教的等々の様々な形態をとって諸国家を横断し世界全体をかけめぐる緊張関係に結びついている。」このような大きな変化は、ザルカによれば、「二〇世紀を貫いてきた、そして歴史の完全な成就についての二つのヴィジョンに対応していた二大神話の崩壊」が招来した。「二大神話」とは、「共産主義の神話」、及び「古風で時代遅れの文明の形象と見なされる他のあらゆる文化を面前で一掃すべき、唯一にして真の文明の形態たる西洋的生活様式の普遍的価値という神話」であり、「双方で壊れてしまったものは、人間の歴史の唯一の歩みという観念である」。

このように現代においては歴史的政治的世界が「唯一のテーマの下に包摂されない歴史的テーマの複数性へと細分化」しており、寛容の問題が提起される領域が変容を受けていることは確かである。ザルカはそうした認識に基づいて、「寛容」という概念が「近代の初頭、宗教的衝突に解決をもたらしえたのと同様、現代の緊張関係と敵対に一つの解決の原理をもたらしうる」との観点から、「中世の術語の単に消極的な定義から区別される近代固有の」積極的な寛容概念に注目する。ザルカが特に言及するのは、「他者性の承認」を含意しているロックとベールの寛容思想である。なぜ過去に遡るのか。問題状況の変化にもかかわらず、「一つの問題は同じであり続けている」からだ。それは「共存という問題」である。

ザルカによれば、ロックは「政治的権威の秩序と教会的権威の秩序とを明確に区別することによって」、ベールは「寛容の基礎を良心の自由に置くことによって」、「寛容概念の最初の哲学的な仕上げ」を「神学的・政治的な問題設定の枠内で」行った。ロックの『寛容についての書簡』によれば、「国家」は「人間の世俗的利益の確立、保全、促進のためにのみ設立された人間の集まり」であり、決して「魂の救済」に容喙する権限をもたない。一方、「教会」は「神に公に仕えるために、そして神に対する崇拝を、神に受け入れられ人々が救済を獲得するのに適していると判断するような崇拝にするために、人々が自発的に結びついている集まり」であり、「個人の現世的財産に関する行為を遂行すること」はその役割を逸脱することになる。たとえ教会が破門を行うとしても、国家や他の教会に対してはいかなる種類の権限も行使することはできない。ロックはこうして「国家」と「教会」それぞれの設立原理を区別し、双方の越権行為に楔を打ち込む。したがって、「ある宗教が国家をそれにとって外的な権限に服させようとして教会の目的に背くならば、当の宗教は世俗の平和の諸原理と同時に秩序の区別をも破壊し、寛容の義務から除外されねばならないであろう」。このようなロックの手法は、ザルカも指摘するように「本質的に政治的」である。

それではベールの場合はどうか。ベールにとっても信仰の領域における「強制」は「忌むべき非効果的な手段」であるが、『「強いて入らしめよ」というイエス・キリストの言葉に関する哲学的註解』の著者の論証の精髄は、「寛容のための議論において迫害を正当化すると見なされる迷える良心というテーマを反転させること」にあった。「迷える良心は気まぐれや悪意からではなく無知から生じるがゆえに寛大さと同情に値する」にとどまらず、「迷える良心がその確信において発揮しうる粘り強さそのもの」――これを迫害者たちは「頑固さ(opiniâtreté)」と呼ぶが――は「人間の最も高い美徳即ち自由の表現」でもある。「ある思考もしくは行動の価値を示すもの」はまさしく「良心の教え」であり、「誤った良心は正しい良心と同じ権利をもつ」。したがって、「寛容」は「あらゆる意見や信念に拡大されうる」。「改宗勧誘員」は頑固者と見なされた人々を「真の信仰」なるものに導こうとするが、「改宗勧誘員は暗に人間の良心の開票立会人を自称している」がゆえに、「神の法に対して罪を犯している」のである。かくして、迫害を自己正当化する「改宗勧誘員」の欺瞞性が白日の下に曝される。

ザルカはこのように「神学的・政治的」な枠組みに基づいて「寛容」を基礎付けたロックとベールの思想的遺産を踏まえて、「寛容に新たに賭けられているもの」を明らかにすべく次のような「三つの移動」を強調する。第一に、「寛容はもはや宗教的寛容の領域に限定されてはいない」ということである。「宗教的寛容を自国の伝統的文化にとって疎遠なものとして斥ける」国々があることに加えて、人口移動を背景に「寛容の問題」が「多様なアイデンティティの共存の問題」となった。第二の移動は「個人から集団への移行」に関わる。かつて宗教的寛容の対象は、集団それ自体よりはむしろ「一定の信仰告白に所属するものとしての個人」であったが、今日では、「寛容が再定義されるべき新たな民族的文化的文脈は、優先的に集団、共同体あるいは民族に関わる」のであり、したがって寛容の問題は「少数派間の関係及び少数派の多数派集団との関係における少数派の位置づけの問題」になる。第三の移動は「国際関係」に関わるものであり、これには二つの問題が絡んでいる。一つは、「許容し難い政治体制あるいは統治の実践があるかどうか」という、「寛容の限界」に関わる問題、もう一つは、「寛容に向けての諸民族の教育と呼びうるもの」に関わる問題であり、国際的な場面においても国家内部においても「相互承認、他者の受け入れ」はそうした「教育」

にかかっている。

そしてザルカの分析によれば、これら「三つの移動」は、「情報の領域での伝達技術の著しい拡大」、「とりわけ西洋諸国への極めて重要な人口移動」、「経済・財政の領域でのグローバル化」、「国民国家の衰退と多国籍政治体の構築」といった「過去数十年の根本的変動」に帰着する。このような分析を通じて、ザルカは、寛容を要求する亡命プロテスタント達にカトリックに対しても相互的に寛容を認める用意があるかどうかと鋭く問いかけたベールの問題提起に立ち帰り、「一般化された共存の理論の基礎をなすであろう寛容の原理」を「他者の立場」という概念との関連で定義する。ザルカによれば、「寛容は、最も一般的な形式においては、〔中略〕自己への固着から身を引き離して自己から他者へのシンボリックな移動を行う能力という原理の適用にほかならない」。そしてザルカは、この原理から、「個人あるいは集団に適用されうる共存の規則と考えられる寛容の三つの規則」──「相互性の規則」「社会性の規則」「人類の教育という規則」──を引き出し、これらの「規則」が「我々の引き裂かれた世界において、共存理論の最小限の原理を定義する第一歩を構成しうるであろう」と述べて文章を結んでいる。以上、ザルカの問題提起を粗略ながら整理してみた。二一世紀に足を踏み入れた人類が直面している未解決問題──「共存」という問題──を広い視野で見据えたザルカの文章は、現在から過去へ、過去から現在へという往還二相に身を置くしなやかな思想的膂力を示しており、「寛容」という概念に新たに「賭けられているもの」の重みと射程の広がりを読者に再認識させてくれるのに十分な密度を具えている。訳者がザルカの問題提起を紹介に値すると考えた理由もそこにある。

「いまだかつて寛容というものが今日ほど必要とされたことはおそらくないだろう」という、「寛容」の必要度の時代的差異に関するいささか誤解を招きかねない冒頭の発言も、様々な裂け目が地球的な規模で出現していることへの危機意識を鋭く提示したものとして理解すべきではなかろうか。現在の問題状況を強調するあまり、「寛容」概念の形成期に人々がその概念に賭けていたものを低く見積ってはならないが、これが杞憂にすぎないことは、何よりも当の三巻本の構成・内容が物語っている。訳者はザルカの問題提起に多少なりとも触発された読者の一人として、「中世の術語の単に消極的な定義から区別される近代固有の寛容概念」の形成過程について若干付言しておきたい。

ジュリー・サアダ＝ジャンドロン編『寛容』の序論によれば、「トレランス」という語の歴史はそれだけでこの概念の多義性を示している（Julie Saada-Gendron (dir.), *La tolérance*, Flammarion, 1999, p. 15）。ラテンの著述家たちにおいては、トレランスは試練における粘り強さや、諸々の不都合、逆境あるいは自然的な諸要素に耐える力を意味する。「耐える・我慢する」という意味の語根tolloは、人が自分に対してなす努力を指す。医学的な語彙はこの意味で用いられ、有機体のトレランスは、病的な兆候なしに薬や一定の化学的・物理的作用体の働きに耐える能力のことである。この用法から、個人もしくは集団が変容を被ることなく変化要因の作用に耐える能力を形容する、トレランスの閾値という社会学的概念が派生する。トレランスはまず第一に人が諸事物に対して維持する関係に関わっており、それが他者との関係の形態を示すのは意味の転位によるが、やがてトレランスが固有の意味を獲得するのもこの方向においてである。

フランス語のtolérance の一七世紀的用法を示す文献の一つに、一六九〇年に出版されたA・フュルティエール（Antoine Furetière）の『汎用辞典――一般的なフランス語の古語・新語及び学問・芸術用語をすべて収録』（*Dictionnaire universel, contenant généralement tous les mots français, tant vieux que modernes, et lestermes des sciences et des arts*）がある。同辞典は「寛容（tolérance）」の項に次のような記述を織り込んでいる。即ち、「寛容」は、「異端者（les Hérétiques）」をどの程度まで「許容（tolérer）」すべきか、もしくは「許容」すべきでないかという問題をめぐって激論をたたかわせてきた神学者達の間で、「何年か前から頻繁に使用されるようになった語」である。この語は本来、「許容された事柄(la chose tolérée)」への暗黙の非難を含んでおり、是認できない事柄であっても、思いやりのある態度でそれを「大目に見ること(un support)」を意味する。また、「世俗的寛容(la tolérance civile)」と「教会内寛容(la tolérance ecclésiastique)」とが区別されており、後者は、「教会」において異説が唱えられたとしても、教義の根本に関わるものでなければ、それを「教会」は寛大に扱うことを意味する。これに対して前者は、国家の利益・安寧に反するような教義を教えるのでない限り、いかなる宗派であっても国家は処罰しないということである。この「世俗的ないし政治的寛容」は、宗教の相違に関わりなく「世俗社会(la société civile)」の法律の恩恵に浴する権利を含む。

しばしば「信教の自由」とも訳されるフランス語のtolérance は、この『汎用辞典』の記述を踏まえるならば、世俗社会でキリスト教の諸宗派あるいはキリスト教以外の諸宗教を信奉する自由だけでなく、教会内における少数意見の許容をも含意していたのであり、しかも当初は、是認できない事柄を大目に見るという、むしろ消極的な意味で使われていた。しかし、「ユグノー戦争」(1562–98)、「オランダ独立戦争」(1568–1609)、「三十年戦争」(1618–48)などのいわゆる宗教戦争が一応の終結を見た後も、キリスト教の新旧両教徒の対立は消滅するどころか、ヨーロッパ各地の君主・貴族らの世俗的な利害関心をはじめとする政治的要因が深く絡み合い、極めて複雑な様相を呈する中で、「寛容」の観念は、「他者性の容認」に関わる問題として次第に積極的な意味を担うようになるのである。この観念は、「ずっと昔から観念の天空に存在しているのではなく、近代的思考が、諸宗教の共存が世俗の平和の根本条件の一つであるように見える政治権力の概念を構築するに至る、ゆるやかなプロセスの所産」であり、寛容が積極的な価値をもつに至る歴史は、「支配/服従という対概念の再生産を多様なやり方で保障することを目指す統治形態の歴史」と相即的であった。その意味で、「寛容の哲学的基礎に関する問い」は「権力概念の再読」の試みと不可分であり、ザルカが、信仰の《強制》を生み出す世俗権力の統治原理と対峙した英仏の思想家として、特にロックとベールに着目していることには十分な理由がある。

あえて英仏という枠を離れて言えば、正統を僭称するカルヴァン派の跳梁に対して、国家主権と個人の自由との関わりを問い直すべく『神学政治論』(*Tractatus Theologico-Politicus*, 1670)を書いたスピノザ、教会合同計画を立案しガリカン教会の重鎮ボシュエとの往復書簡を通じて粘り強い活動を展開したライプニッツ、これら同じ一七世紀の思想家の名も思い浮かぶ。しかし今は言及の対象をロックとベールに限定しよう。この二人の問題設定はなぜ「神学的・政治的」であらざるをえなかったか。

ロックの「寛容」思想は、基本的にはイギリスの国家的・国民的自立をめざした「統治」の論理であり、最も初期の『世俗権力二論』から『寛容についての試論』(*An Essay concerning Toleration*, 1667)を経て『書簡』に至るまで、「権力」概念の組み換えに対する強い関心は宗教的な問題考察の主要動機であり続けた。その過程でロックが対決しなければならなかったのは、一六六一年から成立し始めた「クラレンドン法典」が示すアングリカニズムの国家宗教主義的な統治原理である。そうした国家と教会との癒着を断ち切るためには、宗教上の事柄と政治上の事柄とを同時に論究し双方の位相差を確定することが急務であった。ロックの「寛容」概念にはこのような双務的課題の遂行が託されており、『書簡』は権力の本性と信仰の本性に関する二重の考察にほかならない。(Cf. John Locke, *Lettre sur la tolérance et autres textes*, Traduction par Jean Le Clerc et Jean-Fabien Spitz, Introduction, notes, bibliographie et chronologie par Jean-Fabien Spitz, Paris 1992, p.15. 詳細は本書第一章を参照)

オランダに亡命中のロックが「寛容」についての考えを私信の形にまとめ、それを友人リンボルクに送ったのは一六八五年の冬であった。その同じ年の一〇月、フランスでは、ルイ一四世が「ナント勅令」(1598)を破棄し、改革派教会の勢力を弾圧し駆逐する政策の法的な仕上げを行う。これは一六八二年以降先鋭化する「ガリカニスムの要求」と「表裏一体をなすもの」であった。（野沢訳『寛容論集』、七五五頁）フランス国王による教皇のアヴィニョン捕囚が如実に物語っているように、ガリカニスムは、教皇が教会の最高の権威であり首長であることは認めるが、世俗的な事柄に関する教皇の容喙を排除し、ガリカン教会の自由を主張する。つまり、ガリカニスムは「法王権に対する王権の自立性の主張、王権の支配下に置かれたガリカン教会（フランス教会）の普遍教会に対する相対的独立の要求」（同上）の二点に要約される。このガリカニスムと、「「国王の宗教」のもとにおける国家的宗教統一への志向は、宗教的次元に現われた絶対主義的統治原理の二つの表現形態にすぎない」（同上）。ベールが信仰の《強制》との思想的対決を余儀なくされていた状況の核心部分には、このような統治原理があった。（本書第二章を参照）

ロックとベールの問題設定がいずれも深部において「神学的・政治的」な枠組みに基づいていたことは、一七世紀後半の英仏の現実を特徴づける上述のような歴史的条件に起因する。それにしても、今日とは歴史的条件を異にする過去の思想的営為と向き合うとはどういうことなのか。かつてE・カッシーラーが、「哲学的過去に立ち戻ることは、同時に必ずや哲学的自己省察と自己反省という行為でなければならない。われわれの現代がこのような自己点検を遂行し、啓蒙主義が作り上げた明るい鏡に自らを映し出してみるべき必要性は、従来にもまして痛感されねばならない」（『啓蒙主義の哲学　上』（中野好之訳）、ちくま学芸文庫、一九頁）と書いたとき、著者自身は明示的には語っていないにせよ、著作の序文の末尾に一九三二年一〇月と記されているように、背後にはナチズムの台頭という生々しい現実があった。「啓蒙主義」の内的ドラマを描き出す作業へと著者を駆り立てたものは、このような現実に対する透徹した認識であったように思われる。カッシーラーの言葉を援用して敷衍するならば、過去への遡源と「われわれの現代」の「自己点検」との同時遂行こそが、過去から現在へと手渡された思想的遺産の継承、即ち未解決問題の自覚と、新たな問題局面の対象化を可能にするのではないか。

東アジアの一角に目を向けると、かつて「大東亜共栄圏」を謳いながら植民地拡張政策を展開した国では、今もって公私の区別や政教分離の何たるかも分らぬ首相が特定神社への参拝を行い、その行為に露呈している精神の閉鎖性が、歴史認識のあり方をめぐって関係諸国との間に亀裂を生み出してきた。「他者性の容認」とは程遠いそうした現実もまた、この国に生きている者に「自己点検」の必要性を突きつけている。

様々な次元での亀裂を抱えた現代世界において「共存」の原理を構築することは可能なのか、「差異の固有性」を否定し去ることなく「普遍性の次元」「人類という概念」を救済することは可能なのか、可能であるとすればいかにして可能か。これまでの歴史が多様な時代的地域的諸条件に規定されつつ蓄積してきた問題の重層性に思いを致すならば、「寛容」という概念に「賭けられているもの」はまことに重い。

*001——Yves Charles Zarka, "Présentation générale: La tolérance ou comment coexister: anciens et nouveau enjeux" Yves Charles Zarka, Franck Lessay et John Rogers (dir.), *Les fondaments philosophiques de la tolérance en France et en Angleterre au XIIe siècle, Tome I: Études*, PUF, 2002.

解題

森川輝一

本書は、ライプニッツを中心とする近代西欧思想研究で知られる著者・福島清紀が、書名のとおり「寛容とは何か」を主題に書き進めた論考の集成である。本書を構成する八つの章は、いずれも既に公刊済みの論文に著者自身が加筆修正を施したものであるが、それらの論文のうち、最も新しいピエール・ベール論（第二章）が二〇一五年に上梓されているのに対して、最も古い中野重治論（第八章）の初出は一九七九年に遡る。著者はその研究者人生を通して「寛容とは何か」を問い続け、その途上で還らぬ人となった。二〇一六年春に末期の膵臓癌のため「余命半年」と告知されたのち、残された日々を本書の完成に捧げ、同年秋深くその命尽きるまで、病床にて原稿の推敲に余念がなかった。畢生の仕事《ライフ・ワーク》という言葉は、本書にこそふさわしい。

1．本書の手法と狙い、著者の思想史研究の特色

著者は第一章の冒頭で、同章を、ロックの『寛容についての書簡』を「主な分析対象」として「ロックの寛容思想の思想史的特質を考察し、その考察を通じて今日的な未解決問題の一端を明らかにする試み」と位置づけているが（第一章、一七頁）、これは本書全体にも当てはまると言えよう。第二章以降においても、基本的に一人の思想家に焦点

を合わせて、その「寛容思想の思想史的特質を考察」し、そこから「今日的な未解決問題の一端を明らかにする」というスタイルが取られているからである（ライプニッツとボシュエの論争を扱った第三章では、論争相手のボシュエの言説にも相当の紙幅が割かれているが、著者の主眼はあくまでライプニッツにおかれている）。明らかにすべき「今日的な未解決問題」とは、言うまでもなく「寛容とは何か」という問いであり、第一章の末尾の言葉を借りれば、「グローバリゼーションの進展に伴」い、「民族的出自、宗教、信条、意見、富などの差異によって多様性をもつ人々の間で共生の原理を構築する」ことが喫緊の課題となっている今日の世界で、「寛容」の可能性を問うことであるが（三七―三八頁）、そのためになぜ、一七世紀イギリスの思想家ロックの一書を繙かねばならないのだろうか。それは、著者によれば、如上の「問いを持続するためには、少なくとも政治と宗教との関わり、国家主権と個人の自由との関わりを改めて検討しなければな」らず、「とすれば、寛容思想の系譜のなかでロックが先鞭をつけた政教分離（国家と教会の分離）の理論的基礎づけは、無神論者やカトリックに不寛容な態度を示した点で限界をもっていたにせよ、時空を超えて現代の我々に問いを投げかける思想的遺産の一つである」からにほかならない（三八頁――傍点は引用者）。これを敷衍するならば、「寛容思想の系譜」のなかで、そこに重大な足跡を遺した思想家たちを取り上げ、各々の寛容思想の「限界」を見極めながら、「時空を超えて現代の我々に問いを投げかける思想的遺産」を析出することが、本書全体を貫く著者の企図であると言えよう。この点に留意しつつ、思想史研究書としての本書の特質を概観しておこう。

思想史方法論についてここで詳しく立ち入る余裕はないが、現在を生きる者が過去の思想（家）にアプローチする際には常に、前者の関心やバイアスが後者の読解を歪めかねない、という問題がつきまとう。右で見たとおり、著者は、「寛容とは何か」という問いが現代を生きる著者自身の問題関心であることを隠さない。ベールが彫琢した「《相互的寛容》の精神」は、「諸々の《差異》の共存を許容する共同性」は「いかにして可能か」という「問い」を「今日のわれわれに突きつけている」のであり（第二章、八五頁）、また、教会合同をめぐるライプニッツの苦闘は、「《差異》が差別も排除もされずに同等に共存しうる世界を構想することは、見果てぬ夢なのか？」という「問い」を「時空の隔たりを超えて今日のわれわれに投げかけている」、という（第三章、一七〇頁）。これは、著者が自らの問題関心を過去の思想家に投影し、過去ゆえの――たとえば上記引用で指摘される、「無神論者やカトリック」へのロックの「不寛容な態度」の如き――「限界」を批判しつつ、今日的水準に耐え得る要素のみを遺産として析出している、ということなのだろうか。そもそも、ロックとヴォルテールのように「寛容」にかかわる思想的影響関係が認められる場合はともかく、「寛容」という主題を明示的に展開した形跡のないマルクスや中野重治を「寛容思想の系譜」に含める、という構成自体が、著者のバイアスの所産ではないのか――こうした、目次を一瞥して読者が抱くやもしれぬ疑念は、本書を実際に読み進めれば、たちどころに解消されるに違いない。「寛容思想の系譜」については後述することにして、ここでは個々の思想家の扱いについて述べるが、現代の視座から過去の思想（家）を裁断するという時代錯誤《アナクロニズム》ほど、本書と縁遠いものはない。

本書を構成する各章は、いずれも、歴史的コンテクストに即して対象となる思想家の思考様式を明らかにすることを目指す、オーソドックスな思想史研究論文であり、著者自身の主観や主張は慎重に退けられている。右に引いたロック、ベール、ライプニッツの現代的意義についての言及はいずれも当該各章の結語であり、翻って本論での論述はもっぱら、寛容をめぐる各々の思想家の言行を、彼らのおかれた時代背景や社会状況、個別の出来事や人物同士の相関関係のなかに位置づけ、彼ら自身の意図を思想内在的に解明することに費やされているのである。たとえば「無神論者やカトリック」を除外するロック寛容思想の「限界」は、今日的視座から一方的に処断されるべきことがらではなく、彼の生きた時代と、彼の直面していた具体的な問題に即して、ロック自身が寛容に付した「限界」として捉え直されねばならない。各章毎に見れば、著者はアカデミックな思想史研究者としての則を超えることなく、それぞれの思想家の寛容思想をめぐる堅実な思想史的研究に徹していると言えよう。

しかしながら、本書全体を通読するとき、「寛容とは何か」という著者自身の問いかけが本書を貫き、我々に突きつけられていることが露わとなるのである。ロックが寛容に付した「限界」が開示するのは、単に一七世紀の人ロックの時代的制約にとどまらず、寛容の「限界」をめぐって我々自身が直面している問いでもある。ロックや、また彼に影響を受けたヴォルテールが、「無神論者」を寛容の対象から除外するのは、今日の常識的感覚に照らすと不寛容極まりない態度に思われるが、では今日の我々にとって、「無条件の寛容はありうるのか」。たとえば「テロリスト」に対して、我々は寛容たりうる（たるべき）だろうか。「どんな言動も許されるとしたら、人間の尊厳を傷つける不寛容な言動も許されることになり、多様な価値観の共存の原理ともいうべき寛容そのものが意義を失う」のであり、とすれば今日の我々もまた、寛容の「限界」をめぐる問いに直面しているのではないか（第四章、二〇三―二〇五頁）。

西欧思想史の研究者は、過去の西欧の思想を、今日この国で研究することの意味を、自問し続けなければならない。生前の著者が常々そう語っていたことを、編者は想起する。日本で西欧思想史を研究する者は、思想史学に従事する学術研究者であるかぎり、対象となる西欧の思想（家）に相対するにあたって自らの主観や価値を極力排して原典の解釈を行うこと、いわばヨコのものをタテにすることに徹するべきであるだろう。だが、なぜヨコのものをタテにせねばならないのか、一体何のために現代の日本を生きる我々が、数多ある西欧の思想家のなかから特定の誰某を選び出して――まさに「時空を超えて」――その言葉に耳を傾けるべきなのか、という問いかけを忘れてしまえば、日本における西欧思想史研究は、思想をめぐる学としての意義を失い、単なる知的遊戯に転落するであろう。「寛容とは何か」の探究は、著者にとって、西欧の寛容思想を現代の日本において研究することの意義を不断に問い質す過程でもあった。それを示すのが、本書独特の二部構成なのである。

2．本書の構成——寛容思想の系譜

目次が示すとおり、第一部で検討に付されるのは、新旧キリスト教の相克に揺れる一七世紀および一八世紀の西欧社会において、宗教上の差異を超えた共存の道を模索したロック、ベール、ライプニッツ、ヴォルテール、レッシングである。近代西欧における寛容思想の展開を考察するうえで、いずれも順当な選択であり、結論として析出される各思想家の寛容概念も、通例の理解を大きく塗り替えるものではない。こうして第一部がオーソドックスな、教科書的とさえ言える穏当な構成を取っているのに対し、第二部で著者が俎上に載せるマルクス、内村鑑三、中野重治の三名は、「寛容」の思想史研究としては、いささか風変わりな選択であるように思われる。この奇妙な構成によって、著者はいかなる「寛容思想の系譜」を浮き彫りにしようとするのだろうか。

【第一部●近代西欧における寛容思想の展開】

第一部の主題は近代西欧における寛容思想の展開であるが、その基本的な構図は、ある意味で、第一章で論じられるロックの寛容思想に集約されている、とも言える。宗派の相違が政治的な対立に転化するのを防ぐべく、ロックは、国家の役割を「世俗の平和」と「臣民の所有物の保護」に限定し、宗教（「魂の救い」）の問題を個人の内面的自由（「理性と良心」）に委ねる、というかたちで政治と宗教の間に「正しい境界線を設定する」ことを試みた（第一章、一八頁）。ロックの設定した「境界線」は、「政教分離」と「信仰の自由」という近代自由主義の基本原理となり、今日なお揺らいでいない（たとえば日本国憲法第二〇条）。この「境界線」が正しく維持されるかぎり、宗教や思想信条を違える人々の寛容な共存が可能となるはずであり、逆に言えば、なぜ、この「境界線」を踏み越えて自らの奉じる価値を他者に強要する人々が後を断たないのかが、寛容の問題を考える鍵ともなろう。その手がかりもまた、ロックが与えてくれている。第一に、「政教分離」を中核とするロックの寛容思想は、国家の安定と世俗社会の平和の確立という「勝れて政治論的観点から」導出された「《統治》の論理」である、という点である（三六―三七頁）。第二に、異なる宗派の寛容な共存という政治的課題の実現が、ロックにおいて、「宗教の局面での超越者と人間との関わりの場を「私の神」という全き私的事柄として確保する」（二八頁――傍点引用者）こと、すなわち信仰の内面化と表裏一体の関係となっている点である。それゆえロックは、信仰の実践を教会という世俗組織と結びつけるカトリックやイスラームを寛容の対象から除外するのであるが（三三―三四頁）、ロックにおける寛容思想が、信仰の内面化・私事化という勝れてプロテスタント的な信仰理解と結合していたことは、近代自由主義的な寛容の特質ないし限界として、第二部の議論にも大きな影を投げかけることになるだろう。そして第三に、世俗社会における寛容な共存の要として、ロックが「超越者たる「神」の存在を前提している」という点である（三四頁）。ロックのみならず、第一部に登場する思想家はみな、「神」の名のもとに他者を迫害する不寛容を批判しつつ、「神」の存在を否定することは決してなく、むしろ前提としていた点で共通している。これは、近代西欧における寛容思想の特質と限界を考える上で、決定的に重要なポイントであろう。

右の三つの論点を軸に、第一部の議論を概観しておくと、著者は第二章でベールを、続く第三章ではライプニッツを取り上げ、大陸ヨーロッパにおいてプロテスタントの側から寛容な共存の実現を模索した彼らの苦闘を、丹念に跡付けている。カトリックが君臨する地にあっては、信仰を「全き私的事柄」と見なすというロック流の戦略は機能し得ず、宗教的寛容を追求するには、不寛容な抑圧を強いてくるカトリックという他者と向き合わねばならない。そうした状況で、「《他者の立場》に身を置いて自己の立場への固着を批判し、問題考察のための新たな視座を切り拓こうと」したのがベールであり、同様の精神はまた、ライプニッツにも認められよう（第二章、四八頁）。自らを迫害するカトリックの立場にあえて身を置くという「虚構」を通じて「同志ともいうべき亡命プロテスタントの集団に鋭く内省を迫った」ベールの態度は、カトリックの不当性を訴えるジュリューら「同志」の容れるところではなかったが、著者はここに、「是認できない事柄を大目に見る」という「消極的な意味」しかもたなかった「寛容」の観念が、「《他者性》の容認」という「積極的な意味を担うようになる」端緒を看取するのである（四八－五〇頁）。かかる視座からベールが「「節度」の必要性を力説」し（五九頁）、自己の正しさへの固執を戒めたように、ライプニッツもまた、ボシュエとの論争において、「相手の拠って立つ諸原理を互いに尊重」し、「敬意を払う」ことを忘れず、見解の不一致については「留保」して歩み寄ることを説いて止まない（第三章、一五〇－一五二頁）。

　第四章の主役ヴォルテールもまた、多数派カトリックが少数派のプロテスタントを迫害する一八世紀のフランスで寛容を説いた思想家であるが、前世紀のベールやライプニッツの試みが現実的には実を結ばなかったのに対して、ヴォルテールはジャン・カラスの名誉回復という目標を達成している。彼我の相違をもたらしたのは、後者における「公衆」という新しい存在の出現に求められよう。ときは「啓蒙」の時代であり、ヴォルテールは『寛容論』において、「「理性」への全幅の信頼に基づいて「狂信」批判を遂行した」のみならず（第四章、一九〇頁）、かかる理性の声を聴き入れる「「読者」への期待と信頼に立」ち、「世論」を喚起することに成功したのである（一九八－一九九頁）。かくて、寛容思想が一握りの思想家の思弁の内に留まらず、「新たな公衆像と世論の形成に寄与」し、「歴史的現実そのものの創出の一翼を担う」という「フランス啓蒙思想の動態的な現場の一角に立ち会」った我々は（二〇一頁）、続く第五章にて、ドイツ啓蒙を代表する文人レッシングが広く公衆に向けて寛容の精神を訴えかけた劇詩『賢人ナータン』のうちに、近代西欧における寛容思想の一つの到達点を見出すことになるだろう。

レッシングが『賢人ナータン』において、ユダヤ教・イスラーム・キリスト教の和解を描き出し得た所以を究明すべく、冒頭で著者が指摘するのは、「レッシングが、神の超越性と対比される人間の有限性の自覚に立って自己に課した、真理探究の方向づけ」および「人間の形成可能性への信頼」である（第五章、二一二頁）。神の存在を前提とするがゆえに、己が信仰を絶対化して他者に強要すること――「特定観念の物神化」による「自己聖別的共同性」（二一六頁）――は、むしろ信仰の本義に反する愚行として批判されねばならない。この点でレッシングは、ロック以来の寛容論の基本線を引き継いでいるが、それを「真理探究」を通じた「人間の形成可能性」と結びつけることで、新たな一歩を踏み出すのである。けだしレッシングが「望見」するのは、「三種の宗教」各々が「各自の自己限定をふまえて」真の信仰を目指すべきであるという「対他的な相対性の地平」であり、宗教の私事化に基づく宗派間の単なる併存ではない。ここに著者が見出すのは、「それぞれの宗教を信奉する「民族」の「歴史」の等価性」の承認であり（二三一―二三二頁）、「民族的個別を超えた類的普遍の地平」を拓く可能性である（二三五頁）。むろんそれは容易な道ではないが、家族を虐殺されるという「苦難」を超えてかかる地平に到達したナータンに託してレッシングが示さんとしたのは、「個々の当事者が、民族的個別から類的普遍への超越と、類的普遍から民族的個別への内在的自己定位という往還二相あるいは相互反転のあやうい緊張関係の中に身を置いてこそ、事態を内部から突き動かす当事者たりうる」という「問題考察のための方法的枠組み」にほかならない（二三九頁）。「類的普遍」という言葉が示唆するように、ここで著者は既に、続く第二部冒頭の第六章で登場するマルクスを視野に収めている。すなわち、第一部の終章であるレッシング論を締めくくる右の一節において語られているのは、第二部において、著者自らが「当事者」として取り組む「問題考察のための方法的枠組み」なのである。

【第二部●宗教・国家・市民社会の近代的構造連関と帝国憲法下の不寛容との闘い】

第二部の主題は、明治期以降の日本における（不）寛容の問題である。そのためにはまず、第一部が考察対象とした一八世紀までの西欧キリスト教社会と、一九世紀後半以降の世界との「歴史的諸条件の相違」に目を向けねばならない。けだし後者は、誰もが「生産・流通・消費の物質的機構の巨大な世界連関に組み込まれ」るとともに、「神」の存在の自明性が失われた世界であり（第五章、二三六頁）、レッシングのように「神」への信仰を前提に「類的普遍」への行程を待望することは、もはや困難となっている。ゆえに著者はまず、かかる歴史的地平の変貌をマルクスとともに確認したうえで、内村鑑三と中野重治における「帝国憲法下の不寛容の闘い」の考察に向かい、「民族的個別」と「類的普遍」との間の緊張関係に当事者としていかに身を置くべきか、を問うのである。

第六章で検討に付されるのは、「ユダヤ人問題によせて」を中心とする初期マルクスの宗教批判であるが、著者の読解の力点は、マルクスによる宗教そのものの揚棄の主張ではなく、宗教が疎外態として現れざるを得ない近代社会の「構造連関」の分析に存する。とりわけ、「人間のあらゆる類的紐帯を引き裂き（中略）敵対しあうアトム的な個人たちの世界に解消する」近代市民社会の病理が、キリスト教のなかでも「信仰によりてのみ（sola fide）という近代プロテスタンティズムの信仰形態」に対応するのではないか、という指摘は重要である（第六章、二六二頁）。そうであれば、「政教分離」によって「個人の内面における「信教の自由」を制度的に保障する」だけでは、真に寛容な共存は実現し得ない、と言わねばならない。だが、近代日本の問題状況はさらに「重層的」である。なぜなら一方で、一九世紀半ばにマルクスが看破していた、「宗教が「政治的国家」とは区別された「市民社会」の「私的事柄」へと転位せしめられて以後の思想的枠組みを、いかにして構築するか」という課題とともに、他方では、遠く一七世紀にロックが基礎づけていた「政教分離の原則」をさえ「突き崩しかねない精神的基盤」、すなわち「われわれの皮膚感覚」となった「天皇制」（竹内好）の問題と向き合うことが、「日本のわれわれには同時に課せられている」からである（二六三-二六五頁——傍点一部引用者）。この課題に、「帝国憲法下の」プロテスタント内村、そしてマルクス主義者中野は、いかに立ち向かったのか。彼らによる「不寛容との闘い」は、著者が日本を生きる当事者として身を置こうとした闘いでもあり、その軌跡は読者諸賢各々が自ら確かめるに若くはない。編者としては、闘いの文脈と問いの構図を示すにとどめたい。

天皇制が「われわれの皮膚感覚」となった所以は、「天皇の神聖性・不可侵性の観念」の浸透が、実際には国家による強制であったにもかかわらず、「臣民」が「強制とは感じることなく、却って自主的に崇拝・恭順の対象と思念するような」手法で進められ、「あたかも自然的な事柄であるかのように自明視」されるに至った点にある（第七章、二七〇-二七一頁）。天皇への崇敬が日本民族固有の本質としていわば「作為的に自然化され」たことで（二七一頁）、帝国日本は近代国家でありながら奇妙な政教一致を国是とし、異郷の「神」を奉じるキリスト者の「不敬」を排撃するわけであるが、これに対し、信仰を個人の内面にかかわる問題として「信教ノ自由」の正当性を訴えたのが、内村をはじめとする近代日本のプロテスタントたちであった。彼らの闘いを、とりわけ、「Jesus ト Japan」という「二ツノJ」に等しく忠誠を誓うというかたちで（二九〇頁）、「民族的個別」と「類的普遍」の緊張関係を生きようとした内村のそれを、著者はどのように評価するのであろうか。

第八章が俎上に載せる中野重治の場合、闘いの構図はより錯綜した様相を帯びることになる。けだし中野は、「コミンテルンの支配下にあった当代の日本マルクス主義と、日本資本主義の危機の深化の過程で凶暴の度を強め異端排除の動きを激化させつつあった国家権力の狭間にあって」(第八章、三〇三頁)、言い換えれば、教条主義化した「類的普遍」のイデオロギーと、絶対化された「民族的個別」の狭間に身を置き、いずれにも阿らず、「転向」の汚名を引き受けながら、「自らの感情生活の孤塁を守りつつ、あるべき党の姿を模索」したのであった(三〇九頁)。著者によれば、そこから中野は、「天皇陛下」を素朴に崇拝する農民たちの世界に分け入り、彼らが漠然と抱く「不気味さと不可解さの感覚を、文学者としての自らの活動の視座に据え」、それに「拮抗しうる思想的骨格を、文学の場で鍛え上げて」いこうとしたのである(三一三頁)。その苦闘の記録ともいうべき小説「村の家」のうちに、著者は何を見出すのであろうか。そこに「《革命》の名に値する」何かがあるとすれば(三二七頁)、それは何であるのか。そして、それを我々はどのように読み解き、引き継ぐべきなのであろうか――

第九章「「国体」論再考」の脱稿を俟たずに著者は逝き、本書は未完に終わり、第八章の中野重治論が最終章の位置を占めることになった。中野論は著者最初期の業績に属しており、期せずして著者は、そのライフワークを結ぶにあたり、自らの研究者人生の原点に立ち戻ることになったわけである。その最終段落の冒頭の文章を、ここに引く――「中野が表現行為の場で辿った紆余曲折の行程は、人間が自己の感性を対自化し純化していくことの困難さを物語っている。「山出し」の人間精神が直観的に掴み取ったものと、それを自己揚棄し磨き上げていった果てに掴み取れるかもしれないものとは、同じものであるように見えて、じつは紙一枚の幅ほどでも違ってくるのではなかろうか」(三二七頁)。この一節の、「中野」を「福島清紀」に、「表現行為」を「寛容研究」に置き換えることで、本稿の結びとしたい。「寛容とは何か」という問いを当事者として引き受け、過去にその問いと対峙した人々の足跡を辿り直すべく思想史の森の奥深くまで分け入り、「紙一枚の幅ほどでも違」う何かを見出し、掴み取ろうとして、自らの思考をどこまでも磨き上げていく――その「紆余曲折の行程」が刻み込まれた本書は、著者福島清紀の生涯を賭した探究の成果にして精華であり、残された我々が何度でも繰り返し辿り直すべき、強靭な思考の足跡である。

特別寄稿

福島清紀氏の思想研究[*001]
――法政哲学会をめぐって――

澤田　直

本日は法政大学関係者を代表して話をさせていただく形ですが、実際には、私自身はあまりこの任にふさわしくないことを最初にお断りして、みなさまにお詫びを申し上げなければなりません。法政大学の関係者で、私よりもずっと福島さんとの親交が深かった方は他に大勢いらっしゃいます。ですが、たまたま、今年の五月まで法政哲学会の会長だったという偶然の事情によって、私がこの場にいる次第です。[*002]

さて、私の報告ですが、大きく三つのパートからなっています。まず、福島さんと法政大学哲学専攻の関係、福島さんが二〇〇三年から二〇〇五年まで会長を務められた法政哲学会での活動を中心にお話します。つづいて、福島さんのご研究、とりわけ寛容論を軸に福島さんの思想の足跡を追ってみたいと思います。最後に、福島さんの寛容思想を出発点として、私自身が福島さんとの対話を通して学び、考えたことについて、少し述べてみたいと思います。

1．法政大学哲学専攻

公式の書類などを精査したわけではないので、不正確な部分もあるか知れませんが、福島さんは一九七二年に東京外国語大学外国語学部フランス語学科を卒業され、その後、一九七五年に法政大学大学院人文科学研究科哲学専攻修士課程に入学、二年間で修士を終えられ、七七年に博士課程に進学、一九八〇年に科目履修の上、満期退学されました。

手前味噌になって恐縮ですが、法政大学の哲学科は、首都圏の私大学の哲学科の中でも伝統あるものの一つです。法学部を核にした大学の設立は一九〇三年ですが、一九二二年に、その法学部に文学科と哲学科が新設されて、法文学部となります。その時の主任教授が安倍能成（二六年まで）と和辻哲郎（二五年まで）です。おふたりが京城と京都の帝国大学教授にそれぞれ転任されたあとは、河野與一と矢崎美盛、そして、そのお二人も東北と九州の帝大に転任されると、二七年に三木清、二八年に谷川徹三が着任します。三木は、当時、非合法であった共産党に資金提供した嫌疑で検挙拘留された後、三〇年に解任され、その後任として三一年に戸坂潤が着任します。ところが、その戸坂も同様の運命に見舞われることはみなさまご存知かと思います。こういった縁で、法政大学図書館には、彼らの貴重な蔵書が、「和辻文庫」「三木文庫」「戸坂文庫」として収められており、それらの名は、法政の学生たちにとっては輝かしくも誇らしいものでしたし、福島さんにとってもそうだったことと思います。

戦後は残った谷川哲三を中心に、福田定良なども加わり、復興が行われ、新制の大学院（人文科学研究科・社会科学研究科）が設置されるのは五一年のことです。（谷川はその後、長く文学部長、そして六三年から六五年は総長を務めることになります。

ただ戦前こそ、錚々たる教授陣に恵まれていた法政大学の哲学科ですが、いわゆる大学紛争の時代には人事をめぐって様々な問題があり、詳細は省きますが、混乱が続きました。それが変わるのが、一九七〇年前後です。まず、一九六九年に分析哲学の斎藤晢郎、一九七〇年に矢内原伊作、七三年に加来彰俊、浜田義文、そして、七四年に東大を退官された山崎正一が着任、いわば黄金時代が到来します。福島さんが大学院に入ったのはまさにこの時期のことでした。福島さんは、山崎先生のもとで研究生活に入ることになります。外語大のフランス語学科で学んだ福島さんが、どのような志をもって、哲学専攻の門を叩いたのかは、残念ながら私は直接には知りませんが、伝え聞くところによると、山崎先生の弟子筋にあたり、外語大の教授であった宮川透氏を通してだったようです。話が不正確で申し訳ないのですが、私自身は一九八四年四月に大学院に入学しているので、大学院でご一緒した記憶がまったくないのです。親しくお話するようになったのはずっと後、二〇〇〇年前後のことです。ただ、とてもおぼろげな記憶ではあるのですが、ひょっとすると、学部の学生だった頃に院生の福島さんに会っているかもしれない、と今回いろいろ調べているうちに思いいたりました。そんな話も含めて、福島さんとの交流については後ほどお話しさせていただきます。

さて、法政の大学院には、院生を中心に執筆している紀要『哲学年誌』があります。費用は哲学専攻の予算から出ているのですが、編集作業から、印刷所とのやりとり、校正まで、院生が行っている雑誌です。一九六七年に創刊され、現在も継続しているこの雑誌の第九号（七六年）に修士一年の福島さんが発表したのが、「《事実》と《論理》――西田哲学について」です。修士一年で執筆する院生は皆無ではありませんが、極めて少数であり、大学院に入った時にすでに福島さんの中で研究者となる基盤が整っていたことが、そこから窺えます。きわめて端正かつ格調高い文体で、その内容も含めて、修士課程の一年生が書いたとはとうてい思えない、たいへん立派な論文です。中心にあるのは、「純粋経験」という術語に関する考察ですが、興味深いのは、後半で西田とライプニッツの話が出てくることです。西田自身が、自分の哲学について「西洋哲学の中で自分に一番近いのはライプニッツだ」と言っていたわけですから、それ自体は驚きではありませんが、それでも福島さんがある意味で、西田を入り口にライプニッツに向かったことがかいま見える気がします。実際、翌七七年の『哲学年誌』一〇号には「ライプニッツ哲学研究」が掲載されます。おそらく修士論文の一部をなすものではないかと思われますが、福島さんのライプニッツ研究の第一歩がこうして踏み出されたわけです。そして、博士課程進学後の七八年の一一号には、「ライプニッツにおける「信仰」と「理性」」を発表します。タイトルからもわかるように、この論文には、のちの寛容論につながる問題構成がはっきりと見て取れます。

ライプニッツはキリスト教の既成宗派のはざまで、不寛容な信仰感情と向き合いながら、自分自身にとってのまことの信心を求め続けた。神の摂理という言葉がなんの衒いもなく発せられる思想は、なるほど異邦人にとっては必ずしも自明でない前提を固持している。けれどもライプニッツ哲学においてこの前提は、思想の世界性へ達するひとつの通路になりえている。*003

さて、福島さんは、一九八〇年には満期退学されたようですが、福島さんがのちに会長を務めることになる法政哲学会が発足するのは、その翌年のことです。じつは、戦前にも「法政哲学会」なるものは存在し、西田幾多郎を呼んで講演会などを催していたそうですが、精神的にはそれを継承しながらも、組織としては全く別のものです。その設立の趣旨というか、事情はなかなか複雑なので、ここでは詳細は省きますが、設立から三〇年経った記念大会の際に加来先生から寄せられたメッセージ「法政哲学会の再建にかかわって」をもとに簡単にご説明します。*004

その当時の法政大学哲学科の先生は、他の私立と同様、ほぼみな旧帝大出身者でした。その一方で、博士課程もあり、修了生も出てきます。彼らの就職はなかなか難しいところもあったわけですが、その受け皿として、一般教養課程の教員のポストがありました。当時の法政には夜間もありましたので、第一教養部と第二教養部という二つの部局があったのです。現在ではそれが改組変更して、国際文化学部と人間環境学部へと進化発展したわけですが、法政出身者のうちの限られた人数ですが、いわゆる一般教育の哲学のポストにつきました。ところが、それらの部局の教員と文学部の教員との間には深い溝があったらしいのです。また、哲学科の専任教員が大幅に変わったことで、卒業生と教員のつながりが希薄になったということもあったようです。

このような事態を憂慮した先生方が立ち上げたのが「法政哲学会」でした。せっかく、哲学教員も大勢いることだし、伝統ある「哲学会」を再建しようというのが設立の趣旨であった、と加来先生は説明なさっています。そういった次第で、法政哲学会の主な目的は三つありました。一つは、院生たちに発表の場を提供するとともに学会活動を身近に体験させる。二つ目は、卒業生たちが定期的に里帰りして、旧交を温め、語り合える場を作る。三つ目が、文学部以外の哲学教員も含めた横断的な体制によって、学内の哲学関係者を結集するというものです。

こうして、八一年一月に最初の大会が行われ、最長老であった山崎先生が初代の会長となられます。ここからは、推測になるのですが、山崎先生門下であった福島さんも、現場での準備などにかなり関わったのではないかと想像します。私はたいへん生意気な学部生で、今から考えると赤面することに、山崎先生の大学院のゼミに参加させていただいていたのでした。修士の授業はヘーゲルの『小論理学』、博士の授業は『正法眼蔵』でした。研究室では一番奥に先生が陣取り、その横にすでに学籍のない、いわゆるオーバードクターの人がいて、その次にドクター、そしてマスターという席順で、私は一番末席のドアのすぐ脇で聞いていました。先生はたいてい半分眠っているような感じでマスターの学生の発表を聞き、オーバードクターやドクターの人がコメントするという形式でした。そして、そういった先輩のひとりにたぶん福島さんがいたのではなかったかと今にして思うのです。

それはともかく、山崎先生の退職記念号である八三年の『哲学年誌』第一五号に、福島さんは「山崎哲学管見」という論考を発表し、恩師の哲学をきわめて客観的に概観しようとしています。この論考はまず、ゼミでの先生の姿を活写することによって始まります。

山崎先生はしばしば演習の場で、われわれ学生達へのサービスであろう、テキストの一節に含まれる問題点を滔々と展開されるのだが、いつのまにかそこに現出するのは、傍にいる学生など歯牙にもかけないといった趣の、先生独特の発話の世界である。独演会の始まりである。私は先生のそういう独演会をひそかに期待して演習に臨んだ学生の一人だった。次から次へと紡ぎ出されてくる先生のお話がどこへ展開していくか、またどういう問題の所在を暗示しているか、われわれ学生が興味津々といった状態で聞いていると、先生の乾いた笑いが実にタイミングよく発せられ、われわれはついその笑いにつりこまれてしまう。その瞬間、テキストの呪縛から解放されてなぜか心が洗われたような気分になるのだが、あとになってそのときのお話をよく反芻してみると、内容の重みがじわりじわりとこちら側の内面にのしかかってくるといった次第となる。[*005]

そう、山崎先生は、いかにも禅僧らしい乾いた呵々大笑をとつぜん発せられる方であり、それは学生たちにとって一つの謎であると同時に、何かの解消であるような不可思議な瞬間でした。ところで、この論考で注目したいのは、福島さんが山崎先生の文章について、戸坂潤[*006]を引きながら、「日本の哲学界にあって、戸坂のいう「官僚的な美文」に堕すことを免れた数少ない文章の一つである」と評している点です。専門家のあいだでしか通じないジャーゴンではなく、平明な言葉で、かつ、深い思想を語ること、これこそ福島さんが山崎先生から学んだことのひとつであるように思われます。

さて、法政哲学会の話に戻りますと、先ほど述べましたような事情のために、法政哲学会では役員も、文学部、第一教養部、第二教養部、OBからそれぞれ出ていただけでなく、会長職も二年任期で、文学部、第一教養部、第二教養部と持ち回りをするという形になったのだそうです。じっさい、第二代会長は、東大出身ですが、第一教養部の教授だった泰本先生(ご専門はインド哲学)でした。その後は、矢内原先生、加来先生、浜田先生と文学部の先生が続きましたが、再び、それ以外の学部の専任にも回り、そして、ついには法政の教員だけでなく、他大学で専任職についたOBにも回るようになったのでした。一九九〇年に富山国際大学人文学部助教授に着任された福島さんも、このような文脈で後に会長になられたのでした。さて、法政哲学会での福島さんの活動を簡単にご紹介しますと、九三年に「ライプニッツの『人間知性論』について」という発表をなさっています。また、九七年から二期、先ほど述べましたOB枠で役員をなさいます。私自身も二〇〇一年から二期、役員を務めましたので、その時が福島さんと親しくお話しすることになった最初でした。次回の大会の内容などを決定することが主な議案である役員会は、文学部の先生が中心で、OBなどは隅っこの方にいるのだろうなと思いつつ出席したのですが、福島さんの態度はたいへん立派でした。会の将来などについて、明確なヴィジョンを持って、堂々と発言している姿が今も記憶に残っています。

そうして、二〇〇三年に福島さんは会長となるのですが、この時に大きな改革を行いました。それが学会の紀要『法政哲学』の創刊です。[*007] 会の発足の翌年からすでに、『法政哲学会報』という簡単な報告書は毎年出していたのですが、これを学術団体に相応しい冊子体の紀要にしたいというのは多くの会員の長年の願いでした。ただ費用その他、諸々の問題があり、なかなか実現には至りませんでした。それを断行したのが、福島さんでした。お手元に配りましたのは、第一号の巻頭に掲載された、福島さんの「「法政哲学」創刊によせて」です。一部、引用させてください。

> かつて戸坂潤は「哲学と文章」（一九三五年）と題する論説で、西欧のデカルト、ロック、カントらが「俗語」で著作を書いたことの意義を指摘し、それとの対比で、翻訳語を用いざるをえない日本の哲学の特殊事情も視野に入れつつ、次のように述べた。「日本の哲学は今だに大衆が用いている俗語を学術語としてこなすだけの階級的雅量がなく、哲学の叙述の多くは一種の官僚的な美文として取り残されている。」以来、七〇年が経過したが、日本の哲学は戸坂が看破した閉鎖的な状況を脱したのであろうか。[*008]

このくだりを読むと、福島さんが戸坂潤以来の法政の伝統に従い、二〇年来思い抱いていた考え、つまり、地に着いた日常的な言葉で高度な哲学的な思索を行うべし、という信条が改めて確認されているように思います。また、法政哲学会の会報と紀要には、会員の「業績紹介」という項目があるのですが、毎年のように口頭発表や論文掲載のある福島さんのお仕事ぶりに、我々後輩は常に鼓舞され、大きな刺激を受けたことも申し添えたいと思います。

このように、福島さんは、法政哲学会の要所要所で、極めて重要な役割を果たされたわけですが、[*009]それだけでなく、法政大学の非常勤講師としても長年勤められ、亡くなる直前まで教鞭をとっておられました。そして、所属していた法政大学言語文化センターの紀要に、その第一号から定期的にご論文を発表されたことはハンドアウトに示した通りです。

以上見てきましたように、法政大学の哲学科は、専任校であった富山国際大学、また日本ライプニッツ協会とともに、福島さんにとってのホームグランドであり続けたと言ってまちがいないでしょう。

2・寛容思想をめぐって

さて、次に福島さんが、二〇一五年に法政哲学会で行った「特別講演　寛容思想の現代的意義　比較思想的考察の試み」を取り上げて、その論を追うことによって、寛容に関する福島さんの思考の歩みを追ってみたいと思います。翌年の『法政哲学』第十二号に掲載されたこの論考で、福島さんは、日本の状況に言及しながら、政教分離という切り口から出発します。

ある国家が政教分離により信教の自由を保障しているとしても、あるいは、政教分離を国是としているがゆえに、国家とは何か、自由とは何かという問題に加えて、国内の個人や集団の相互関係のなかで具現される諸々の《差異》をどう捉えるかという問題が残る。[*010]

この問題設定は、思索する場合に、福島さんが哲学史の枠内に単に留まるのではなく、常に現代のアクチュアルな問題構成に接続し、現代の我々の直面する問題と重ね合わせようとする姿勢を端的に示しています。実際、福島さんのスタンスは具体性と理念性を丁寧に結びつけるというスタイルにその特徴があります。

かくして、この論考では、寛容とは何かを論じるに当たって、まずは、「寛容」が、「ヨーロッパの人々がルネサンス期に経験する新たな宗教的状況の中で出現した近代的な概念」であることが確認され、その語源に遡って考察されます。

フランス語のtoléranceを例にとれば、この言葉の歴史はそれだけでトレランスという概念の多義性を示している。専らラテン語を用いていた著作家たちの間では、tolerantiaは試練における粘り強さや諸々の不都合、逆境あるいは自然的な諸要素に耐える力を意味した。「耐える・我慢する」という意味のtolerōは、人が自分に対してなす努力を指す。医学的な語彙はこの意味で用いられ、有機体のトレランスは、病的な兆候なしに薬や一定の化学的・物理的作用体の働きに耐える能力のことである。つまり、トレランスは第一に人が諸事物に対して維持する関係に関わっており、それが他者との関係の形態を示すのは意味の転移によるが、［中略］自他の間にみられる思考様式の差異の認識に立って《他者》の立場を容認する態勢を意味するようになるのは一七世紀末のことであった。*011

このように元の意味が確認され、文献に基づいた精緻な検証がなされるのです。フランス語の一七世紀的用法を理解するのに不可欠な文献の一つに、一六九〇年に初版が出版されたアントワーヌ・フュルティエール（Antoine Furetière）の汎用辞典がありますが、福島さんはそれを典拠とします。ここでは、先に引いた論考ではなく、より詳細な記述のある、福島さんの別の論考「「寛容」概念に関する試論」から引用します。

『汎用辞典：一般的なフランス語の古語・新語及び学問・芸術用語をすべて収録』*Dictionnaire universel, contenant généralement tous les mots françois, tant vieux que modernes, et les termes des sciences et des arts*がある。同辞典の一七二七年版によれば、「寛容（tolérance）」は、「異端者（les Herétiques）」をどの程度まで「許容（tolérer）」すべきか、もしくは「許容」

すべきでないかという問題をめぐって激論をたたかわせてきた神学者たちの間で、「何年か前から頻繁に使用されるようになった語」である。この語は本来、「許容された事柄（la chose tolérée）」への暗黙の非難を含んでおり、是認できない事柄であっても、思いやりのある態度でそれを「大目に見ること（un support）」を意味する。また、「世俗的寛容（la tolérance civile）」と「教会内寛容（la tolérance ecclésiastique）」とが区別されており、後者は、「教会」において異説が唱えられたとしても、教義の根本に関わるものでなければ、それを「教会」は寛大に扱うことを意味する。これに対して前者は、国家の利益・安寧に反するような教義を教えるのでない限り、いかなる宗派であっても国家は処罰しないということである。この「世俗的ないし政治的寛容」は、宗教の相違に関わりなく「世俗社会（la société civile）」の法律の恩恵に浴する権利を含む。[*012]

こうして、信教の自由とも訳されるフランス語のtolérance が、世俗社会でキリスト教の諸宗派あるいはキリスト教以外の宗教を信奉する自由を意味するだけでなく、教会内での少数意見の許容をも含意していたことが、明瞭に提示された上で、それが是認できない事柄を大目に見るという、むしろ消極的な意味で使われていたことが指摘されます。この着眼はきわめて示唆的です。というのも、しばしば忘れられているこの消極的意味こそ、宗教戦争が終結を見た後も新旧両教徒が対立する厳しい状況のもとで、次第に積極的な意味を帯びる概念の、すなわち、「差異」を体現している「他者」の容認という概念の根幹にあるからです。

続く第二節では、統治の観点から政治と宗教との関係を問い直そうとした「ロックの寛容思想」が検討されることになります。『寛容についての書簡』（1689）を読解しながら、福島さんは、なぜロックが「国政の問題」と「宗教の問題」、すなわち国家の安泰への関心と「魂の救い」への関心との境界線を設定しなければならないと考えたかを考察します。この問題設定は、別の論文「明治期における政治・宗教・教育」などにも通じる立ち位置でしょう。そして、宗教が、民衆に対する政治的支配のイデオロギーになりうること、政治が、公共の福祉という美名のもとに魂の救済に関わる宗教上の問いを強権的に踏みにじることがあること、このような事態にロックがいかに立ち向かったのかが分析されます。そして、国家と教会、政治と宗教という異なる審級の問題が明瞭に問われます。ロックは、宗教に関して意見を異にする私人たちの相互的寛容が認められなければならないことを根拠として、教会相互の平等性を主張したわけですが、その際に、魂の救いに関する考え方の多様性を尊重する立場から信教の自由を主張し、寛容の大切さを説く一方で、カトリック教徒や無神論者を寛容の対象から除外した、と指摘します。そして、その理由を問い、それはロックが為政者による統治のあり方を重視する傾向があったためだと結論づけるのです。

さて、ロックを点検した上で、福島さんはこのような志向がロックだけのものではなかったこと、相互的寛容の模索が、不寛容が猖獗を極めていた同時代の西欧を特徴づける思想的動向の一つであるとして、続く節では、ライプニッツとピエール・ベールの分析に移ります。これらについては、それぞれ、より詳細な論文が書かれており、本来はそちらを検討するべきでしょうが、時間の関係でここでは割愛させていただきます。ひとことだけ言っておくなら、ライプニッツに関しては、『弁神論』の著者が「相互的寛容」を、議論や相互理解への第一歩だと捉えていた点が強調されます。つまり、「相互的寛容」は宗教的差異を克服するための和解交渉にとって必要不可欠な基礎的原理にほかならないというのです。

一方、不寛容が支配するフランスからの亡命を余儀なくされた思想家ピエール・ベールに関しては、その『フランスへの近き帰国につき、亡命者に与うる重大なる忠告』(1690)を取り上げます。これは、ナント勅令廃止によりフランスを追われ、いつの日か故国に帰還したいと望むプロテスタントたちに向かって多数派の宗教の名において、あるカトリック教徒が語るという複雑な形をとった問題提起の書です。[013]福島さんはこの書を、「宗教的少数派の「ユグノー」に対する差別・抑圧が猛威をふるっていた状況下で、多数派のカトリック教徒から不寛容に扱われていた側の主張をあえて当の多数派の視点で相対化する試み」として高く評価します。通常、ベールの寛容論といえば、『〈強いて入らしめよ〉というイエス・キリストの御言葉に関する哲学的注解』（1686–87）に基づいて、倫理的な要請としての「良心の自由」が問題とされることが多いわけですが、この小冊子に着目したのは、卓見だと思います。福島さんは、ベール思想の骨子を、他者の立場の尊重に基づく「相互的寛容」の精神だとします。他者とは、ある主体から対象として措定される存在であるが、その相手も「思考や発言や行動の」主体であり、現実的な存在であることをどのように認める事ができるか。「そうした相互性を、単なる相剋ではなく、諸々の「差異」の共存を許容する共同性として確保することはいかにして可能か」[014]という問いを別の論考では投げかけています。

以上の議論を展開した後、福島さんは、結論部分で、ロック思想に見られる不寛容な部分を改めて取り上げ、ロックの寛容思想の限界を指摘した上で、しかし、それは、「どんな《差異》も許容されうるのかという重い問いかけとして受けとめられるべきではなかろうか」と結びます。

先ほど述べたように、「特別講演　寛容思想の現代的意義　比較思想的考察の試み」は二〇一五年の法政哲学会で話されたものですが、直接の言及こそないものの、それはまさにパリでの一連のテロ事件が発生した後のことでした。その講演のすぐ後、私は会長就任の挨拶の中で、福島さんの講演に謝意を述べながら、少しその点に触れさせていただきましたが、福島さんの問題提起は私のうちに様々な問いを引き起こし、それがその後も長く渦巻いていました。会が終わった後、少しだけ話すことはできたのですが、別の機会にゆっくりと議論したいと思っていただけに、福島さんの突然のご逝去のお知らせを受けた時には、ほんとうに無念に思いました。そこで、この機会をお借りして、果たせなかった福島さんとの対話を続けたいと思う次第です。

3．手渡されたバトン

現在、『福島清紀論文集』が奥田太郎先生をはじめとする論文集刊行委員会の先生がたのご尽力によって、鋭意進行中ですが、福島さんが構想していた終章は「寛容は共存の原理たりうるか――引き裂かれた世界のなかで」と題されていたと伺っています。ですから、「寛容は共存の原理たりうるか」という福島さんの問いを引き取って考えていきたいと思います。

福島さんは、最後のお仕事の一つとなった光文社古典新訳文庫のヴォルテール『寛容論』の解説の最後で、ヴォルテールの考えを敷衍して、狂信的な人間は、寛容を受け取るに値しないということが、何を意味するのかを問うています。大義のためと称して、他者を排除することを、フランスの革命の例なども取り上げながら、分析されますが、その上で、テロもそのような悪であり、暴力行為だとして、次のように述べています。

> もしヴォルテールが、そうした暴力の発生する自国フランスの今日の状況を目にしたならば、果たしてテロに対する報復としての武力行使を、「不寛容が人間の権利とされる希少なケース」とみなすのだろうか。それとも、「果てしない反目の有害な連続」を深く憂慮し、暴力の自己増殖的な相乗作用を断ち切るすべを見出そうとするのだろうか。*015

これはフランス文化・思想を主なフィールドとする私にとっても極めて重要な問いかけです。福島さんは、寛容の問題を考えるのに、先に述べましたように、一七世紀から一八世紀の思想家を中心に検討を続けたわけですが、サルトルを中心に現代思想を専門とする私自身は、その前後にも強い関心があります。それ以前の思想家のなかでもとりわけ、モンテーニュは「寛容は共存の原理たりうるか」という主題を考える際に重要でありましょう。『エッセー』はまさに、宗教戦争の只中を、単なる思想家としてではなく、政治家としても生きた人物による、きわめて立体的な書物であり、その懐疑主義は、不寛容に対する大きな反論を作り上げていると思うからです。渡辺一夫による古典的エッセー「寛容は自らを守るために不寛容に対して不寛容になるべきか」を持ち出すまでもなく、寛容と不寛容の関係は、きわめて錯綜としているわけですが、理性が中心に据えられた一七、一八世紀と異なり、理性が必ずしも中心にはない、モンテーニュ、あるいは現代の思想家を取り上げ、それらを照射するということは意義あることだと思うのです。*016

少しだけ脱線して言えば、上品な福島さんは触れていませんが、フランス語のtoléranceを含んだ言葉に、maison de toléranceというものがあります。直訳すれば「寛容の家」ですが、「娼家」を意味します。ここには、まさに福島さんも強調したtoléranceの否定的な要素が残っているのです。近代以前における寛容の特徴を思い起こせば、それは第一に、その対象が「本来ならば処罰されるべき悪である」という否定的な価値判断が前提にあり、そこから、第二に、「より大きな悪を防ぐ」という目的のために取られる処置として、寛大な態度があるわけです。「娼家」の存在はまさにそのようなものと言えるでしょう。つまり、寛容という概念には、「寛容する者」と「寛容されるもの」という主体・客体に立脚した対称関係があります。さらに言えば、そこには「寛容する」側の徹底的な優位、存在論的・倫理的優位、力関係の優位があり、一言で言えば、パターナリズムがその影に隠れているのです。モンテーニュが重要であると私が考えるのは、『エッセー』の作者がこのような自己の優位性を素朴に信じる立場から限りなく遠い場所にいるためです。かの有名な「Que sais-je?（私はなにを知っているだろうか）」は、自分の立場を絶対視しないことであり、モンテーニュは、その点で啓蒙思想的な寛容よりも、後に触れる現代の思想家デリダなどにも通じるものがある気がします。

もう少し言えば、最悪の場合には、寛容には、相手は間違っているけど、まあ許してあげようといういわゆる「上から目線」の陥穽が潜んでいるのではないでしょうか。福島さんの顰みに倣って、二十世紀のフランスの、手頃でかつ信頼のおける哲学事典であるAndré Lalandeの*Vocabulaire technique et critique de la philosophie*を繙けば、Toléranceには、いわゆる寛容の精神、思考の自由など、四つの意味が記されていますが、批評の部分では、この語の否定的な側面がかなり長々と展開されています。今その詳細に立ち入ることはできませんが、このような点を出発点に、福島さんにいくつか問いかけてみたかったことがあるのです。

例えば、寛容の否定的側面、というか危険性を指摘したひとりにマルクーゼがいます。[*017] 一九六五年発表の『純粋寛容批判』で、マルクーゼは、寛容のうちにも、「支配することと支配されること」の関係に似た権力関係を見出したのでした。そして、寛容の問題は、寛容の限界を抜きにしては考えられないことも併せて指摘されています。「何が、どこまで、寛容されるべきか」という問題が常に控えているのです。言い換えれば、寛容は不寛容と一対になったテーマであると言うことです。

一方、否定性を意識しながらも、それをより普遍的なものへと近づけるべきだと主張したのがハーバーマスであり、福島さんの立場は、それと近いように思われます。

寛容ということは、信仰をもつ者、異なった信仰をもつ者、そしていっさい信仰をもたない者たちが、おたがいに相手が特定の信念や実践や生活形式をもつことを、たとえ自分はそれを拒否する場合でも、許しあうことである。この許しあう関係は、相互の承認という共通の基盤に依拠したものでなければならない。……もちろん、この承認は、異質な文化や生活形式に対する価値評価と混同してはならない。……寛容をわれわれが実践しなければならないのは、われわれが間違っていると考える世界観、あるいはわれわれが好きになれない生活習慣に対してのみなのである。*018

その一方で、ハーバーマスは、寛容のパラドクスにきわめて意識的でありました。寛容は、かならず対象の範囲を限定するのであり、「排除なき包摂はありえない」と言明しているからです。もとより、寛容という大きな問題をここで包括的に語ることはできないわけですが、パターナリズム的な側面が、当初からあり、それは意味が進化した後もけっして完全になくなったわけではない、ということを思い起こしつつ、寛容の問題が、多文化が共存する現代世界において、どのような役割を果たすのかを福島さんと話し合ってみたいという強い思いがありました。先ほども述べましたが、福島さんと最後に話をしたのは、まさにフランスで連続テロ事件が起こった二〇一五年のことでしたので、問題を信教・思想の自由から、さらに他者との共生のほうへと繋げたいと思います。

テロ事件を語る際にほとんど枕詞のように使われる、「どんな理由であれ、テロは許されない」という言葉(これは九・一一のときにも言われました)もまた、ある種の普遍性への信憑に基づいた言説であり、ひとつの踏み絵ではないか、これがシャルリー・エブド事件の際に私が自問したことです。というのも、フランス共和国はなによりも普遍性を標榜する国家だからです。テロが起こるたびに思い出すサルトルの発言があります。今から五十年ほどまえに、日本で行われた講演で述べていたことです。

アルジェリア戦争の間に、アルジェリア人のテロ行為とフランス側の弾圧行為とをおなじ資格で断罪する人間に、わたしは何度も出会いました。これこそ、ブルジョワ的ないつわりの普遍性の典型です。[019]

普遍性と多様性をどのように融合させればよいのかというフランス共和国が抱えてきた解決困難な課題が、パリでの連続テロ事件によって端なくも白日の下に曝されることになったのだとすれば、私たちは、寛容も含めて、さまざまな普遍性の根拠を考え直すべきではないか。これこそが私が福島さんに尋ねてみたいことでした。宗教戦争の苛酷な時代を生きたモンテーニュが、「普遍性」の名によって判断することの危うさを説き、寛容の要諦について考察したことは先にも想起したとおりですが、私たちも、「闘い」「戦争」「衝突」以外のタームを用いて、錯綜した現代世界について真摯に考えようとするならば、まずは自明とされる世俗性(laïcité)という普遍性をエポケーする(かっこに入れる)ところから始める必要があるのではなかろうか、というのが私なりの出発点でした。[020]

デリダは、テロとからめて寛容について次のように発言していました。

実際、寛容はまず何よりも慈悲の一形態です。それゆえ、たとえユダヤ教徒とイスラム教徒がこの言葉を同じように自分のものとするように見えようとも、それはキリスト教的慈悲なのです。寛容はつねに「強者の道理」の側にあり、そこでは「力が正義」です。[021]

そして、寛容に代わる概念として、デリダは絶対的な無条件の歓待(hospitalité)を提唱することになります。むろん今はその当否を検討する場ではありません。私としては、福島さんとこんな話もしたかった、あんな話もしたかったという思いで一杯なのです。

このように福島さんの寛容に関する考察は、私に多くのことを教えてくれただけでなく、多くのテーマと問いかけも引き起こしました。できれば投げかけたかったこれらの質問について、福島さんからもはや直接にお答えを聞くことができないことはほんとうに口惜しく、残念でもありますが、このような大切な宿題をもらった私としては、今後も自分なりに考えて続けたいと思っています。そして、この問題について考えるごとに、福島さんが、あの優しい笑顔で、「おお、がんばれよ」と言ってくれるのが聞こえてくる気がするのです。

＊001——本稿は二〇一七年九月三〇日(土)、大妻女子大学にて行われた「福島清紀氏を偲ぶ会」での発表に若干の手を加えたものである。

＊002——法政大学文学部哲学科の牧野英二教授は、福島さんとほぼ同じ時期に大学院で学ばれており、『法政哲学』に追悼文を寄せられています(牧野英二「追悼 福島清紀氏のご逝去を悼む」『法政哲学』第一三号(二〇一七)、五七－五八頁)。また、外語大、法政という同じ道を辿った後輩の小野原雅夫さん(福島大学教授)、富山国際大学の同僚となった大藪敏宏さんとも公私にわたって長年の交流がありました。そして、法政哲学会で一緒に改革を推進し、福島さんと前後するように急逝された大東俊一さんもいらっしゃいます。

＊003——福島清紀「ライプニッツにおける「信仰」と「理性」」『哲学年誌』第一一号(一九七八)、四一頁。

＊004——加来彰俊「【第三〇回記念大会へのメッセージ】 法政哲学会の再建にかかわって」『法政哲学』第七号(二〇一一)、四三－四九頁。

＊005——福島清紀「山崎哲学管見」『哲学年誌』第一五号(一九八三)、三九－四〇頁。

＊006——同前、四一頁。

＊007——ちなみに、その題字は福島さんのご母堂の揮毫だと伺っています。

＊008——福島清紀「『法政哲学』創刊によせて」『法政哲学』第一号(二〇〇五)、二頁。

＊009——その他に、以下の書評などもよせられている。「【書評】牧野英二著『崇高の哲学 情感豊かな理性の構築に向けて』を読む」『法政哲学』第四号(二〇〇八)、七一－七四頁。

＊010——「寛容思想の現代的意義　比較思想的考察の試み」『法政哲学』第一二号(二〇一六)、四〇頁。

＊011——同前、四〇頁。

＊012——福島清紀「「寛容」概念に関する試論」『富山国際大学現代社会学部紀要』第一号(二〇〇九)、一六六頁。

＊013——本書をピエール・ベールに全面的に帰するかどうかについては議論もあるところのようですが、福島さんは、ベールの強い関与を認める立場です。

＊014——福島清紀「相互的寛容への隘路——ピエール・ベール論覚書」『言語と文化』第一二号(二〇一五)、二三八頁。

＊015——ヴォルテール『寛容論』光文社古典新訳文庫、二〇一六、三三一－三三二頁。

＊016——モンテーニュについては、『「反知性主義」に陥らないための必読書70冊』(文藝春秋社、二〇一五)所収の拙稿を参照していただければ、幸いです。

＊017——Herbert Marcuse, *A Critique of Pure Tolerance*, Boston: Beacon Press, 1965. マルクーゼ『純粋寛容批判』(大沢真一郎訳)せりか書房、一九六八。

＊018——ハーバーマス『ああ、ヨーロッパ』(三島憲一、鈴木直訳)岩波書店、二〇一〇、一一八頁。

＊019――サルトル「知識人の擁護」（岩崎力ほか訳）『シチュアシオンⅧ』人文書院、一九七四、二九八頁。

＊020――この点の詳細に関しては、以下の拙論を見ていただければ幸いです。「共和国の踏み絵」『シャルリ・エブド事件を考える』（「ふらんす特別編集」白水社、二〇一五）七九―八一頁。「信と知のあいだで」『パリ同時テロ事件を考える』（「ふらんす特別編集号」白水社、二〇一五）五九―六一頁。

＊021――ジョヴァンナ・ボッラドリ／ユルゲン・ハーバーマス／ジャック・デリダ『テロルの時代と哲学の使命』（藤本一勇／沢里岳史訳）岩波書店、二〇〇四、一九七頁。

*——福島清紀の父、薫（雅号：薫風）が描いた島根県宍道湖の風景。
少年時代、親子でよく釣りに出掛けたという。

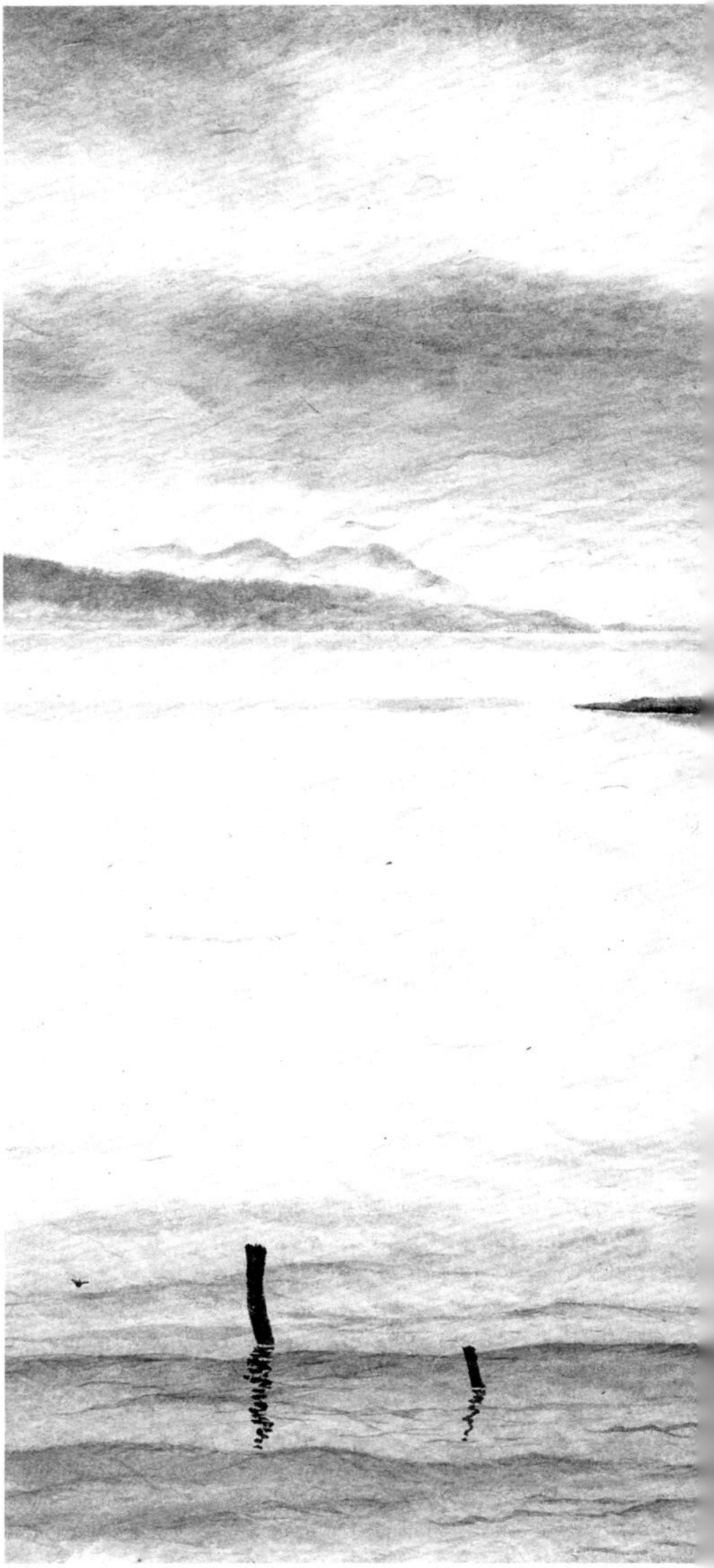

編者あとがき

二〇一六年六月、梅雨時の夜、携帯電話に福島さんから電話があった。膵臓癌を抱えており余命半年以内の宣告を受けた、という衝撃的な内容であった。福島さんらしく、極めて明晰で整理された仕方でご自身の病状が説明され、それを聴くうちに私も一緒にその来るべき時へと向かっていくような気持ちになって、ただただその声に耳を傾けるばかりであった。

福島さんとは、二〇一〇年の春に、奇妙なご縁から知り合った。彼は私にとって、仕事で行き詰まったときに励ましてくださる恩人であり、また、ともに共通の課題について深夜まで議論しあう研究仲間であった。電話をいただいてからというもの、自分にいったい何ができるだろうかという問いが頭から離れなかったが、やがて、ある考えに思い至った。研究者としての人生は、書いたもの、後代の人々に読まれる形で遺されたものによって成就する。福島さんの個人的な人生に付き添うことはできないが、研究者としての人生に伴走することは自分にもできるのではないか、と。

福島さん宛の別件のメールに、「それはそれとして、これは私個人の思いなのですが」と語り起こし、「これまで書いてこられたご論考を一冊にまとめるご計画をおもちなのでしょうか？（……）そういう計画がないのであれば、福島さんの寿命と知力・体力の続くうちに論文集の編纂をお手伝いさせていただければ幸甚の極みです」と提案させていただいた。福島さんは、「編集をあなたが手伝ってくださればこんなに嬉しいことはありません」と応答しつつも、私の時間とエネルギーを奪ってしまうこと、また、ご自身の知力・体力がいつまで続くかわからないことを心配しているとお伝えくださった。そのうえで、「十年位前に原案を作成して最近少し加筆・修正した目次案を添付しておきます」と、論文集の構想が届けられた。これが、本書の刊行計画の始まりであった。

同年八月、福島さんとともに五年にわたって共同研究に携わってきた五名の研究仲間（奥田太郎、佐藤啓介、佐藤実、宮野真生子、森川輝一）が編集を手伝うこととなった。なお、この五名は、倫理学、宗教哲学、中国思想、日本哲学史、政治思想史をそれぞれ専門とするのだが、福島さんの寛容研究の及ぶ領域の広さに対応するには、この多様な顔ぶれは必要不可欠であったと、後々痛感することになる。提示された構成案に従い、私たち編者一同は、入院先の病院にて福島さんと数度にわたって打ち合わせを重ね、また電子メール等を通じて必要な指示を仰ぎつつ、編集作業を進めた。

福島さんは、癌との闘病のなかで、大学での講義など様々な仕事を続けながら、論文集の原稿の推敲に取り組まれ、病床にパソコンを持ち込んで最期まで原稿を書き続けておられたが、同年一一月一八日、享年六十七歳で逝去された。「余命半年以内」という宣告は、私たちを裏切ってはくれなかった。私たちが熱望した「序章」と「終章」（福島さんご自身の思いが直接的に語られるはずだったパート）は書き上がることはなかったが、一冊の論文集として刊行するに値する著者渾身の原稿群は、私たちの手元に遺された。

福島さんご自身の手になる本書の構成案は、以下の通りである。各章のもとになった論文の初出は、

〔　〕で示し、本書未収録の第九章についてのみ、章内の節構成案を記載した。

（欠）序章——現代日本のわれわれが向きあうべき問題

第一部　近代西欧における寛容思想の展開

第一章——政教分離の思想的基礎づけ——ジョン・ロックの『寛容についての書簡』を中心に〔初出：「ジョン・ロックの寛容思想」『言語と文化』第三号、法政大学言語・文化センター、二〇〇六年〕

第二章——相互的寛容への隘路——ピエール・ベール論覚書〔初出：「相互的寛容への隘路——ピエール・ベール論覚書」『言語と文化』第十二号、法政大学言語・文化センター、二〇一五年〕

第三章——一七世紀西欧における教会合同の試み——ライプニッツとボシュエとの往復書簡に関する一考察〔初出：「一七世紀西欧における教会合同の試み——ライプニッツとボシュエとの往復書簡に関する一考察」『富山国際大学国際教養学部紀要』第八巻、二〇一二年〕

第四章——《狂信》と《理性》——ヴォルテール『寛容論』再考〔初出：「《狂信》と《理性》——ヴォルテール『寛容論』再考」『富山国際大学国際教養学部紀要』第七巻、二〇一一年〕

第五章——党派性の克服はいかにして可能か——レッシング『賢人ナータン』を中心に〔初出：「レッシング研究——『賢人ナータン』を読む」『富山国際大学国際教養学部紀要』第六巻、二〇一〇年〕

第二部　宗教・国家・市民社会の近代的構造連関と帝国憲法下の不寛容との闘い

第六章——国家と宗教——カール・マルクス「ユダヤ人問題によせて」に関する試論〔初出：「国家と宗教——カール・マルクス「ユダヤ人問題によせて」に関する試論」『富山国際大学紀要』第八号、

一九九八年）

第七章――明治期の政治・宗教・教育――「内村鑑三不敬事件」と「教育と宗教の衝突」論争を中心に（初出：「明治期における政治・宗教・教育」『富山国際大学国際教養学部紀要』第五巻、二〇〇九年）

第八章――一九三〇年代の日本における「転向」の一様相――文学者中野重治の軌跡（初出：「中野重治――革命と文学」、宮川透編『一九三〇年代問題の諸相』農山漁村文化協会、一九七九年）

（欠）第九章――「国体」観念再考――「天皇機関説」事件を中心に

はじめに

一・上杉・美濃部論争

二・昭和初年代の社会的動向と美濃部の発言

三・「天皇機関説」事件の発生と美濃部の弁明演説

四・弁明演説前後の機関説排撃運動

結び

（欠）終章――寛容は共存の原理たりうるか――引き裂かれた世界のなかで

二〇一六年一一月に福島さんが逝去した時点で、第一章から第八章にかけての八つの章の原稿はほぼ完成しており、福島さんの構想通りに本書に収めることができた。いずれも既発表の論文に福島さん自らが加筆修正を施したものであり、私たち編者が行ったのは、生前の彼の指示に基づく若干の文章の追加と、明らかな誤字脱字や表記ゆれ等、形式上の修正にとどまる。

他方、序章・第九章・終章については、空白のままとせざるを得なかった。第九章に関しては、執筆途上の約四万字にのぼる草稿が遺されていたが、繰り返し検討した結果、本書への収録を見送ることにした。それらの草稿は、公刊済みの論文をもとに福島さんが推敲を重ねた他の各章と同じ水準には達しておらず、納得ゆくまで加筆修正を重ねて原稿を練り上げてゆくのを常とした生前の福島さんなら、まだ公刊に堪える段階ではないと判断するだろう、と思われたからである。序章と終章については、断片的なメモ書きは遺されているものの、まとまった草稿が存在せず、やはり空白とするほかなかった。

とはいえ、「寛容とは何か」という主題を俯瞰する著者自身の言葉が無いまま本書を綴じるのでは、画竜点睛を欠く。次善の策として、Y・C・ザルカ「寛容、あるいは共存の仕方――新旧の問題点」の翻訳に付された「訳者あとがき」（『富山国際大学国際教養学部紀要』第四巻、二〇〇八年、二一三-二一八頁）を、補章として巻末に収めることにした。福島さんとの打ち合わせの過程で、右の訳業を資料として巻末に掲載する案が検討された、という経緯もあり、著者自身の思考が最も鮮明に表れていると考えたからである。併せて、読者諸賢による本書読解の一助として、編者による「編者はしがき」、本書全体に関する「解題」、「編者あとがき」を付すことにしたが、これらは文字どおりの意味における蛇足にすぎず、本書の生命と真価が福島さんご自身の手になる本論にのみ帰せられることは、言うまでもない。

本書の編集過程で、私は福島さんと顔を合わせる度に、「何はともあれ、序章と終章を、とりわけ、終章を書いてくださいね」と要望した。おそらく、そのための準備作業という意味合いもあったのだろうが、私の期待とは裏腹に、福島さんは本論の推敲を丁寧に行ない続けたのであった。しかし、こうして本書が完成してみると、あの時の私の要望は的外れであったのだと気づかされる。終章で何かを大上段に語ってみても、屋上屋を架すのみだろう。各章での論述および本書全体の章構成そのものこそが、まさに福島さんご自身の寛容論を雄弁に語り、また、福島清紀という哲学者の知的構えを体現しているのだ。本書には間違いなく、哲学者・福島清紀の長きにわたる思考の来歴が余すところなく刻み込まれている。私たちは編集作業を通じて、福島清紀という人物に新たに出会い直したように思う。そしてまた、哲学や思想史の研究に携わるとはいかなることかについて、本書を介して改めて福島さんから問いかけられているようにも思う。

以上のような次第で、本書は、決して未完の遺稿集ではない。著者が生前に意図した通りの形で刊行された、完成された研究書である。その死が、刊行よりも早すぎた。ただそれだけだ。この「引き裂かれた世界」のなかで、本書が長く読み継がれることを切に願う。

ここからは、本書の刊行を進めるうえでお世話になった方々について述べておきたい。

二〇一七年九月一六日に富山、三〇日に東京にて、「福島清紀氏を偲ぶ会」が開催された。いずれも、福島さんとご縁のあった方々が一堂に会し、それぞれの福島さんとの思い出を語り合うことで故人を偲ぶ、素晴らしい集いであった。東京での偲ぶ会では、「社会における思想の役割」と題するアカデミックカンファレンスも催され、法政哲学会から澤田直氏（立教大学教授）、日本ライプニッツ協会から谷川多佳子氏（筑波大学名誉教授）、岩波シリーズ本の編者を務めた直江清隆氏（東北大学教授）、そして本書の刊行委員から、森川輝一（京都大学教授）と佐藤啓介（南山大学准教授）が登壇し、福島さんの学術的業績を跡付ける報告がなされた。いずれも熱のこもった素晴らしい報告であったが、なかでも、澤田氏の報告は、福島さんの研究史を辿りながら、戦後日本の哲学研究史の一断面を示すという巧みな構成で参加者たちを唸らせた。後日、澤田氏に当日の報告の内容に基づいた本書への寄稿文の執筆をお願いしたところご快諾いただき、掲載に至った次第である。改めて感謝申し上げたい。

本書は、福島さんと私たちの共同研究の成果でもある。二〇一三年から三年にわたって実施した科研費基盤研究（C）「幸福と時間性に関する比較思想史的研究」（研究課題番号：25370083、研究代表者：森川輝一）および「幸福概念の理論的基盤の再構築―その文化的多様性と歴史的重層性の批判的検討を通じて」（研究課題番号：25370026、研究代表者：佐藤啓介）、そして、二〇一七年から新たに開始した科研費基盤研究（C）「根源的批判としての哲学の再構築―世間知の解体と刷新をめぐる比較思想史的研究」（研究課題番号：17K02166、研究代表者：森川輝一）での様々な議論が、本書に結実している。福島さんが私たちに遺した宿題に、それぞれが今後時間をかけて取り組んでいくことになるだろう。

また、本書をこうして刊行することができたのも、ひとえに工作舎が企画を快く採用してくださったお陰である。とりわけ、十川治江さんは、著者亡き後の著作刊行という難業について様々な角度からご助言くださり、また、遺稿集としてではなく完結した研究書として刊行したいという私たち編者の志とその歩みを支えてくださった。そして、本書の編集作業を担当してくださった堤靖彦さんにも感謝申し上げたい。ライプニッツ著作集の刊行というビッグプロジェクトに携わっておられた福島さんも、工作舎からの自著の刊行をきっと喜んでおられるに違いない。

最後に、本書の刊行に篤いご支援をいただいた方々に感謝の念を述べさせていただきたい。吾郷計宣さん、浅見昇吾さん、飯塚延幸さん、糸賀俊介さん、犬塚元さん、今岡渉さん、上原雅文さん、臼井維都子さん、臼井実稲子さん、大藪敏宏さん、奥田和夫さん、越智貢さん、小野原雅夫さん、重田園江さん、鏑木政彦さん、齋藤元紀さん、酒井潔さん、佐藤英明さん、菅沢龍文さん、鈴木健太さん、千葉建さん、土橋茂樹さん、直江清隆さん、長尾豊彦さん、永崎研宣さん、長綱啓典さん、橋本昭典さん、橋本恵さん、開井康之さん、福島裕子さん、福島美枝子さん、福野光輝さん、牧野英二さん、矢野彰毎さん、山内春光さん、山根雄一郎さん他、計九八名の方々の篤志のおかげで、本書の刊行は実現した。深く感謝申し上げる。

二〇一八年早春

福島清紀論文集刊行委員会代表　奥田太郎

その他文書類

ま

や

ら

さ

た

な

は

人名·著作

あ

か

●著者略歴

福島清紀［ふくしま・きよのり］

一九四九年一月三日、島根県簸川《ひかわ》郡（現在の出雲市）大社町に生まれる。一九七二年、東京外国語大学外国語学部フランス語学科卒業、一九八〇年、法政大学大学院人文科学研究科哲学専攻博士課程、科目履修退学。その後、法政大学非常勤講師、東京外国語大学非常勤講師などを経て、一九九〇年、富山国際大学人文学部助教授。一九九四年、同教授。二〇〇四年、同大学国際教養学部教授。二〇一四年、同大学定年退職。二〇一六年一一月一八日、逝去。享年六十七歳。

共著書：『災害に向きあう』・『正義とは』（岩波書店）、訳書：『人間知性新論』（共訳『ライプニッツ著作集』4・5巻、工作舎）、『法学・神学・歴史学』（共訳『ライプニッツ著作集　第Ⅱ期』2巻、工作舎）、ヴォルテール『寛容論』（解説、光文社古典新訳文庫）など。

●福島清紀論文集刊行委員会

奥田太郎（南山大学社会倫理研究所・教授：倫理学）

佐藤啓介（南山大学人文学部・准教授：宗教哲学）

佐藤実（大妻女子大学比較文化学部・教授：中国思想）

宮野真生子（福岡大学人文学部・准教授：日本哲学史）

森川輝一（京都大学大学院法学研究科・教授：政治思想史）

寛容とは何か――思想史的考察

発行日――二〇一八年三月三〇日発行
著者――福島清紀
編集――堤靖彦
エディトリアル・デザイン――宮城安総＋小倉佐知子
印刷・製本――シナノ印刷株式会社
発行者――十川治江
発行――工作舎 editorial corporation for human becoming
〒169-0072 東京都新宿区大久保2-4-12 新宿ラムダックスビル12F
phone: 03-5155-8940 fax: 03-5155-8941
www.kousakusha.co.jp saturn@kousakusha.co.jp
ISBN978-4-87502-492-7